Metroman

ई. श्रीधरन

Metroman
ई. श्रीधरन

एम.एस. अशोकन

प्रकाशक

प्रभात प्रकाशन प्रा. लि.

4/19 आसफ अली रोड, नई दिल्ली–110002

फोन : 23289777 • हेल्पलाइन नं. : 7827007777

इ–मेल : prabhatbooks@gmail.com ❖ वेब ठिकाना : www.prabhatbooks.com

संस्करण

2025

अनुवाद

मीतु माथुर बधवार

मूल्य

चार सौ रुपए

मुद्रक

श्री साई प्रिंटर्स, साहिबाबाद

———— ★ ————

METROMAN E. SREEDHARAN
by Shri M.S. Ashokan

Published by **PRABHAT PRAKASHAN PVT. LTD.**
4/19 Asaf Ali Road, New Delhi-110002
by arrangement with Penguin Books India

ISBN 978-93-5266-051-3

₹ 400.00

लेखकीय

श्रीधरन असंभव को संभव बना देनेवाले मानवीय प्रयासों के शानदार पर्याय बन चुके हैं। पिछले छह दशकों में देश की यातायात प्रणाली का आधुनिकीकरण और विस्तार कर उसे वैश्विक मानदंडों के अनुरूप बनानेवाले प्रौद्योगिकीविद् के रूप में उनका कोई सानी नहीं है। केरल स्थित पलक्कड़ जिले के एक सुदूर गाँव करुकपुथुर में जन्मे प्रतिभासंपन्न श्रीधरन की खासियत उनके द्वारा पूरी की गई विकास परियोजनाओं की संख्या और उनकी पहुँच ही नहीं रही है, बल्कि यह भी उनकी विशेषता रही है कि कैसे उन्होंने एक के बाद एक, हर अभियान में समय की कसौटी पर परखे और हमेशा से सँजोकर रखे गए शाश्वत मूल्यों की पुनः-पुनः पुष्टि की और खुद को भ्रष्टाचार से अछूता रखते हुए लोककल्याण के लक्ष्य के साथ पूरी पारदर्शिता से कार्य किया।

आधुनिक यातायात प्रणाली के अगुआ श्रीधरन की ओर देश का ध्यान तब गया, जब उन्होंने देश के सुदूर दक्षिणी राज्य केरल के उत्तरी सिरे को बहुत कम समय में आर्थिक गतिविधियों के केंद्र मुंबई शहर से जोड़नेवाले कोंकण रेलवे के निर्माण के विशाल अभियान की अगुआई की। आधुनिक समय के सबसे महान् अभियांत्रिकी करिश्मे के रूप में विख्यात कोंकण लाइन भारत के पश्चिमी तट के सहारे बनी थी, जोकि पश्चिमी घाटों और अरब सागर के बीच पड़नेवाले दुर्गम इलाके से होकर गुजरती है। इस बात को काफी पहले समझा जा चुका था कि रेलवे लाइन किसी क्षेत्र की औद्योगिक और आर्थिक संभावनाओं को प्रोत्साहित करती है और ब्रिटिश राज के समय से ही इस लाइन की योजनाएँ बनाई जा रही थीं। लेकिन श्रीधरन के यह जिम्मेदारी सँभालने तक इन योजनाओं को सिरे चढ़ाने के सभी प्रयास विफल हुए, क्योंकि कोंकण का खतरनाक दुर्गम इलाका इस योजना को व्यावहारिक बनाने में आड़े आता था।

जब दिल्ली में देश की पहली आधुनिक मेट्रो पर विचार-विमर्श शुरू हुआ और इस परियोजना के नेतृत्व के लिए उनका नाम सुझाया गया, तब तक उन्हें भारतीय रेलवे विभाग से सेवानिवृत्त हुए काफी समय बीत चुका था। सार्वजनिक उद्यम में शीर्ष पद पर एक सेवानिवृत्त व्यक्ति को नियुक्त करने में अपनी कानूनी बाधाएँ थीं। लेकिन कोई भी तर्क या अवरोध ज्यादा समय तक कर्मपथ पर उनकी प्रगति को रोक न सका। 'श्रीधरन इफैक्ट' दिल्ली मेट्रो से कहीं आगे तक पहुँचा और इस परियोजना की सफलता से प्रेरित होकर भारत के बीस और बड़े शहरों ने अपनी मेट्रो प्रणाली बनाने की योजना पर विचार-विमर्श शुरू कर दिया।

अविश्वसनीय रूप से महँगे मूल्य टैग के साथ आनेवाली नई यातायात प्रणाली की, जो देश के सामर्थ्य के बाहर थी, लंबे समय तक तीखी आलोचना हुई। लेकिन आखिरकार दिल्ली में मेट्रो की सफलता ने, जिसमें दुनिया की सबसे उन्नत प्रौद्योगिकी प्रयुक्त हुई थी, सभी आलोचकों का मुँह बंद कर दिया। मेट्रो जिन फायदों को लेकर आई, जैसे प्रदूषण में उल्लेखनीय कमी, सड़क दुर्घटनाओं में कमी, विकास गतिविधियों की रफ्तार को तेज करनेवाला बेहतर आधारभूत ढाँचा और आम जनता के जीवन की गुणवत्ता में परिवर्तन ने इस आलोचना को काफी हद तक मंद कर दिया। इससे ज्यादा और क्या हो सकता था कि सार्वजनिक यातायात की परियोजना को निजी भागीदारी से विस्तृत करने के प्रयास शुरू हो चुके थे। लेकिन श्रीधरन ने इस विचार को स्पष्ट तौर पर खारिज कर दिया। उनका दावा था कि मेट्रो जैसी परियोजनाओं की सफलता का एकमात्र कारण सरकारी स्वामित्व और प्रचालन हो सकता है, तभी वे जमीन से जुड़े होने के साथ लोगों के लिए फायदेमंद साबित हो सकती है।

देश में सबसे ज्यादा प्रतिभाशाली समझे जानेवाले आई.आई.टी. स्नातक या प्रशासनिक सेवकों वाला प्रभामंडल श्रीधरन के पास नहीं है। महज सिविल इंजीनियरिंग में एक आम डिग्रीवाले श्रीधरन की सफलता का राज अपने व्यक्तिगत और पेशेवर जीवन में नैतिक मूल्यों को लेकर दृढ प्रतिबद्धता है। इसी प्रतिबद्धता ने उन्हें अपने कार्यक्षेत्र में उच्चतम उपलब्धियों तक पहुँचाया। पूरी प्रतिबद्धता और नैतिकता से काम करने के उनके जीवन-दर्शन का स्थान सदैव उनके नवाचारी अभियांत्रिकी और प्रबंधन कौशल के तहत पूरी की गई विशाल परियोजनाओं से उच्च रहेगा। भागवद्गीता हमेशा से उनकी प्रेरणा रही। श्रीधरन के अनुसार अन्वेषक के लिए कर्मपथ खोलनेवाली पुस्तक से सर्वोच्च प्रेरणा आत्मसात् कर लेने के बाद वे अपने सहकर्मियों के साथ गीता के संदेश को हमेशा साझा करते रहेंगे।

यह पुस्तक एक ऐसे व्यक्ति और उसके जीवन को करीब से देखने की कोशिश है, जिसने युवा पीढ़ी सहित अनेक लोगों को प्रेरित किया है। उन्होंने अपने अति व्यस्त पेशेवर जीवन के बावजूद पूरी उदारता के साथ अपना कीमती समय लेखक को दिया, पूरी गरिमा के साथ तथ्यात्मक गुत्थियों को ठीक किया और शुरुआत से लेकर अंत तक पुस्तक को स्पष्टता दी। इस उम्मीद के साथ यह पुस्तक तैयार है कि यह विनम्र श्रद्धांजलि पाठकों को एक ऐसे प्रतिभासंपन्न व्यक्ति की करीब से झलक देगी, जिसे न केवल यह देश प्रेम करता और सराहता है, बल्कि अपने दिलोदिमाग में अत्यंत सम्मानजनक स्थान देता है।

अनुक्रम

1

श्रीधरन की कहानी

8 जनवरी, 2013, कोच्चि

विभिन्न समाचार चैनलों की ओ.बी. वैन्स का जत्था पौ फटने से पहले ही सीधे 'ली मेरिडियन' होटल का रुख कर चुका था। कन्वेंशन सेंटर में मलयाली एन.आर.आई. कॉन्फ्रेंस को जीवंत बनानेवाली जोरदार बहसें एक ही सवाल के इर्द-गिर्द घूम रही थीं—क्या दिल्ली मेट्रो रेल कॉरपोरेशन (डी.एम.आर.सी.) और ई. श्रीधरन बहुप्रतीक्षित कोच्चि मेट्रो परियोजना की अगुआई करेंगे? केंद्रीय शहरी विकास मंत्री कमलनाथ, केरल के मुख्यमंत्री ओमान चांडी और केरल के चार अन्य केंद्रीय मंत्री होटल में उपथित थे। उन पर इस परियोजना में डी.एम.आर.सी. की भूमिका को लेकर सबसे महत्त्वपूर्ण और अंतिम फैसला लेने की जिम्मेदारी थी। संवाददाता मिनट-मिनट की खबरें 'ली मेरिडियन' से समाचार चैनलों तक पहुँचा रहे थे। चैनलों के ब्रेकिंग न्यूज स्क्रॉल हर दो मिनट में नई कहानी चला रहे थे।

महीनों तक चले और अब चरम की ओर बढ़ रहे विवादों के कुहरेवाले इस गहमा-गहमी भरे माहौल में डी.एम.आर.सी. के मुख्य सलाहकार ई. श्रीधरन अंदर की ओर बढ़ रहे थे। उनकी कार कन्वेंशन सेंटर में प्रविष्ट हुई और वे बाहर निकले, उनके चेहरे पर वही चिर-परिचित गंभीर भाव थे, जो बमुश्किल ही प्रकट होने देते थे कि उनके भीतर क्या चल रहा है। उन लोगों के हाथ निराशा ही लगी, जो उनके हाव-भाव से कुछ अर्थ निकालने व भाँपने की कोशिश कर रहे थे। बंद दरवाजे के पीछे बैठक जारी थी, जबकि बाहर खबरनवीसों के बीच अटकलों का बाजार गरम था।

बैठक महज आधे घंटे में ही खत्म हो गई। सभी लोग एक साथ सेंटर से

बाहर निकले। श्रीधरन के चेहरे से अब भी कुछ प्रकट नहीं होता था। केंद्रीय मंत्री ने पत्रकारों की फौज के सामने घोषणा की कि उन्होंने मेट्रो परियोजना के लिए डी.एम.आर.सी. और श्रीधरन को चुनने का फैसला किया है। इस अत्यंत प्रत्याशित समाचार की घोषणा के साथ ही श्रीधरन ने एक औपचारिक मुसकान दी। फिर भी, जब बाद में उन्होंने पत्रकारों से बातचीत की तो उनकी आवाज में विजेता का पुट नहीं था, हालाँकि यह फैसला एक साल से भी लंबे चले संघर्ष के बाद मिली जीत के रूप में आया था। उनका व्यवहार यही प्रमाणित करता है कि सबकुछ वैसा ही हुआ था, जैसा होना चाहिए था, जबकि फैसले की घोषणा करनेवाले मीडिया को यह दरशाने की हर कोशिश कर रहे थे कि उनके पास डी.एम.आर.सी. और श्रीधरन के अतिरिक्त कोई विकल्प था ही नहीं।

कोच्चि मेट्रो परियोजना के घटनाक्रम पर नजर रखनेवाला कोई भी व्यक्ति यह जानता होगा कि कहानी इसके बिल्कुल विपरीत थी। इसमें वह लड़ाई भी शामिल थी, जिससे काफी बखेड़ा खड़ा हुआ था। श्रीधरन और डी.एम.आर.सी. को इस प्रतिस्पर्धा से बाहर रखने के लिए खुले और छिपे तौर पर कई साजिशें की गई थीं। श्रीधरन के न रहने पर लोगों को घूस की आशंका थी, जहाँ एक अपवित्र गठबंधन में कमीशन के नाम पर करोड़ों रुपए का हेर-फेर हुआ था, जैसाकि सरकार तथा राज्य नेतृत्व में निहित स्वार्थ वाले तत्त्व श्रीधरन को चुनौती देनेवालों का समर्थन कर रहे थे। आखिर में विरोध को पूरी दृढता के साथ नाकाम करते हुए उन लोगों के इरादों की जीत हुई, जो चाहते थे कि परियोजना का नेतृत्व श्रीधरन करें। खुद श्रीधरन ने किसी की दया-दृष्टि नहीं चाही और अपनी लड़ाई अकेले लड़ी; लेकिन उनकी लड़ाई किसी एकाकी व्यक्ति की लड़ाई नहीं थी। उनकी तरफ से एक बार भी इशारा न किए जाने के बावजूद लोग और मीडिया यह सुनिश्चित करने उनके समर्थन में आ खड़े हुए थे कि कहीं कोच्चि मेट्रो भ्रष्टाचार का एक पंगु किस्सा बनकर न रह जाए।

आश्चर्यजनक रूप से यह भी देखा गया कि श्रीधरन ने अपनी निंदा करनेवालों के खिलाफ सार्वजनिक रूप से कभी एक शब्द भी नहीं कहा था। वे एक बुद्धिमान योद्धा की तरह, पूरी दृढता के साथ अपने खास अंदाज में अपना यही संदेश दोहराया करते थे—वे बस लोगों के भले के लिए इस परियोजना को अविलंब और भ्रष्टाचार मुक्त तरीके से पूरा करना चाहते हैं। षड्यंत्रकारियों को अपनी हार स्वीकार करते हुए पीछे हटना पड़ा। जिन लोगों ने श्रीधरन को बड़ी परियोजनाएँ कार्यान्वित करने में सक्षम एक आम परियोजना मैनेजर या सिविल इंजीनियर मानते हुए उन पर विचार

करना बंद कर दिया था, उन तक यह संदेश पूरी स्पष्टता के साथ पहुँचा दिया गया था कि श्रीधरन का नाम लोगों के दिलो-दिमाग में अपनी जगह बना चुका था और उसे खारिज करना संभव नहीं था।

पंबनपुल के निर्माण से लेकर कोंकण रेलवे और दिल्ली मेट्रो को अमली जामा पहनाने तक श्रीधरन की उपलब्धियों ने उन्हें लोगों के दिलों में आदर्श व्यक्ति के रूप में स्थापित कर दिया था। इन उपलब्धियों से उन्हें वो नाम और सराहना मिली है, जो अब तक केवल बॉलीवुड सितारों या क्रिकेटरों को ही मिलती रही थी। लेकिन सिर्फ यह इस बात की गारंटी नहीं कि कोई उन करिश्मों को कर दिखाएगा, जो उन्होंने कर दिखाए हैं; कोच्चि मेट्रो तो सिर्फ उनका नवीनतम असाधारण कार्य है। क्या हम कभी दावे के साथ यह कहने का जोखिम उठा सकते थे कि हम देश में हजारों-करोड़ रुपयों की लागतवाले कोंकण रेलवे परियोजना से ज्यादा महान् उद्यम की नींव कभी नहीं रख सकेंगे? क्या कभी ऐसा समय नहीं आएगा, जबकि इंजीनियरिंग कौशल और प्रौद्योगिकी का श्रीधरन का नुस्खा, जिसने पूरे कोलकाता (कलकत्ता), दिल्ली और कोच्चि (कोचीन) में मेट्रो को जन्म दिया था, कालातीत हो जाएगा? क्या कभी विकास के नाम पर अपनी रिहाइशी और वाणिज्यिक संपदाओं से विस्थापित कर दिए गए लाखों गरीब करदाताओं की कीमत पर अद्‌भुत बाँधों और एक्सप्रेस हाईवे बनाने का समय नहीं आएगा?

श्रीधरन इतने लोकप्रिय क्यों हैं? कोई शक नहीं कि देश में अत्यंत उत्कृष्ट इंजीनियर और परियोजना मैनेजर हैं, जिन्होंने आधुनिकतम और श्रेष्ठ प्रौद्योगिकियों को आत्मसात् किया है और जो इस मामले में दुनिया के श्रेष्ठतम लोगों के समकक्ष हैं। वे असंभव लगनेवाले कार्यों को मूर्त रूप दे सकते हैं। फिर श्रीधरन में ऐसा क्या खास है?

उनके पास ऐसा कौन सा जंतर है, जो लोगों के दिलो-दिमाग पर कब्जा किए हुए है? आम लोग और मीडिया, केरल के एक छोटे से गाँव के सिविल इंजीनियर को अपनी इतनी सराहना और स्वीकृति भला क्यों देंगे, जैसाकि आमतौर पर जन नेताओं के साथ देखने को मिलता है। ई. श्रीधरन गूगल करें और आपको 5 मिलियन से भी ज्यादा नतीजे मिलेंगे। आपको श्रीधरन पर एक विकीपीकिया पेज मिलेगा, जो आपको उनके जीवन का संक्षिप्त परिचय देगा। आपको उन पर फेसबुक प्रोफाइल मिलेंगे, जिन्हें देश के सुदूर कोनों में रहनेवाले उनके अज्ञात प्रशंसकों ने बनाया है। आपको विभिन्न आई.आई.टी. में दिए उनके कॉन्वोकेशन भाषणों और राष्ट्रीय समाचार चैनलों को दिए उनके साक्षात्कारों के असंख्य यू-ट्यूब वीडियो मिलेंगे।

ऐसे फोरम भी हैं, जो पूरी भावुकता के साथ सरकार से आग्रह कर रहे हैं कि वह श्रीधरन को सर्वोपरि नागरिक सम्मान 'भारत रत्न' देने पर सोच-विचार करने में अधिक समय न लगाए। आप 'मेट्रो मेन' का यशोगान करनेवाले विभिन्न भाषाओं के ब्लॉग्स को गिन तक नहीं सकते हैं। कोंकण रेलमार्ग या दिल्ली मेट्रो में यात्रा कर चुके यात्रियों के अनेक यात्रा-वृत्तांत और उनकी लिखी डायरियाँ हैं, जो न केवल समय और पैसे के लिहाज से मिली उन सहूलियतों का जिक्र करते हैं, जो उन्हें नई लाइनों के कारण मिली है, बल्कि अब उनके लिए खुल चुके दृश्यों के लिए भी कृतज्ञता का बखान करते हैं। श्रीधरन से संबंधित सैकड़ों चित्र, कैरीकेचर और कार्टून इंटरनेट पर प्रचुर मात्रा में उपलब्ध हैं। श्रीधरन के शानदार कॅरियर पर एक सचित्र पुस्तक का इंटरनेट संस्करण भी उपलब्ध है, जिसे मुंबई (बॉम्बे) के एक निजी प्रकाशक ने अपलोड किया है। डी.एम.आर.सी. के मुख्य जनसंपर्क अधिकारी अनुज दयाल की पुस्तक 'दिल्ली मेट्रो गाथा' ऑनलाइन बुकशॉप्स पर बिक्री के लिए उपलब्ध है; श्रीधरन द्वारा मीडिया को कहे हर शब्द के अनेक ऑडियो-वीडियो अभिलेख व प्रमुख प्रबंधन गुरुओं और राष्ट्र-निर्माताओं द्वारा उनकी सराहना के लेख भी उपलब्ध हैं। अस्सी साल की उम्र में भी श्रीधरन ने लोगों को अपना मुरीद बनाया हुआ है। जैसाकि यह काफी न हो, राज्य सरकार भी अपनी महँगी परियोजनाओं का नियंत्रण श्रीधरन को सौंपने के लिए गुहार लगाती रहती हैं। निश्चित रूप से निजी कॉरपोरेशन उन्हें किसी भी पद पर और किसी भी कीमत पर लेना पसंद करेंगे। भारत द्वारा 'पद्म श्री' और 'पद्म भूषण' सम्मानों से सम्मानित श्रीधरन को लगभग रोज ही देश-विदेश से पुरस्कार और सम्मान प्राप्त होते रहते हैं।

वर्ष 2014 तक टेक्नोक्रेट श्रीधरन अपने सार्वजनिक जीवन के साठ साल पूरे कर चुके थे। उन्होंने 1954 में भारतीय रेलवे इंजीनियरिंग सेवा (आई.आर.ई.एस.) में सहायक अभियंता के रूप में पदभार ग्रहण किया था और छत्तीस वर्ष तक सेवा देने के बाद 1990 में वे इस संगठन से सेवानिवृत्त हुए। उन्होंने कोंकण रेल कॉरपोरेशन लिमिटेड (के.आर.सी.एल.) की स्थापना की, वहाँ सात वर्ष बिताने के बाद 1997 में वे डी.एम.आर.सी. के प्रबंध निदेशक बन गए। दिसंबर 2011 में डी.एम.आर.सी. से सेवानिवृत्त होते समय वे उन्यासी वर्ष के थे। सार्वजनिक सेवाओं में सत्तावन वर्ष बिता चुकने के बाद, उस समय वे एक शांत सेवानिवृत्त जीवन जीना चाहते थे, लेकिन उन्हें तुरंत ही कोच्चि मेट्रो, कोझीकोड और तिरुअनंतपुरम की मोनोरेल के पर्यवेक्षण और दक्षिण-पश्चिमी स्पीड-रेल ट्रैक के निर्माण की जिम्मेदारी सौंप दी गई। उन्होंने इक्यासी वर्ष की उम्र में इन नई चुनौतियों को उसी तत्परता और उत्साह

से स्वीकार किया, जो उन्होंने छह दशक पहले भारतीय रेलवे में प्रवेश करते समय दिखाई थी—पोन्नानी, कोच्चि, तिरुअनंतपुरम, नई दिल्ली और बंगलुरु (बंगलौर भी) के बीच अविराम यात्राओं की अपनी पेशेवर जिंदगी फिर से शुरू की।

पंबन पुल से लेकर कोच्चि मेट्रो तक श्रीधरन ने जिन परियोजनाओं को अपने हाथ में लिया, उनमें करीब 10 लाख करोड़ रुपए का निवेश शामिल था। एक भी परियोजना भ्रष्टाचार के नाम से जरा भी कलंकित नहीं हुई, जबकि राष्ट्रमंडल खेलों में साफ-सफाई तक के ठेकों में दसियों लाख रुपयों का हेर-फेर देखा गया था। दिल्ली मेट्रो का दूसरा चरण शहर में इसी समारोह की तैयारियों के एक हिस्से के रूप में पूरा किया गया था। इसके लिए 24,000 करोड़ रुपए की बड़ी राशि चाहिए थी। श्रीधरन ने इस काम का निरीक्षण किया। राष्ट्रमंडल खेलों में हुए भ्रष्टाचार और घोटालों ने जहाँ केंद्रीय मंत्रियों तक को जेल की हवा खिलाई, दिल्ली मेट्रो ऐसी इकलौती परियोजना रही, जो बेदाग उभरी।

श्रीधरन ने बड़े-बड़े अभियानों को परिणाम तक पहुँचाने के बाद सिविल इंजीनियरिंग के क्षेत्र में साढ़े तीन दशकों की उपलब्धियों की संपदा के साथ भारतीय रेलवे छोड़ा। रेलवे में सभी मुख्य रेल लाइनों के निर्माण-नवीकरण और उनकी डबलिंग का काम उनके दौर में पूरा हुआ, जिसमें उनकी बड़ी भूमिका रही। लेकिन श्रीधरन दुनिया की नजर में तब आए, जब उन्होंने तूफान और बाढ़ से टूटे पंबन पुल का रिकॉर्ड समय में पुनर्निर्माण किया। ब्रिटिश इंजीनियरिंग के चमत्कार के रूप में मशहूर इस पुल के पुनर्निर्माण अभियान के साथ उन्होंने 1964 में रामेश्वरम् के लिए ट्रेन पकड़ी थी। वे सिर्फ इकतीस वर्ष के थे। इस काम को केवल छियालीस दिन में, अनुमानित समय के सिर्फ आधे में पूरा कर लिया गया। उस रात जब तत्कालीन रेलमंत्री एस.के. पाटील ने यह घोषणा की कि यह परियोजना एक हफ्ते में पूरी कर ली जाएगी, तब श्रीधरन रामेश्वरम् के तटों की ओर जानेवाली पहली ट्रेन को रवाना करने के लिए पुल में आखिरी शहतीर पहले ही लगा चुके थे।

श्रीधरन का अगला मुख्य अभियान कलकत्ता मेट्रो (अब कोलकाता मेट्रो) की डिजाइन तैयार करना था, जिसे भारत में आधुनिक राष्ट्रीय सार्वजनिक यातायात व्यवस्था का प्रतिमान बनना था। भारतीय रेलवे इस परियोजना में मेट्रो रेल व्यवस्थाओं की न्यूनतम विशेषज्ञता या समझ के साथ उतरी थी, यही बात श्रीधरन के साथ भी थी। उन्होंने परियोजना की डिजाइन तैयार करने और उसकी योजना बनाने का चुनौतीपूर्ण काम स्वीकार किया। अपना खर्च खुद उठाते हुए उन्होंने 'टोक्यो मेट्रो लाइंस' का अध्ययन करते हुए चार दिन बिताए, जिसका नतीजा कोलकाता में पूरी

तरह से भूमिगत विश्व स्तरीय मेट्रो रेल व्यवस्था के रूप में सामने आया। जहाँ तक श्रीधरन की बात है, सीखने की उनकी चाह अभियांत्रिकी के इस कारनामे के साथ खत्म नहीं हुई। हालाँकि वे कोलकाता में निर्माण और सुपुर्दगी प्रक्रियाओं में हुई चूकों के लिए जिम्मेदार नहीं थे, लेकिन वे यह सुनिश्चित करने के लिए कृतसंकल्प थे कि उनके भावी उद्यमों में ऐसा फिर कभी न हो।

वे केवल रेलवे परियोजनाओं में ही नहीं, बल्कि हर कहीं सफल होते। कोचीन शिपयार्ड में अध्यक्ष तथा प्रबंध निदेशक के रूप में उनके कार्यकाल ने यही दरशाया है। उस संस्थान के पास ऐसा अद्‌भुत नेतृत्व कभी नहीं रहा था। वे वहाँ केवल एक वर्ष रहे और उन्हें यार्ड के पहले जहाज 'रानी पद्‌मिनी' को लाने के लिए मजदूर संघों के बीच क्षेत्रीय नकारात्मकता के रोग से पार पाना पड़ा था। यह देश के लिए एक उल्लेखनीय सफलता और गौरव का क्षण था। इसके साथ ही उन्होंने विदेशी खरीदों से करोड़ों में मिलनेवाले कमीशन से असल में लाभान्वित होनेवाले वास्तविक नौकरशाही और प्रशासकों के बीच के नापाक गठजोड़ को भी सार्वजनिक तौर पर बेनकाब किया। इस विलक्षण काम ने साबित किया कि श्रीधरन औरों से अलग थे और यही उस पेशेवर रवैये तथा दृढता के प्रारंभिक चिह्न थे, जो उन्होंने अपने पूरे कॅरियर में दिखाए थे।

भारतीय रेलवे के इतिहास में अति महत्त्वपूर्ण स्थान रखनेवाली कोंकण परियोजना इसके बाद आई। दक्षिण में मंगलोर से लेकर पश्चिम में महाराष्ट्र के सोहा कस्बे तक 760 किलोमीटर लंबे ट्रैक को बनाने के लिए श्रीधरन को जितनी और जैसी चुनौतियों से जूझना पड़ा, वे दुर्जेय थीं। वह ट्रैक अशांत अरब सागर और समुद्रोन्मुख पश्चिम घाटों के बीच आगे बढ़ता था। इस परियोजना को अंग्रेजों के समय से ही एक असंभव कार्य मानते हुए इस पर विचार करना बंद करके इसे ठंडे बस्ते में डाल दिया गया था, जबकि श्रीधरन के नेतृत्व में ये केवल सात वर्ष और तीन महीने में ही पूरी हो गई। उन्होंने व्यवस्थित रूप से और पूरी दृढता के साथ रास्ते में आनेवाले हर अवरोध को हटाया। इस विशाल निर्माण के लिए असल चुनौती की बात पैसा नहीं, बल्कि दुर्गम इलाके की थी। यह ट्रैक न केवल चार राज्यों के दुर्गम इलाकों से गुजरता था, बल्कि इस विस्तार के लिए चार अक्षम और परस्पर विरोधी राजनीतिक व्यवस्थाओं से निपटने का और भी मुश्किल कार्य किया जाना था। अपने अद्‌भुत कूटनीतिक कौशल के साथ श्रीधरन ने हर प्रतिरोध, भूगर्भीय और राजनीतिक, खत्म कर दिया और अभियांत्रिकी के इस चमत्कार को स्थापित करने के लिए सबको एक सूत्र में पिरोकर आगे बढ़ते चले गए।

कोंकण अभियान के पूरे होने तक, आधिकारिक कर्तव्यों को निभाते हुए चार दशक हो जाने के बाद, श्रीधरन अब आराम करने का मन बना रहे थे। तब तक दिल्ली मेट्रो परियोजना के लिए डी.एम.आर.सी. की स्थापना की जा चुकी थी। श्रीधरन जोकि मूलत: प्रबंध निदेशक की तलाश के लिए नियुक्त समिति में थे, स्वयं ही इस कार्य के लिए नियुक्त कर दिए गए। शुरुआती दौर में उन्होंने दोनों जिम्मेदारियाँ निभाईं—कोंकण रेलवे और दिल्ली मेट्रो—वे बिना आराम किए मुंबई और दिल्ली के बीच भाग-दौड़ करते रहे। दिल्ली के लोगों को आधुनिकतम मेट्रो लाइन के निर्माण ने ही चकित नहीं किया, बल्कि वे इस बात से भी हैरान हुए कि परियोजना के हर चरण में इस बात का पूरा ध्यान रखा जा रहा था कि लोगों का दैनंदिन जीवन प्रभावित न हो। यह अभियान बहुत तेज गति से, खासतौर पर पर्यावरण को प्रभावित किए बिना आगे बढ़ा। दिल्ली मेट्रो का प्रथम चरण मूलत: निर्धारित समय से तीन महीने पहले, सिर्फ दो साल और नौ महीने में पूरा किया जा चुका था और वह भी अनुमानित 10,500 करोड़ रुपए से एक रुपए भी बिना ज्यादा लागत के। परियोजना के 124 किलोमीटरवाले दूसरे चरण की अनुमानित लागत 24,000 करोड़ थी और अनुमान था कि इसमें हर दिन की देरी का अर्थ प्रतिदिन 2.5 करोड़ रुपए का नुकसान होगा। इस काम की कमीशनिंग में सिर्फ साढ़े चार वर्ष लगे। मेट्रो विकास परियोजनाओं के इतिहास में यह वास्तव में एक विश्व रिकॉर्ड था।

अब जरा एक मिनट के लिए इन सभी उपलब्धियों पर इस दृष्टिकोण से विचार करते हैं—यह एक ऐसे देश में हुआ, जहाँ साधारण-से-साधारण पुल या पंचायत क्षेत्र में एक सँकरी-सी सड़क बनाने में आमतौर पर दसियों लाख रुपए लग जाते हैं और काम इतनी तकलीफदेह गति से होता है कि उसका असल फायदा न के बराबर रह जाता है।

लेकिन श्रीधरन अपनी उपलब्धियों का श्रेय अपने किसी अतिमानवीय गुण को नहीं देते। उनसे यह पूछने पर कि वे अपने किस मास्टरपीस को ज्यादा बड़ा मानते हैं—कोंकण लाइन या दिल्ली मेट्रो को? उनका एक ही जवाब होता है, 'इनमें से कोई नहीं।' वे कहा करते हैं कि उनकी सबसे बड़ी उपलब्धि यह रही कि अपने इंजीनियरों को आत्मविश्वास से लबरेज रखा गया, जिससे वे पूरी योग्यता के साथ अपना काम कर सके। ये इंजीनियर साधारण पृष्ठभूमियों से थे, जिन्होंने अत्यंत विशिष्ट शिक्षा भी प्राप्त नहीं थी। इससे साबित होता है कि उन्हें विश्वस्तरीय काम करने के लिए सिर्फ श्रीधरन जैसे लोगों के निर्देशन की आवश्यकता थी।

श्रीधरन हमेशा इस बात पर जोर देते थे कि उनकी सफलता की बुनियाद में उनके द्वारा अपने निजी और पेशेवर जीवन में अपनाई गई नैतिकता है। जो दो संगठन उन्होंने बुनियाद से शुरू किए थे—कोंकण रेलवे कॉरपोरेशन और दिल्ली मेट्रो रेल कॉरपोरेशन। वे सार्वजनिक उद्यम के परंपरागत विचारों से पूरी तरह भिन्न थे, जैसाकि विवेकशील लोग देख-समझ सकते हैं। डी.एम.आर.सी. का इतना नाम हो गया कि दुनिया भर से निजी कॉरपोरेशन और प्रबंधन छात्र इसे सम्मान की दृष्टि से देखने लगे, जिसमें स्टैनफोर्ड यूनिवर्सिटी और लंदन विश्वविद्यालय भी शामिल हैं, जोकि इस संस्थान और इसके व्यापारिक मूल्यों का अध्ययन करने कॉरपोरेशन आए। श्रीधरन ने उनके अनुरोध पर अपना जादुई मंत्र प्रकट किया—अपने निजी और पेशेवर जीवन में इस तरह से ईमानदार रहें कि आपको किसी को आश्वस्त करने में ज्यादा प्रयास न करने पड़ें, दृढ रहें और पूरी दृढता के साथ अपने कर्तव्यों का निर्वाह करते समय बित्ताभर भी न डिगें, अपने पेशेवर कौशल को बेहतर बनाते रहें और उसे कालातीत न होने दें, अपनी ईमानदारी बनाए रखें, ताकि अपनी योजनाओं में समाज के सबसे पतित लोगों को भी पूरे सम्मान के साथ शामिल कर सकें, अपनी नैतिकता बनाए रखें, अपने शरीर और मस्तिष्क, दोनों को युवा बनाए रखनेवाली आदतों को अपनाएँ।

श्रीधरन छत्तीस वर्ष भारतीय रेलवे में रहे, जिसमें से पहले पंद्रह वर्ष में उनका पच्चीस बार स्थानांतरण हुआ। उनके लगातार स्थानांतरण होते रहे, लेकिन यह बात उन्हें निरंतर मुख्य परियोजनाओं का नेतृत्व करने से न रोक सकी। अनेक लोग उनकी ईमानदारी से और उनमें लोचशीलता के अभाव से खीझ महसूस करते थे, लेकिन उनके पेशेवर रवैये और तकनीकी उत्कृष्टता की अभेद्य दीवार से सामना होने पर वे कभी उन्हें चुनौती नहीं दे सके। श्रीधरन के अनुसार, ईमानदारी भ्रष्टाचार न होने की स्थिति नहीं है, बल्कि इसका अर्थ है, अपने संस्थान और दीर्घावधि में पूरे समाज के हित के लिए पूरी सक्रियता के साथ कदम उठाना।

कम ही लोग जानते थे कि श्रीधरन काम पर आठ घंटे से एक मिनट भी ज्यादा नहीं बिताते। वे सुबह नौ बजे काम करना शुरू करते, एक घंटे का लंच ब्रेक लेते और शाम छह बजे तक काम करते। वे कभी एक भी फाइल घर नहीं ले गए, यहाँ तक कि डी.एम.आर.सी. में अपने कार्यकाल के दौरान भी जहाँ अनेक चुनौतीपूर्ण जटिल मामलों में एक ही समय पर अनेक मुद्दों को निपटाने की आवश्यकता पड़ती थी। दिन में अपने थका डालनेवाले काम को पूरी गहराई में उतरकर करनेवाले और आमतौर पर यात्राओं के कारण बाहर ही रहनेवाले टेक्नोक्रेट श्रीधरन घर पर

एक अलग ही व्यक्ति होते हैं। वे एक बुजुर्ग गृहस्वामी की भूमिका में आकर घर में बच्चों को महाकाव्यों और पुराणों से कहानियाँ सुनाते हैं। दो वर्ष पहले तक वे देश के हर कोने में काम कर चुके थे। लेकिन अनेक समस्याओं का सामना करते हुए भी वे हर बार अपने परिवार को साथ ले गए। वे अपने सहकर्मियों को भी यही सलाह देते हैं कि किसी भी कीमत पर परिवार को साथ ही रहना चाहिए।

श्रीधरन विकास के वाहक के रूप में एक पेशेवर की सामाजिक प्रतिबद्धता के समर्थक और प्रबल पक्षधर हैं। वे अपने इंजीनियरिंग के छात्रों को कहते थे कि उनके द्वारा नई प्रौद्योगिकियों का ज्ञान प्राप्त करना और उनका उपयोग जनसाधारण के हित के लिए करना ही उनके द्वारा अपने शिक्षक को दिया गया सबसे अच्छा उपहार होगा।

सरकारी जीवन के प्रोटोकॉल्स का यत्नपूर्वक पालन करते हुए भी श्रीधरन को जहाँ भी आवश्यक लगा, वहाँ उन्होंने स्वेच्छाचारी नौकरशाही की कठोर भर्त्सना की। उन्होंने खुले तौर पर कहा कि जनोपयोगी निर्णय लेने में अक्षम रहे लोगों ने देश की प्रगति को नकारात्मक रूप से प्रभावित किया है और वास्तव में शुरू से ही उनकी कुछ करने में दिलचस्पी नहीं थी। उनकी यह टिप्पणी कि यहाँ लोगों का एकमात्र उद्‌देश्य यही लगता था कि यदि कोई कुछ सार्थक काम करना चाहे तो अवरोध पैदा करो, यह बात उन लोगों की तरफ इशारा करती थी, जिन्होंने दिल्ली मेट्रो रेल परियोजना का उसके प्रारंभिक वर्षों में विरोध किया था। उनकी इस चेतावनी ने सही जगह चोट कि इस परियोजना में होने वाली देरी का अर्थ करदाताओं पर प्रतिदिन 1.4 करोड़ रुपए का भार होगा। परियोजना को खारिज करने का शोर मचानेवाले भारतीय प्रशासनिक सेवा (आई.ए.एस.) अधिकारी श्रीधरन के निशाने पर आए। उन्होंने तर्क दिया कि यह इतनी तकनीकी और जटिल परियोजना थी कि आई.ए.एस. अधिकारी सिर्फ अपने प्रशासनिक कौशल के बल पर इसका सूक्ष्म प्रबंधन नहीं कर सकते थे। एक मुख्य सचिव भी, जिन्होंने इस परियोजना का शुरू से अंत तक विरोध किया था, यहाँ तक कि केंद्र और राज्य सरकारों के इस पर अंतिम निर्णय ले लेने के बाद भी, श्रीधरन द्वारा की गई इस भर्त्सना का निशाना रहे।

श्रीधरन राजनीतिक नेतृत्व को अपनी मनमरजी नहीं करने देते थे। वे निहित स्वार्थों के लिए इस परियोजना से समझौता करने के लिए तैयार नहीं थे। जब मेट्रो परियोजना पर राजनीतिक अवरोधों ने बदतर मोड़ ले लिया, तब भी वे उनकी तीखी आलोचना करते हुए प्रतिशोध की आशंका से नहीं डरे। उन्होंने राजनीतिक आकाओं की आँखों में आँखें डालकर देखा और कहा कि उन्हें वहाँ सिर्फ राजनेता

दिखाई देते हैं, राष्ट्र-निर्माता नहीं। जो चल रहा है, वह अभिशासन नहीं, बल्कि निम्न स्तर के राजनीतिक दाँवपेंच हैं।

राज्य और केंद्र सरकारों के समान हिस्सेदारीवाले सार्वजनिक संगठन डी.एम.आर.सी. में शीर्षस्थ पद पर रहते हुए श्रीधरन ने संस्थागत भ्रष्टाचार और कालाधन माफिया को करीब से देखा और उस पर टिप्पणी की। वे मानते हैं कि सरकारी मुलाजिमों के लिए घूस के प्रति आकर्षित होना बड़ा आसान है, इसलिए नहीं कि वे कम पैसा कमाते हैं, बल्कि इसलिए कि कालेधन का प्रसार बढ़ता ही जा रहा है और उसने समाज में गहरी जड़ें जमाकर यह स्थिति पैदा कर दी है। भ्रष्ट लोगों पर लगाम लगाने के लिए कानून है और कानून लागू करने के लिए पुलिस है, लेकिन खुद पुलिस ही भ्रष्ट है। पुलिस-बल-सुधार संबंधी कई विधेयक पारित किए गए हैं, लेकिन उच्चतम न्यायालय के कहने पर भी उन्हें लागू नहीं किया गया। श्रीधरन बेलाग कहते हैं कि इसका यही अर्थ निकाला जाना चाहिए कि असली दोषी राजनीतिक नेतृत्व है। उनके ये विचार हमें सत्येंद्र दुबे की शहादत की याद दिलाते हैं, जिसने लोगों का ध्यान सिविल इंजीनियरिंग के पेशे की ओर खींचा था। इस बहादुर इंजीनियर ने राष्ट्रीय राजमार्ग निर्माण के समय अपना कर्तव्य निभाते हुए अपने आदर्शों के लिए अपनी जान की बाजी लगा दी थी। राजनीति और प्रशासन के क्षेत्र में भ्रष्टाचारियों की इच्छाओं के विरुद्ध जाने की श्रीधरन की यह नीति दुबे की शहादत को ही रेखांकित करती है।

श्रीधरन को मिलनेवाले पुरस्कार और सम्मान समाज से उन्हें मिल रही सराहना और आदर के मूर्त रूप हैं। इसकी शुरुआत 1965 में रेलमंत्री द्वारा दिए गए 500 रुपए के पहले पुरस्कार से हुई थी। उन्हें 'पद्म श्री' और 'पद्म विभूषण' से भी सम्मानित किया गया है। 2013 के अंत तक उन्हें दुनिया भर के विभिन्न राष्ट्रीय और अंतरराष्ट्रीय विश्वविद्यालयों से एक दर्जन से भी ज्यादा डॉक्टरेट डिग्रियों से सम्मानित किया जा चुका था। उन्हें साठ से भी ज्यादा राष्ट्रीय और अंतरराष्ट्रीय पुरस्कार प्राप्त हो चुके हैं। हर बार वे अपने श्रोताओं को याद दिलाते हैं कि भले ही पुरस्कार उन्हें मिला हो, लेकिन असल सराहना उनके सहकर्मियों को मिलनी चाहिए, जिन्होंने उनकी परियोजनाओं में उनके साथ काम किया है। वे इन पुरस्कारों में मिली धनराशि का उपयोग परोपकार के कार्यों में करते हैं और उसे गरीब बच्चों की पढ़ाई पर व्यय करते हैं।

श्रीधरन अपनी प्रेरणा स्रोत 'श्रीमद्भगवद्गीता' की शपथ लेते हैं। उनके प्रिय जननेता केरल के पूर्व मुख्यमंत्री ई.के. नयनार रहे, जोकि एक कम्युनिस्ट नेता थे।

वे नयनार की चारित्रिक निष्कपटता और उस आश्वस्तकारी भाईचारे के कायल थे, जो वे मिलने पर प्रदर्शित करते थे। साथ ही वे अपनी राह के अवरोधों को दूर करने में उनके राजनीतिक प्रतिबद्धता के भी प्रशंसक थे। श्रीमद्‌भगवद्‌गीता के प्रति श्रीधरन का प्रेम गीता के इस संदेश के कारण है कि मानवीय उपहारों का उपयोग जनसाधारण के हित के लिए निस्स्वार्थ भाव से करना चाहिए। वे अपनी इस आस्था को बार-बार रेखांकित करते हैं कि यह पुस्तक किसी धर्म विशेष के अनुयायियों के लिए नहीं है। श्रीधरन अपने सहकर्मियों को उपहार के रूप में गीता की प्रति देते हैं। लेकिन एक आस्थावान् व्यक्ति होने के बावजूद श्रीधरन धर्म का खुला प्रदर्शन पसंद नहीं करते। मस्तक पर चंदन लगाए, महाकाव्य, पुराण और उपनिषद् पढ़ते हुए भक्त श्रीधरन को केवल अपने घर या अपने परिवार के साथ निजी परिवेश में ही देख सकते हैं। वे अपने कार्यालय और औपचारिक अवसरों पर ऐसे सभी प्रतीकों और छवियों से जान-बूझकर बचते हैं। वे अपने सहकर्मियों की तरह ही अपने दफ्तर के ड्रेस कोड का पालन करते हैं। वे सार्वजनिक स्थलों को धर्मनिरपेक्ष रखने की अपनी नीति के प्रति अडिग हैं।

डी.एम.आर.सी. से सेवानिवृत्त होते ही भारत के शीर्षस्थ कॉरपोरेशन श्रीधरन के पास ऐसे प्रस्ताव लेकर पहुँचे, जो किसी को भी लुभाने के लिए काफी हैं। एक बड़े उद्यम ने बड़ी बोली लगाते हुए उन्हें 20 लाख रुपए के मासिक वेतन और मनचाहे पद का प्रस्ताव दिया। लेकिन इनमें से कोई भी प्रस्ताव उस दूरी को नहीं पाट सका, जो श्रीधरन ने अपने जीवन में लाभकारी संगठनों से रखी थी। कोई प्रलोभन उन्हें अपना शेष जीवन भारतीय रेलवे से मिलनेवाली पेंशन पर बिताने के उनके दृढ निश्चय पर पुनर्विचार के लिए विवश न कर सका। यहाँ तक कि पूर्णकालिक नौकरी से सेवानिवृत्ति की ओर बढ़ते समय भी वे डी.एम.आर.सी. के वेतन से एक रुपया भी नहीं लेते थे। उन्होंने यह पूरी राशि परोपकार के कार्यों में लगाने की शपथ ले रखी थी।

श्रीधरन के लिए धर्म का अर्थ निज़ी लाभों के बारे में न सोचते हुए पूरी सक्रियता के साथ काम करना है। उनके लिए इसका अर्थ है, यह पता लगाते हुए कि आमजन के हित में क्या है, स्वयं को पूरी जिम्मेदारी और योग्यता के साथ इस काम में झोंक देना। वे यह संदेश बिल्कुल ऐसा ही जीवन में उतारकर देते हैं। कर्मयोगी की उपाधि उनकी विचारधारा का निचोड़ है। उन्होंने अपने पेशेवर जीवन में बुलंदियों को छुआ है, परिवार के प्रति अपनी जिम्मेदारियों का निर्वहन किया है और इन सबसे ऊपर एक व्यक्ति के रूप में अपनी अच्छी आदतों और ईमानदारी

को बनाए रखा है। निस्संदेह वे ऐसे कार्यों और गुणों का मिश्रण हैं, जिनसे एक निष्पाप मनुष्य बनता है। उन्होंने सैकड़ों करोड़ रुपयों की परियोजनाओं पर काम करते समय हमेशा समाज के पिछड़े गरीब लोगों का ध्यान रखा है। यही वजह है कि कुरुक्षेत्र की अनेक लड़ाइयों में न्याय के पक्ष में खड़े अर्जुन की तरह ही आत्मविश्वास से भरपूर श्रीधरन के समर्थन में भी आम लोग बड़ी दृढता से खड़े रहते हैं। वे किसी को भी अपनी कथनी या करनी से आहत नहीं करते और अनेक लोगों के लिए उनकी उपस्थिति शांति प्रदान करनेवाली तथा आशाद्वीप के समान रही है। वे हमेशा इस बात पर जोर देते हैं कि उनकी सभी उपलब्धियाँ उनकी न होकर उन सभी आम लोगों की हैं, जो उनके सभी कार्यों में वास्तविक स्टेकहोल्डर रहे हैं। आप उनकी जीवन-यात्रा का पूरा निचोड़ उनके कार्यालय में फ्रेम किए हुए योग वसिष्ठ रामायण के इस उद्धरण में पा सकते हैं—

कार्यं करोमि, ना किञ्चित् अहं करोमि।

—मैं कार्य करता हूँ, पर मैं उसका कर्ता नहीं हूँ।

हमारा शासकीय नेतृत्व पतन के गर्त में गिरता जा रहा है, यहाँ तक कि राजनेता देश की रक्षा के लिए शहीद होनेवाले सैनिकों के ताबूत खरीदने में भी पैसा बनाने लगे हैं। आए दिन हम ऐसे सौदों के समाचार सुनते हैं, जहाँ खराब रक्षा उपकरणों की खरीद के बदले संबंधित डीलर्स से अनैतिक और गैर-कानूनी तरीके से कमीशन लिया जाता है। अब जबकि भ्रष्टाचार हमारे समय का दस्तूर बन गया है, तो अगर लोग किसी ऐसे व्यक्ति को बहुत पसंद करते हैं, जिसने उनके लिए हितकारी काम किए हैं, तो उसमें हैरानी कैसी? श्रीधरन अपनी नैतिक अंतश्चेतना की बुनियाद पर निस्स्वार्थ परिश्रम द्वारा हमें अपनी महान् लेकिन भुला दी गई उस सभ्यता की याद दिलाते हैं, जो हमारी विरासत रही है। वे गीता के इस श्लोक के आधार पर नई पीढ़ी का कर्म के लिए आह्वान करते हैं—

ज्ञानं परम बलम्

नहिं ज्ञानेन सदृश्यं पवित्रं इह विद्यते॥

वे इस बात पर अत्यधिक बल देते हैं कि सार्वजनिक सेवकों को अपने कर्तव्यों का निर्वहन करते हुए बुद्ध के उपदेशों और आदर्श सिद्धांतों का पालन करना चाहिए।

मैं कोच्चि स्थित डी.एम.आर.सी. कार्यालय में श्रीधरन के साथ बैठक खत्म होने के बाद निकलने ही वाला था, जब उनके जनसंपर्क अधिकारी नारायणन कुछ जल्दबाजी में अंदर आए। उन्होंने श्रीधरन को बताया कि बाहर दो लोग उनसे मिलने का इंतजार कर रहे हैं। वे पिता-पुत्र हैं। वे बिना अपॉइंटमेंट के आए थे,

लेकिन वे उनसे मिलने के लिए कुछ मिनट ही माँग रहे थे। नारायण को बताया गया था कि उनमें से बेटे को एक इंजीनियरिंग फर्म में नौकरी मिल गई थी। रेलवे से सेवानिवृत्त अपने पिता के साथ आया वह नवयुवक अपना कॅरियर शुरू करने से पहले श्रीधरन का आशीर्वाद लेना चाहता था। मैंने साक्षात्कार के लिए डेढ़ घंटा देने के लिए श्रीधरन का धन्यवाद किया और उनके कार्यालय से बाहर निकल गया। मैंने देखा कि पिता-पुत्र दरवाजे के बाहर इंतजार कर रहे हैं। मैं पढ़ सकता था कि अपने भविष्य के प्रति आशावान लग रहे उस युवा इंजीनियर और दुनियादारी देख चुके उसके पिता की आँखें क्या कह रही हैं। वे यहाँ एक चुंबकीय व्यक्तित्व, देश के गौरव और एक ऐसे व्यक्ति से मिलने आए थे, जिसने देश को पर्याप्त सम्मान और आदर दिलाया है।

❑

2

बचपन के आकर्षण

करुकपुथुर केरल स्थित पलक्कड़ जिले के गाँवों की सुंदरता की बानगी पेश करता है। अगर आप पत्तांबी से गुरुवयूर सड़क मार्ग से जा रहे हैं तो कुट्टूपथ1 नामक चौराहे से, जिसका नामकरण बिल्कुल सही किया गया है, बाएँ मुड़ जाएँ। यहाँ से 5 किलोमीटर और आगे चलने पर आप खुद को करुकपुथुर में पाएँगे। यहाँ हरे-भरे विस्तार के पार एक सँकरी सी सड़क पर, जिसके एक तरफ पुराने पारंपरिक घर बने हैं, एक किलोमीटर और आगे चलने पर आप एक विशाल भू-संपत्ति के प्रवेशद्वार पर पहुँच जाएँगे, जिसके बीचोबीच एक घर बना हुआ है। यहाँ आपको एक छोटा-सा बोर्ड दिखाई देगा, जिस पर घर का नाम 'कल्लिपरंबु' अंकित है। फिर एक तरफ नारियल के पेड़ों और दूसरी तरफ खेतोंवाली कच्ची सड़क के सहारे-सहारे गीली मिट्टी की सौंधी महक के साथ आगे बढ़ने पर आप उस भव्य पारंपरिक जागीर के सामने पहुँच जाते हैं, जिसे 'नालुकेट्टु' (यानी कुट्टूपथ-चौराहा) के नाम से जाना जाता है। इस दस एकड़ जमीन के केंद्र में एक खूबसूरत, दो मंजिला घर बना है। काफी मजबूत लकड़ी से बने इस बँगले ने सौ साल से भी ज्यादा का समय देखा है, लेकिन केरल के स्थापत्य के प्रभावशाली और आकर्षक प्रतिनिधि के रूप में इसकी शोभा जरा भी कम नहीं हुई है। इसका श्रेय बँगले की समय-समय पर होनेवाली मरम्मत को जाता है, जो वक्त की चोटों पर मलहम लगाती रही है। इलट्टूवलप्पिल श्रीधरन का जन्म इसी 'नालुकेट्टू' में हुआ था।

घर के अंदर प्रवेश करते ही आप पूरी शिद्दत से उसी गरिमा और मर्यादा को महसूस करते हैं, जिसका अनुसरण श्रीधरन अपने निजी और पेशेवर जीवन में

1. मिलते-जुलते रास्ते।

करते हैं। घर और उसका बड़ा सा अहाता साफ-सुथरा तथा व्यवस्थित है। श्रीधरन अपनी पत्नी के साथ पोन्नानी में रहते हैं, जोकि उनके पैतृक घर से महज एक घंटे की दूरी पर स्थित है और जहाँ वे महीने में कम-से-कम तीन बार जाते हैं। घर और अहाते के रख-रखाव के लिए तीन-चार नौकर हैं। इस जमीन पर होनेवाली खेती-बाड़ी के आय-व्यय संबंधी मामलों को उनके भतीजे देखते हैं। श्रीधरन पढ़ाई और कॅरियर के लिए लंबे समय तक इस घर से दूर रहे थे और उन्हें डी.एम.आर. सी. से सेवानिवृत्त होने के बाद इस घर में फिर से रह पाने का इंतजार था। हालाँकि कई कारणों से ऐसा नहीं हो पाया। कुछ समय पहले तक उनकी बहन और उनका परिवार यहाँ रहता था, लेकिन उनकी बहन की मृत्यु के बाद से यहाँ कोई नहीं रहता। फिर भी अगर परिवार का कोई करीबी सदस्य वहाँ आकर रहना चाहे, तो इसकी व्यवस्था वहाँ प्रतिदिन की जाती है। यहीं पैदा होने और अपने भाई-बहनों में सबसे छोटी संतान के रूप में यहीं पलने-बढ़ने के कारण श्रीधरन का इस घर से एक अलग ही जुड़ाव है।

घर के आँगन में घर के बड़े-बुजुर्गों और उनकी बहन की तसवीरें हैं, जो उनके बेहद करीब रहीं। आँगन के नजदीक ही पूजा-कक्ष और रसोईघर हैं। श्रीधरन एक कुरसी खींचकर ओसारे में बैठ जाते हैं और अपने परिजनों तथा पड़ोसियों के बारे में बताते हैं। इसके बाद वे बचपन से ही चिर-परिचित रहे, घर के चारों ओर के खुले स्थान में सैर के लिए निकल पड़ते हैं और बचपन की उन यादों में पहुँच जाते हैं, जो आज भी घर में बिखरी हुई हैं।

श्रीधरन के पिता कीझूट्टिल नीलकांतन मूसथु एक संपन्न ब्राह्मण थे। श्रीधरन का पैतृक निवास कहलानेवाला यह घर उनकी माता इलट्टु वलप्पिल कार्तयायिनी (अम्मलु अम्मा) का था। लेकिन जब श्रीधरन छोटे थे तो आर्थिक रूप से सबकुछ बिल्कुल ठीक नहीं चल रहा था। उनके पिता कभी-कभार आया करते थे, लेकिन उन्हें परिवार की दुर्दशा के बारे में नहीं पता था। गृहस्थी उनके मामा चलाया करते थे। उनके पास जमीन जरूर थी, पर पैसा नहीं के बराबर था। उनकी माली हालत बहुत खराब हो चुकी थी।

श्रीधरन ने इस मुश्किल दौर के बारे में अपनी माँ से सिर्फ सुना ही था। उनके पिता को परिवार की हालत के बारे में काफी समय बाद तब पता चला, जब एक बार घर जाने पर उन्होंने देखा कि श्रीधरन की माँ बच्चों के साथ सिमटी बैठी फूट-फूटकर रो रही हैं। घर पर बच्चों को खिलाने तक को कुछ नहीं था। जब श्रीधरन के पिता को मालूम हुआ कि परिवार की हालत इतनी खराब है,

उन्होंने उन्हें तुरंत सामान समेटकर अपने साथ नरीरी चलने को कहा, जहाँ वे ब्राह्मणों के लिए बने एन्क्लेव इल्लम में रहते थे। उनके पिता की आर्थिक स्थिति काफी अच्छी थी। उनके अपने खेत थे और दूसरे संसाधनों से भी अच्छी-खासी आमदनी होती थी। उस समय की एक रूढ़ि के अनुसार एक ब्राह्मण होने के नाते वे इल्लम में अपने परिवार के साथ नहीं रह सकते थे। एक ब्राह्मण को नायर परिवार की महिला के साथ संबंध रखने की अनुमति थी, पर उसके साथ कानूनी रूप से विवाह करने की नहीं। वर्षों से चली आ रही परिपाटी के अनुसार वे उसके साथ उसके घर में भी नहीं रह सकते थे। परंपराओं का पूरा आदर करते हुए उनके पिता ने श्रीधरन की माँ के घर नालुकेट्टू से कुछ ही दूरी पर एक बड़ी जमीन पर नया घर 'मडोम' बनवाया।

मडोम अब भी वहीं है। हालाँकि श्रीधरन अपने पिता के विस्तृत परिवार के ज्यादा करीब नहीं हैं, पर वे हर खास मौके पर उनके घर जाते हैं और उनकी जरूरतों का पूरा खयाल रखते हैं। श्रीधरन की माँ के बच्चों के साथ कल्लिपरंबु लौटने के बाद से परिवार की हालत सुधरने लगी। अब उनके पिता सीधे उनकी जरूरतों का ध्यान रखते थे।

श्रीधरन का जन्म 12 जून, 1932 को नीलकांतन मूसथु और अम्मलु अम्मा के सबसे छोटे पुत्र के रूप में हुआ। उनके छह भाई और दो बहनें थीं। नारायणी सबसे बड़ी थीं; उन्हें 'अम्मुक्कुट्टी अम्मा' भी कहा जाता था। वे श्रीधरन से करीब बीस वर्ष बड़ी थीं और उनका खयाल एक माँ की तरह रखती थीं। कृष्ण मेनन दूसरे नंबर पर थे, वे भी श्रीधरन पर पितृवत् स्नेह रखते थे और पढ़ाई तथा कॅरियर के मामले में उनका मार्गदर्शन करते थे। श्रीधरन की शादी तय करने के मामले में भी वही आगे रहे। वे एक इलेक्ट्रिकल इंजीनियर थे और पलक्कड़ में प्रतिष्ठित अलगप्पा चेट्टियार पॉलीटेक्नीक में प्रधानाध्यापक के रूप में कार्यभार सँभालने से पहले तमिलनाडु इलेक्ट्रिसिटी बोर्ड (टी.एन.ई.बी.) और बॉम्बे इलेक्ट्रिक सप्लाई ट्रांसपोर्ट (वेस्ट) में कार्य कर चुके थे। पॉलीटेक्नीक से सेवानिवृत्त होने के बाद वे पलक्कड़ में शांतिपूर्ण जीवन बिताने लगे। अब उनकी मृत्यु हो चुकी है। भाई-बहनों में तीसरे पद्मनाभ मेनन थे। मिलिट्री इंजीनियरिंग सेवाओं से अधीक्षक अभियंता के रूप में सेवानिवृत्त होने के बाद वे स्थायी रूप से चेन्नई (मद्रास) में ही रहने लगे। चौथे भाई नारायणन बहरीन की एक तेल कंपनी में अधिकारी थे। अपनी पढ़ाई पूरी करते ही वे विदेश चले गए थे और फिर मध्य-पूर्व में एक अच्छी वेतनवाली नौकरी कर ली थी। सेवानिवृत्ति के बाद वे चेरूथुरूथी में शास्त्रीय कलाओं के केंद्र

'केरल कला मंडलम्' के पास घर लेकर वहाँ बस गए। उनका भी देहावसान हो चुका है, पर उनकी पत्नी चेरूथुरूथी में ही रहती हैं, जहाँ श्रीधरन उनसे मिलने अकसर जाया करते हैं।

श्रीधरन के एकमात्र जीवित भाई गोविंदन हैं, जो के.एम्. मुंशी द्वारा स्थापित प्रतिष्ठित शिक्षण संस्थान 'भारतीय विद्या भवन' के निदेशक पद से सेवानिवृत्त हैं। गोविंदन त्रिपुनिथुरा में विष्णु मंदिर के बगल में रहते हैं। श्रीधरन हफ्ते में कम-से-कम एक बार अपने भाई से मिलने जाया करते हैं। कोच्चि मेट्रो में परामर्शदाता अधिकारी के रूप में काम के सिलसिले में उनका इस शहर में आना-जाना लगा ही रहता है। गोविंदन से छोटे भाई केशवन मुंबई में एक केमिकल फैक्ट्री से सेवानिवृत्त होने के बाद अपने परिवार के साथ त्रिसूर में रह रहे हैं। कॉमर्स में स्नातक करने के बाद उन्होंने मुंबई की इस फैक्टरी में काम करना शुरू किया था। भाइयों में आखिरी करुणाकरन थे, जिन्होंने श्रीधरन की पत्नी की बड़ी बहन से विवाह किया था। वे मुंबई में हिंदुस्तान लीवर में अधिकारी थे। श्रीधरन की बहनों में सबसे छोटी परुक्कुट्टी की टायफाइड के कारण छोटी उम्र में ही कोयिलैंडी में मृत्यु हो गई थी, जहाँ उनकी बड़ी बहन अम्मुक्कुट्टी रहा करती थीं।

श्रीधरन के जन्म के समय तक उनके परिवार की माली हालत अच्छी हो चुकी थी। फिर भी वे लोग साधारण जीवन-जीते थे, मुश्किल समय की यादें पूरे परिवार के जेहन में ताजा थीं। श्रीधरन के पिता नियम और परंपराओं का पालन करनेवाले ही और इस बात पर पूरा ध्यान देते थे कि उनके बच्चे अपने दिन-प्रतिदिन के जीवन में उन्हें आत्मसात् करें। उन्होंने अपने बच्चों को अच्छी शिक्षा देने पर ध्यान दिया। उनका मानना था कि धन से कहीं ज्यादा शिक्षा उनके बच्चों का जीवनभर साथ निभाएगी। गोविंदन याद करते हैं कि उनके पिता अकसर यह बात कहा भी करते थे। बच्चों का पालन-पोषण इस प्रकार किया गया था कि वे अपने परिवार के प्रति निष्ठावान और जिम्मेदार बनें। हर बच्चे के बीच दो से तीन वर्ष का अंतराल था। परिवार के बड़े बच्चे अच्छी शिक्षा प्राप्त करने के बाद नौकरी ढूँढ़कर परिवार की देखभाल करते और अपने छोटे भाई-बहनों की पढ़ाई तथा कॅरियर का दायित्व उठाते थे। उनकी माँ उनकी सलामती को लेकर हमेशा सजग रहतीं। उन्होंने बहुत कठिनाइयों और मुश्किलों का सामना किया था, इसलिए शायद वे सभी के प्रति अत्यंत उदार और दयालु थीं। वे यह जरूर सुनिश्चित करतीं कि उनके घर आनेवाले सभी आगंतुकों को कम-से-कम दो

वक्त का भोजन जरूर मिले। अचानक आ सकनेवाले मेहमानों के लिए थोड़ा भोजन हमेशा अलग रखा जाता था।

सभी भाई पढ़ाई-लिखाई के मामले में अच्छे रहे। श्रीधरन अपने भाई गोविंदन के चार्टर्ड अकाउंटेंट बनने की कहानी को बड़े स्नेहपूर्वक याद करते हैं। कॉमर्स में स्नातक होने के बाद गोविंदन को उनके पिता ने 250 रुपए देते हुए यह सलाह दी थी कि अब समय आ गया है कि वे खुद अपना भरण-पोषण करना सीखें; क्योंकि उनके छोटे भाई-बहनों को पढ़ाने के लिए भी पैसे का इंतजाम करना था, जो अभी स्कूल में पढ़ रहे थे। गोविंदन ये पैसे लेकर ट्रेन से मुंबई रवाना हो गए, जहाँ उन्हें 150 रुपए में अकाउंटेंट की नौकरी मिल गई। वे अपनी बचत में से कुछ पैसा अपनी चार्टर्ड अकाउंटेंट की पढ़ाई पर खर्च करते थे और बाकी पैसा हर महीने अपने परिवार को भेज देते थे। इस व्यवस्था में उन्हें कड़ी मुसीबतों का सामना करना पड़ा। उनके द्वारा घर पर भेजा गया पैसा उनसे छोटे भाई-बहनों की पढ़ाई में लगाया जाता था; इस तरह हर भाई ने यही किया।

गोविंदन याद करते हैं कि श्रीधरन स्कूल के दिनों से ही असाधारण छात्र थे। वे फुटबॉल खेला करते थे। हालाँकि वे घर के पास स्थित क्लबों में से किसी में नहीं गए। वे स्कूल से घर लौटकर घरेलू कामों, जैसे गायों को चारा डालने और बगीचे में पानी देने में व्यस्त हो जाते थे। वे किसी भी काम को पूरी कुशलता और फुरती से निपटा देते थे। शाम का समय प्रार्थना का होता था। घर में सबसे छोटे होने के कारण उन्हें सबका अथाह प्यार मिलता था। जब वे बहुत छोटे थे तो उनकी सबसे बड़ी बहन अम्मुक्कुट्टी अम्मा उन्हें नहलाती और स्कूल जाने के लिए तैयार करती थीं। बड़ी कक्षाओं में वे उन्हें पढ़ाती भी थीं।

चथन्नूर गवर्मेंट लोअर प्राइमरी श्रीधरन का प्रारंभिक स्कूल था, जहाँ वे चौथी कक्षा तक पढ़े। वे रोज करीब 4 किलोमीटर पैदल चलकर स्कूल जाते थे। जब वे बहुत छोटे थे तो घर से कोई व्यक्ति उन्हें पूरे रास्ते गोद में लेकर जाया करता था, लेकिन जल्द ही वे अपने भाइयों के साथ खुद पैदल चलकर स्कूल जाने लगे। एक सदी पुराना यह स्कूल पहले मथुप्पली में श्रीधरन के परिवार की जमीन पर बना हुआ था। जब वहीं रहनेवाले कुछ सुधारवादी युवकों ने एक नया स्कूल खोलने का फैसला किया तो उनके सामने कई समस्याएँ आईं, जिनमें से सबसे पहली थी स्कूल के लिए उपयुक्त जगह तलाशना। समय की जरूरत को समझते हुए श्रीधरन के परिवार ने अपनी भूमि नए स्कूल के लिए दे दी। साधारण सी इमारत में शुरू हुआ यह स्कूल खूब पनपा और बाद में दूसरी जगह

चला गया, ताकि उसका विस्तार जारी रहे। श्रीधरन इसी नए स्कूल में पढ़े थे।

स्कूल के 'शताब्दी महोत्सव' में श्रीधरन मुख्य अतिथि थे। उन्होंने स्कूल को तीन लाख रुपए दानस्वरूप दिए। अपनी पत्नी राधा के साथ पिछले वर्ष वे दुबारा स्कूल में गए। इस बार वे हाल ही में नई दिल्ली में मिली पुरस्कार राशि स्कूल को भेंट करने के उद्‌देश्य से गए थे। स्कूल के बच्चे, उनके माता-पिता, शिक्षक और समुदाय के नेता उनसे मिलने बड़ी संख्या में आए। स्कूल का पूरे विस्तार से दौरा करते हुए उनके चेहरे पर जो लालिमा थी, संभवत: उसकी वजह उनके छात्र जीवन की यादें थीं। वे अपनी यादों में सत्तर वर्ष पीछे चले गए थे। वे स्कूल इमारत में हुए नए निर्माण को तुरंत पहचान गए और अपने कुछ शिक्षकों और सहपाठियों को याद किया।

स्कूल की मौजूदा स्थिति से उन्हें निराशा हुई। जब उन्होंने स्कूल की ढहने के कगार पर पहुँच चुकी छत को देखा तो स्कूल के शिक्षकों और छात्रों के अभिभावकों के साथ स्कूल के नवीकरण की योजनाओं पर घंटों चर्चा की। आखिर स्कूल को 3 लाख रुपए और देने का वायदा करके वे वहाँ से लौटे। स्कूल संचालिका ने बताया कि श्रीधरन लंबे समय तक स्कूल के लिए हर वर्ष 10,000 रुपए भेजते रहे थे। उन्होंने यह भी बताया कि इसके अलावा श्रीधरन स्कूल के एक छात्र की पढ़ाई का खर्च भी वहन करते हैं।

उनके प्राथमिक शिक्षा पूरी करने के बाद सवाल यह उठा कि अब उच्च शिक्षा के लिए उन्हें कहाँ भेजा जाए? श्रीधरन के घर के पास कोई हाई स्कूल नहीं था। सबसे पास स्थित हाई स्कूल कुमारनुल्लूर में था, जो 20 किलोमीटर दूर था। इतनी दूर रोज आना-जाना संभव नहीं था। इसका समाधान यही था कि श्रीधरन अपनी बहन के परिवार के साथ कोयिलैंडी में रहें। कोझीकोड उप रजिस्ट्रार कार्यालय में काम कर रहे उनके पति ने पास ही में एक मकान किराए पर ले रखा था। श्रीधरन की बहन ने उन्हें अपने पास रहने और नजदीक के उस स्कूल में जाने को कहा, जहाँ उनके बच्चे पढ़ते थे। कोयिलैंडी में रहना शुरू करने के बाद श्रीधरन का करुकपुथुर स्थित अपने पैतृक घर से नाता टूट सा गया। वह उनके लिए छुट्टियाँ बिताने की जगह बन गया। रेलवे में कार्यभार ग्रहण करने के बाद भी वे नियमित रूप से कभी उस घर में नहीं रह पाए।

श्रीधरन अपनी बहन के परिवार के साथ रहने लगे। उन्होंने पास ही स्थित एक सरकारी स्कूल में पाँचवीं कक्षा में दाखिला ले लिया। यही वह समय था, जब उनकी मुलाकात उस व्यक्ति से हुई, जिसने आगे चलकर उनके जीवन को सबसे

ज्यादा प्रभावित किया। श्रीधरन कहते हैं कि जिस परिवार के साथ वे रहे, उसके नैतिक मूल्यों और तौर-तरीकों ने उनके चरित्र को आकार दिया। उनकी बहन के पति नारायण मेनन अच्छी आदतों और श्रमशीलता की जीवंत मिसाल थे। वे सरकारी नौकरी में थे, लेकिन उन अनैतिक गतिविधियों से बिल्कुल अछूते थे, जो औसत सरकारी नौकर के लिए आम बन गई थी। भ्रष्टाचार के लिए कुख्यात पंजीकरण कार्यालय में वे अपनी ईमानदारी के लिए जाने जाते थे। वे धनी नहीं थे, लेकिन अपने मामूली से वेतन पर अपने बड़े परिवार को पालने के लिए खूब मेहनत करते थे। श्रीधरन अपने जीजाजी की चारित्रिक दृढता की खूब प्रशंसा करते थे, जिसने उन पर गहरा प्रभाव डाला और उनके लिए अनुकरणीय बन गया। भविष्य में जब उनका वास्ता लोकसेवकों के बीच फैले भ्रष्टाचार की सड़ी-गली और भ्रष्ट संस्कृति से पड़ा, तो वे अपने जीजाजी के प्रति गर्व महसूस करते थे। श्रीधरन अपने व्यक्तित्व निर्माण में अपने परिवार की भूमिका की चर्चा करते हैं। उनके माता-पिता, दोनों ही उस क्षेत्र के ताकतवार और धनाढ्य परिवारों से संबंध रखते थे। लेकिन अपने विशेषाधिकार प्राप्त जीवन के आराम और एकांत के बावजूद दोनों परिवार आम लोगों के संपर्क में रहते और उनकी मदद को हमेशा तत्पर रहते थे। श्रीधरन की पीढ़ी ने भी इस परंपरा को आगे बढ़ाया है।

श्रीधरन ने अपने माता-पिता के की अपेक्षा अपनी बहन के परिवार के साथ ज्यादा समय बिताया था। स्कूल जाने के लिए उन्हें उनके साथ रहना पड़ा था। एक बार जब वे छठीं कक्षा में थे तो उन्हें त्वचा रोग हो गया। वे अर्धवार्षिक परीक्षा के बाद घर से बाहर तक नहीं निकल सके। यह साफ हो गया कि महीनों तक घर में बंद रहने के बाद उनके अकादमिक सत्र में रुकावट आनेवाली थी। हालाँकि वे वार्षिक परीक्षा नहीं दे सके, फिर भी उन्हें सातवीं कक्षा में भेजने के लिए उनकी अकादमिक उत्कृष्टता को ध्यान में रखा गया। इसी समय श्रीधरन की दूसरी बहन परुक्कुट्टी को, जो आठवीं में पढ़ती थीं और श्रीधरन के साथ ही अपनी बड़ी बहन के घर रहती थीं, टायफाइड हो गया और उनकी मृत्यु हो गई। इसके कुछ समय बाद ही नारायण मेनन का स्थानांतरण पलक्कड़ हो गया।

कोयिलैंडी में श्रीधरन के स्कूली दिनों के यादगार पलों में से एक उस रेलवे ट्रैक से गुजरनेवाली रेलगाड़ियों को करीब से देखना रहा, जिसे उन्हें स्कूल जाते हुए पार करना पड़ता था। वे इस चमत्कार को बड़े कौतुक से देखते थे और रेलगाड़ियों का धड़धड़ाते हुए निकल जाना उन्हें मंत्रमुग्ध कर देता था। जब कोई ट्रेन ट्रैक पर रुकी होती तो वे उसके इंजन तक जाकर उसे करीब से देखते। श्रीधरन याद करते

हैं कि ट्रेनों के प्रति उनका यह लगाव एक छोटे बच्चे के एक बड़ी-सी मशीन के प्रति होनेवाले आकर्षण से कहीं ज्यादा था।

बाद में श्रीधरन अपनी बहन के परिवार के साथ पलक्कड़ में कोट्टा मैथनम नामक स्थान पर चले गए। अपनी पढ़ाई जारी रखने के लिए उन्होंने बेसिल इवेंजेलिकल मिशन हाई स्कूल में दाखिला ले लिया और अपना अंतिम वर्ष वहीं पूरा किया। रेलवे विभाग से सेवानिवृत्त होने के बाद श्रीधरन ने स्कूल के 150वें वार्षिक महोत्सव में मुख्य अतिथि के रूप में भाग लिया। उन्होंने छात्रों के लिए पढ़ाई-लिखाई का सामान खरीदने के लिए स्कूल को बिना माँगे ही 3 लाख रुपए दानस्वरूप दिए। बाद में जब स्कूल को नवीकरण के लिए पैसे की जरूरत पड़ी तो श्रीधरन ने अपने पूर्व शैक्षणिक संस्थान के प्रति अपने कृतज्ञता-ज्ञापन के लिए 8 लाख रुपए जुटाने में अग्रणी भूमिका निभाई।

मिशन हाई स्कूल में श्रीधरन के एक सहपाठी आगे जाकर देश के एक शीर्षस्थ नौकरशाह बने। देश ने उन्हें एक कैबिनेट सचिव और भारत के मुख्य निर्वाचन आयुक्त के रूप में देश में राजनीतिक मंथन के काम को सुगम बनानेवाले व्यक्ति के रूप में जाना। दुनिया टी.एन. शेषन को नियमों के आग्रही, तेज-तर्रार प्रयोक्ता के रूप में जानती है, लेकिन श्रीधरन ने उन्हें एक सौम्य और शिष्ट सहपाठी के रूप में जाना था, जिसका पूरा ध्यान पढ़ाई-लिखाई पर केंद्रित था। श्रीधरन और शेषन की स्कूल के दिनों से ही दोस्ती हो गई थी। आप श्रीधरन के शेषन के बारे में बताए गए वृत्तांतों से अपनी तल्ख टिप्पणियों और हठी स्वभाव तथा अकसर विवादों में रहनेवाले शेषन को नहीं पहचान सकेंगे। श्रीधरन फुटबॉल और बॉय स्काउट्स ग्रुप जैसी कुछ गतिविधियों में भी संलग्न रहे। शेषन के लिए इनमें से किसी के लिए समय नहीं था और उनका सारा ध्यान अपनी पढ़ाई पर ही केंद्रित था। वे स्कूल का समय खत्म होते ही घर निकल जाते थे। वे ज यादा मित्र नहीं बनाते थे और अंग्रेजी पर उनकी बहुत अच्छी पकड़ थी, जिससे श्रीधरन सहित सभी साथी प्रभावित थे।

स्कूल की पढ़ाई के बाद श्रीधरन और शेषन ने इंटरमीडियट कॉलेज पाठ्यक्रम के लिए पलक्कड़ के विक्टोरिया कॉलेज में दाखिला लिया। जब भारत आजाद हुआ, तब श्रीधरन दसवीं कक्षा में थे। उन्हें उन दिनों की उठा-पटक और शोर-शराबा बहुत अच्छी तरह से याद है, हालाँकि वे उसका हिस्सा नहीं थे। उनके परिवार में से कोई भी राजनीति में नहीं था। आजादी की लड़ाई की लहर पलक्कड़ और उसके आस-पास के क्षेत्रों में भी पहुँच चुकी थी। लेकिन श्रीधरन का परिवार अपने ही

अस्तित्व के संघर्ष में उलझा था, इसलिए आजादी की लड़ाई का हिस्सा बनने की स्थिति में नहीं था। श्रीधरन भी इस संग्राम का हिस्सा नहीं रहे, लेकिन उन्हें याद है कि एक बार महात्मा गांधी कोट्टा मैथनम में लोगों को संबोधित करने आए थे, जहाँ वे भी उस भीड़ का हिस्सा बने थे, जो उन्हें सुनने आई थी।

❑

3

पहली रेल-यात्रा

श्रीधरन अपनी पहली रेल–यात्रा कभी नहीं भूल सकते। यह पत्तांबी से पय्यन्नूर तक थी। उस समय स्टेशनों पर आज जैसी भीड़–भाड़ और अव्यवस्था नहीं हुआ करती थी। अपने पिता का हाथ थामे छह साल का वह बालक जब ट्रेन की अनोखी दुनिया में प्रविष्ट हुआ तो उसकी आँखों में कौतूहल और हैरानी के भाव थे। वह अपनी बहन के घर कोयिलैंडी जा रहा था। वह यात्रा के दौरान कानों में पड़ रही हर आवाज और दिखाई दे रहे हर दृश्य को अपने भीतर जब्त कर लेने के लिए अपने आँख–कानों को तैयार करता हुआ पूरी तरह से आनंदमग्न था। मन को मोह लेनेवाला भाप का इंजन, लकड़ी की बोगियाँ, विशेष रूप से तैयार की गई सीटें, शोर–शराबा, धुआँ, ट्रेन द्वारा उड़ाया जा रहा धूल का गुब्बार, असाधारण आकार की खिड़कियाँ और यात्री...उस यादगार यात्रा के दौरान सामने आई हर चीज हैरतअंगेज बन गई। श्रीधरन को अब भी याद है कि कैसे वे अपनी पहली रेल–यात्रा के दौरान पलक तक झपकना भूल गए थे। उनके जेहन में उस पहली रेल यात्रा की यादें कभी धूमिल नहीं पड़ीं।

आज भी श्रीधरन जहाँ तक संभव हो, लंबी यात्राएँ ट्रेन से ही करना पसंद करते हैं। यातायात का अन्य कोई भी साधन रेल यात्रा जैसा सुकून नहीं दे सकता। कुछ पढ़ने के लिए, खुद को विचार निमग्न करने के लिए, सोने के लिए और यहाँ तक कि आराम करने के लिए भी ट्रेन से बेहतर कोई जगह नहीं हो सकती। श्रीधरन ने अपनी यात्राओं के दौरान आराम से समय काटने के कई मजेदार तरीके ईजाद कर लिये थे। उन्हें ट्रेन में प्रवेश करते और बाहर निकलते यात्रियों को देखना खासतौर से पसंद है। उन्हें ट्रेन से यात्रा करने पर दिखाई देनेवाले साधारण दृश्यों का आनंद उठाना भी बहुत अच्छा लगता है। इन दिनों, जैसाकि वे कोच्चि मेट्रो परियोजना

के प्रभारी हैं, पोन्नानी से कोच्चि और तिरुअनंतपुरम जाने के लिए कंप्यूटर ट्रेनों का खूब उपयोग करते हैं।

देश की सार्वजनिक यातायात प्रणाली के भाग्यविधाता श्रीधरन ने अपने जीवन की पहली रेल-यात्रा 1938 में की थी। स्कूल के दिनों में रेलों के प्रति उनका आकर्षण शायद उनकी इस पहली रेल-यात्रा के रोमांच से ही उपजा था। रेलों की यात्रा कर सकने के मामले में उन दिनों श्रीधरन विशेष रूप से भाग्यशाली रहे। आज जिसे केरल के नाम से जाना जाता है, वह उस समय तीन प्रांतों, कोच्चि, ट्रावनकोर और मलाबार से मिलकर बनता था और रेलवे का आधारभूत ढाँचा सिर्फ मलाबार में ही था। ब्रिटिश भारत के अंतर्गत मद्रास प्रांत का हिस्सा होने के कारण मालाबार में पहला रेलवे ट्रैक 1862 में बिछाया गया था। वर्ष 1888 तक कोझीकोड और कोयिलैंडी के बीच ट्रेनें चलने लगी थीं। कोच्चि तक ट्रेन साढ़े तीन दशक बाद ही पहुँच सकी। एरनाकुलम-कोट्टयम और कोल्लम-कोट्टयम ट्रैक को मूर्त रूप लेने में अगले पंद्रह वर्ष लग गए।

बेसल में स्कूली पढ़ाई पूरी कर लेने और पलक्कड़ में विक्टोरिया कॉलेज में दाखिला ले लेने के बाद भी श्रीधरन अपनी बहन के परिवार के साथ ही रहते रहे। वे करुकपुथुर आते-जाते रहते थे। उनके भाई-बहन, जो इस समय तक राज्य और देश के अलग-अलग हिस्सों में रहने लगे थे, बारी-बारी से अपने पैतृक निवास आते-जाते रहते थे।

श्रीधरन ने विक्टोरिया कॉलेज में विज्ञान संकाय चुना। उनके विषय भौतिकी, रसायनशास्त्र और गणित थे। शेषन भी इन्हीं विषयों के साथ उन्हीं की कक्षा में थे। हालाँकि श्रीधरन कॉलेज की फुटबॉल टीम से जुड़ गए थे, पर उनका पहला प्यार पढ़ना-लिखना ही रहा। इस समय तक उनके भविष्य की दशा और दिशा तय हो चुकी थी। उन्होंने तय कर लिया था कि वे भी अपने भाई-बहनों की तरह अच्छे अंकों के साथ अपनी पढ़ाई पूरी करके उच्च अध्ययन करेंगे और एक अच्छे कॅरियर का चुनाव करेंगे।

अपने भाइयों की सलाह मानते हुए उन्होंने इंटरमीडिएट पाठ्यक्रम की अंतिम परीक्षा की पढ़ाई करने के साथ ही इंजीनियरिंग की प्रवेश परीक्षा की भी तैयारी शुरू कर दी। भारतीय प्रशासनिक सेवा के लक्ष्यवाले शेषन ने भी इंजीनियरिंग की प्रवेश परीक्षा उत्तीर्ण कर ली थी। श्रीधरन और शेषन ने उस वर्ष की प्रवेश परीक्षा में ऊँचा स्थान प्राप्त किया था। शेषन के बड़े भाई भारतीय प्रशासनिक सेवा में अधिकारी थे, शायद इसलिए शेषन भी इसी रास्ते पर आगे बढ़ने को प्रेरित हुए। कई वर्ष

बाद, श्रीधरन और शेषन दोनों ही अपने-अपने क्षेत्रों में बुलंदियों तक पहुँचे और केंद्रीय सरकार की परियोजनाओं में अनेक समितियों में साथ-साथ रहे। जब शेषन कैबिनेट सचिव थे, तब श्रीधरन इंजीनियरिंग क्षेत्र में रेलवे बोर्ड के सदस्य थे। वे दोनों काफी अच्छे मित्र थे और हर बार मिलने पर बातचीत किया करते थे। ऐसे अनेक गरिमामय मंचों पर, जहाँ वे दोनों होते थे, वहाँ अपनी लंबे समय से चली आ रही दोस्ती की खुशनुमा यादों को खूब शौक से ताजा किया करते थे। पलक्कड़ के विक्टोरिया कॉलेज ने हाल ही में श्रीधरन का स्वागत समारोह आयोजित किया था। इस अवसर पर उनके सहपाठी और अध्यापक भी वहाँ आए थे; इनमें से बहुतों ने श्रीधरन को एक मेधावी छात्र और शानदार फुटबॉलर के रूप में याद किया। उन कक्षाओं और परिसर में एक बार फिर जाना, जहाँ उनकी किशोरावस्था बीती थी, उन्हें अंदर तक रोमांचित कर गया।

श्रीधरन ने 1949 में आंध्र प्रदेश में काकीनाड़ा शासकीय इंजीनियरिंग कॉलेज में सिविल इंजीनियरिंग संकाय में दाखिला लिया था। तब से इस संस्था का नाम बदलकर 'जवाहरलाल नेहरू टेक्नीकल यूनिवर्सिटी' रख दिया गया था। श्रीधरन के पिता उन्हें नियमित अंतरालों पर मनीऑर्डर भेजा करते थे। हॉस्टल में रहनेवाले श्रीधरन अधिकतर पैसा बैंक में रखते थे और जरूरत भर ही बैंक से निकाला करते थे। मितव्ययी होने के कारण उनके बैंक खाते में 100 रुपए जरूर बने रहते थे। श्रीधरन याद करते हैं कि उनके समय में पेशेवर डिग्री पाना इतना महँगा नहीं था, जितना कि अब है। तब विद्यार्थी को केवल फीस और पुस्तकों के लिए पैसा चाहिए होता था और वह भी बहुत मामूली ही होता था। शेष खर्च खाने-पीने और रहने की जगह का होता था। यह सब मिलाकर महीने में 40-50 रुपए में गुजारा हो जाता था।

श्रीधरन ने इंजीनियरिंग कॉलेज में भी हमेशा की तरह खूब यत्नपूर्वक पढ़ाई की। इसके साथ ही उन्हें फुटबॉल का भी खूब शौक हो गया। वे कॉलेज टीम के कप्तान थे। हाल ही में उनके इंजीनियरिंग कॉलेज ने उन्हें मानद डॉक्टरेट की उपाधि देकर सम्मानित किया है। इसी अवसर पर कॉलेज की अलुमनाई मीट भी हुई, जिसमें उनके कॉलेज के समय के बहुत से साथी आए थे। इस अवसर पर वहाँ मौजूद युवा पीढ़ी श्रीधरन के सहपाठियों के मुँह से उनकी अकादमिक उत्कृष्टता के साथ-साथ फुटबॉल में उनकी महारत के किस्से सुन-सुनकर आनंदित होती रही। लेकिन इंजीनियरिंग की पढ़ाई खत्म होने के साथ ही श्रीधरन की फुटबॉल भी छूट गई। आजकल वे इस खेल को टेलीविजन पर देखते हैं, खासकर अगर विश्व कप चल रहा हो तो। लेकिन अब इस जुनून की कोई अभिव्यक्ति नहीं बची है।

काकीनाड़ा कॉलेज में पढ़ाई बहुत स्तरीय थी। वहाँ के प्रोफेसर अपने अध्यापन के लिए जाने जाते थे। श्रीधरन के अनेक सहपाठी विभिन्न संगठनों में सर्वोच्च पदों पर पहुँचे हैं, जिसमें भारतीय रेलवे भी शामिल है। हालाँकि उस समय इंजीनियरिंग कॉलेजों की संख्या कम थी पर उनका स्तर आज के आई.आई.टी. के बराबर था। संभवतः यह श्रीधरन को मिला प्रशिक्षण ही था कि वे इंजीनियरिंग के मौजूदा पाठ्यक्रम और पढ़ाई के तरीकों की कमियों को तुरंत समझ पाते हैं। उन्होंने कॉलेजों के कुकुरमुत्तों की तरह बड़ी संख्या में खुल जाने के कारण इंजीनियरिंग उद्योग और इंजीनियरिंग की पढ़ाई व प्रशिक्षण में नैतिक मूल्यों में आई गिरावट का साफ-साफ जिक्र किया है। उन्होंने खुले तौर पर कहा कि पेशेवर पढ़ाई में, खासकर इंजीनियरिंग पाठ्यक्रमों में गिरते स्तर के कारण देश को बहुत शर्मिंदा होना पड़ा है। जब वे छात्र थे तो पूरे मद्रास प्रांत में केवल चार इंजीनियरिंग कॉलेज थे। अब बहुत से कॉलेज खुल गए हैं, जो इंजीनियरिंग स्नातकों की भीड़ तैयार कर रहे हैं। उनका मानना है कि कोई भी समाज ऐसे किसी भी निवेश से फायदा कैसे पा सकती है, जो गुणवत्ता की कोई गारंटी नहीं देता?

भारत के इंजीनियरिंग कॉलेज हर साल करीब बारह लाख स्नातक[2] तैयार करते हैं। फिर भी उनमें से देश को उनमें से पर्याप्त समर्थ और कुशल इंजीनियर नहीं मिलते। इस स्थिति का एकमात्र कारण इन कॉलेजों में पढ़ाई की खराब गुणवत्ता है। श्रीधरन कहते हैं कि हम आई.आई.टी. से पढ़े एक इंजीनियरिंग स्नातक और तमिलनाडु के किसी अन्य कॉलेज के इंजीनियरिंग स्नातक को एक समान नहीं मान सकते। दोनों को प्राप्त शिक्षा की गुणवत्ता में बहुत अंतर है। शिक्षा व्यवस्था को सुगम बनाने और उसमें सामंजस्य लाने के कोई प्रयास नहीं किए जा रहे हैं। शिक्षा के क्षेत्र में गुणवत्ता सुनिश्चित करने के लिए एक नियामक प्राधिकरण होना ही चाहिए। कहने की आवश्यकता नहीं कि यहाँ पास में कोई अच्छा निजी कॉलेज नहीं है, बल्कि अधिकतर बड़े उद्योगों के रूप में चल रहे हैं और कॉलेज व कैपिटेशन फीस के नाम पर खूब पैसा उगाह रहे हैं। श्रीधरन को यह बात और भी ज्यादा परेशान करती है कि इनमें से कुछ डीम्ड स्वायत्त विश्वविद्यालय भी हैं। उनका कहना है कि आप पढ़ाई को किसी व्यापार की तरह नहीं बना सकते। हर वर्ग के लोगों को उच्च शिक्षा मिले, यह सुनिश्चित करने के लिए सरकार को आगे आना ही चाहिए।

श्रीधरन की नैतिक मूल्यों के पतन संबंधी चिंता केवल प्रशिक्षण तक ही

2. https://fullfact.org/factchecks/india_uk_engineering_science_graduates-29183.

सीमित नहीं है। उन्हें लगता है कि नैतिक मूल्यों में आई यह गिरावट इस उद्योग की निराशाजनक नैतिक व्यवस्था में भी दिखाई देती है। यहाँ तक कि जिन लोगों ने बड़े-बड़े संगठनों में कॅरियर बनाया है, वे भी घूस लेने को तैयार रहते हैं। इनमें से बहुत से लोग केवल बड़ी तनख्वाह और सतही पदनामों के लिए इन नौकरियों में हैं। श्रीधरन काम पर उत्पादकता बढ़ाने के संबंध में या प्रासंगिक और आधुनिक कौशल प्राप्त करने के लिए खुद पर निवेश करने में कोई दिलचस्पी न होने की निंदा करते हैं। देशभर के अनेक प्रतिष्ठित शैक्षणिक संस्थानों में अनेक अवसरों पर दिए गए अपने भाषणों में उन्होंने इंजीनियरिंग के क्षेत्र में नौकरियों और प्रशिक्षण के बारे में अपना दृष्टिकोण बार-बार दोहराया है। एक बार उन्होंने स्नातकों के दीक्षांत समारोह में उन्हें संबोधित करते हुए कहा था—''एक इंजीनियर के लिए सीखने के अवसर जीवनपर्यंत बने रहते हैं। हर अनुभव आपको पहले से कहीं ज्यादा मजबूत बनाएगा। उसका पुरस्कार अपने देश की सेवा करने के पहले से कहीं ज्यादा और बेहतर मौके मिलने के रूप में होगा।

''जैसाकि कहावत है, 'ज्ञानमेव परम बलम्।' ज्ञान ही सबसे महान् बल है। 'नहिं ज्ञानेन सदृश्यं पवित्रं इह विद्यते।' भारत की प्राचीन प्रज्ञा यही कहती है कि ज्ञान से बढ़कर कुछ नहीं होता। यदि एक व्यक्ति ज्ञान और तकनीकी कौशल प्राप्त कर लेता है तो वह किसी भी कार्य को करने के लिए आंतरिक शक्ति पा लेता है। आपके अधिकारी या निरीक्षक आपका उतना ही सम्मान करेंगे, जितना कि आप अपने काम में सफल रहेंगे। आपके साथी आपकी उपलब्धियों के लिए आपकी सराहना करेंगे और आपका अनुसरण करेंगे। मैंने अपने कॅरियर के उनसठ वर्ष के अनुभव से यही सीखा है।

''इंजीनियरिंग उद्योग असाधारण है और आपको कॅरियर का उच्चतम स्तर प्रस्तावित करता है। संसार में इसकी अत्यंत महत्त्वपूर्ण भूमिका है। किसी भी देश की प्रगति इस बात पर निर्भर करती है कि वहाँ इंजीनियरिंग की क्या भूमिका रहती है ? इंजीनियरिंग क्षेत्र को अपनी सेवाओं की गुणवत्ता को सुनिश्चित करते हुए आम लोगों की सुरक्षा, स्वास्थ्य और कल्याण को बनाए रखने में समर्थ होना होगा। लोग इंजीनियरिंग समुदाय से मूल्यों के प्रकाशस्तंभ और कर्तव्यनिष्ठ नीतिपरायणता की प्रेरणा पाते हैं। एक इंजीनियर अस्थायी और स्वार्थपरक लाभों के लिए छोटे मार्ग अपनाने के लालच से बच सकता है, पर मुझे यही सब होता दिखाई दे रहा है। अब गुणवत्ता और मानदंडों के मामले में बहुत गिरावट आई है। आज भ्रष्टाचार ही हमारी प्रेरक शक्ति बन गया है। प्रतिष्ठित संस्थानों से स्नातक कर रहे आप

जैसे छात्रों को कालातीत मूल्यों का दामन थामकर रखना चाहिए। भारत में एक परिपाटी हुआ करती थी, जहाँ छात्र ज्ञान प्रदान करनेवाले अपने शिक्षकों को श्रद्धा से गुरुदक्षिणा दिया करते थे। अपने शिक्षकों को आपकी गुरुदक्षिणा पेशेवर नैतिक मूल्यों और अपने निजी मूल्यों को बनाए रखने की प्रतिज्ञा के रूप में होनी चाहिए।

"अपने कॅरियर में बुलंदियों को छूने में कोई महानता नहीं है, अगर आपने अवसर मिलने पर पूरी ईमानदारी के साथ सदाचारपूर्वक गुणवत्ता के साथ अपना काम नहीं किया। मेरे दिमाग में इस बात को लेकर कोई संशय नहीं है कि यह एक अति उत्कृष्ट शैक्षणिक संस्थान है, लेकिन मैं यह जानना चाहूँगा कि क्या यहाँ नैतिक जागरूकता और जीवन-मूल्यों के महत्त्व के बारे में कुछ सिखाया जाता है? इसका जवाब 'नहीं' में है। मैं माननीय निदेशकों से अनुरोध करना चाहूँगा कि वे अपने पाठ्यक्रम में आधुनिकतम तकनीकी प्रशिक्षण के साथ-साथ नैतिक और सामाजिक मूल्यों का भी समावेश करें, ताकि इन छात्रों को यहाँ से चले जाने के लंबे समय बाद भी निजी और पेशेवर जीवन में मार्गदर्शन मिलता रहे।"

श्रीधरन ने कॉलेज में प्रथम स्थान के साथ अपनी इंजीनियरिंग की डिग्री प्राप्त की। अपने भाइयों के पदचिह्नों पर चलते हुए वे भी उच्चतम स्तर पर समाज की सेवा करने के लिए एक समृद्ध कॅरियर के अवसर की प्रतीक्षा कर रहे थे। उस समय उन्होंने भारतीय रेलवे के बारे में नहीं सोचा था, लेकिन उनके भाई कृष्ण मेनन ने उन्हें इस दिशा में प्रवृत्त किया। भारतीय रेलवे सार्वजनिक क्षेत्र के उपक्रमों में सबसे ज्यादा वेतनमान प्रस्तावित करता था। उद्योग के हिसाब से भी एक सिविल इंजीनियर की पेशेवर प्रगति के लिए रेलवे से बेहतर कोई जगह नहीं थी। अंग्रेजी हुकूमत की विरासत के रूप में प्राप्त पेशेवर रवैये की जड़ें 150 वर्ष पुराने इस संस्थान में गहरे जमी हैं। स्वयं इंजीनियर रहे कृष्ण ने श्रीधरन को रेलवे में नौकरी हेतु आवेदन करने के लिए तैयार कर लिया और इस प्रकार उनके कॅरियर के चमकीले भवन की नींव रखी। श्रीधरन ने अपने भाई की सलाह पर तुरंत अमल करने का फैसला किया। हालाँकि वे जानते थे कि भारतीय रेलवे इंजीनियरिंग सेवा में प्रविष्ट होना इतना आसान नहीं था।

भारतीय रेलवे सेवा में कॅरियर बनाने के लिए उम्मीदवार को भारतीय लोक सेवा आयोग (यू.पी.एस.सी.) द्वारा संचालित भारतीय रेलवे इंजीनियरिंग सेवा (आई.आर.एस.ई.) परीक्षा उत्तीर्ण करनी होती थी। यह परीक्षा आई.ए.एस. की तरह ही बेहद मुश्किल होती थी। भारतीय रेलवे के विशाल, राष्ट्रव्यापी फैलाव के रख-रखाव और विस्तार का जिम्मा इस प्रक्रिया से सीधे चयनित युवा और होनहार

इंजीनियरों को सौंपा जाता है। अंग्रेजी शासन के दौरान यह काम मिलिट्री इंजीनियर और सैनिक किया करते थे। उन्नीसवीं सदी के अंत तक तीव्र विकास की जरूरत को देखते हुए अंग्रेजी प्रशासन ने इसे पूरा करने के लिए एक अलग और सिर्फ इसी काम को समर्पित एक विभाग की आवश्यकता महसूस की। तब तक सिविल इंजीनियरों की भरती का जिम्मा लोक निर्माण विभाग (पी.डब्लू.डी.) का था। 1962 में आजाद भारत में रेलवे के लिए इंजीनियरों की भरती-प्रक्रिया को सुगम बनाने के लिए विधेयक लाए गए और उन्हें कानूनी रूप प्रदान किया गया। आई.आर.एस.ई. हर वर्ष जून में आयोजित राष्ट्रीय परीक्षा के माध्यम से केवल 25-30 इंजीनियरों का चयन करता है। चयनित उम्मीदवारों को परीक्षा में सफल होने के बाद सहायक इंजीनियर के रूप में पदस्थापित किए जाने से पहले कुछ निश्चित अवधि के लिए तकनीकी प्रशिक्षण प्रदान किया जाता है। प्रशिक्षण के दौरान उन्हें रेलवे के सभी प्रभागों में अपनी सेवाएँ देनी होती हैं। परिवीक्षा अवधि समाप्त होने पर वे सहायक संभागीय अभियंता के रूप में अपना कॅरियर प्रारंभ करते हैं, जहाँ से काम के दौरान प्रदर्शित अपने कौशल और क्षमताओं के आधार पर वे रेलवे बोर्ड के सदस्य, यहाँ तक कि रेलवे बोर्ड के अध्यक्ष के पद तक भी पहुँच सकते हैं। रेलवे बोर्ड अध्यक्ष का पद भारत सरकार के पदेन मुख्य सचिव के समकक्ष होता है।

कॉलेज की पढ़ाई पूरी करने के साथ ही श्रीधरन ने अपने भाइयों की सलाह को ध्यान में रखते हुए कोझीकोड में सरकारी पॉलीटेक्नीक में व्याख्याता की नौकरी प्राप्त कर ली थी, जहाँ से उनका आधी सदी से भी ज्यादा का पेशेवर जीवन शुरू हुआ। इस नौकरी को स्वीकार करने के पीछे उनका एक विशेष प्रयोजन था—उस वर्ष अक्तूबर में आयोजित हो रही आई.आर.एस.ई. परीक्षा की तैयारी करना। पॉलीटेक्नीक उन्हें इसके लिए माहौल और सुविधाएँ देता था। इसके पुस्तकालय में इंजीनियरिंग की अनेक पुस्तकें थीं, जो श्रीधरन खुद शायद न खरीद पाते। श्रीधरन ने आई.आर.एस.ई. की तैयारी के लिए पॉलीटेक्नीक में मिल रही सुविधाओं का पूरा लाभ उठाया। परीक्षा में बैठने के साथ ही उन्होंने अपनी पॉलीटेक्नीक की नौकरी छोड़ दी। परीक्षा के नतीजे आने में अभी एक साल बाकी था। श्रीधरन ने सिविल इंजीनियर की नौकरी के लिए बहुत से संस्थानों में आवेदन किया। विश्वविद्यालय में इतने अच्छे अंक रहने के कारण उनके लिए नौकरी पाना ज्यादा मुश्किल नहीं था। उन्हें बॉम्बे और कांडला, दोनों ही बंदरगाहों से उप अभियंता के पद के लिए तुरंत प्रस्ताव मिल गए। उनके भाइयों के पहले से ही बॉम्बे में रहने के कारण उन्होंने बॉम्बे बंदरगाह में कार्यभार ग्रहण करने का फैसला किया। श्रीधरन ने 1953

में बंदरगाह में काम सँभाला। उन्होंने यह नौकरी मुश्किल से एक साल ही की, हालाँकि यहाँ काम करने में उन्हें काफी मजा आया था। वे वहाँ भरती हुए तीन सबसे नए इंजीनियरों में से एक थे। उनकी नियुक्ति टर्मिनल पर थी, जहाँ विदेशों से टैंकर जहाजों द्वारा लाए तेल को उनसे स्थानांतरित किया जाता था। कनिष्ठ अभियंताओं को निजी अनुबंध कंपनियों के अधीन प्रशिक्षण प्राप्त करना था और श्रीधरन को डच अनुबंध कंपनी 'रॉयल इंजीनियरिंग हार्बर वर्क्स' के पास प्रशिक्षण के लिए भेजा गया। श्रीधरन के कौशल ने कंपनी को बहुत प्रभावित किया, नतीजतन उन्हें हर तीन महीने में 50 रुपए की वेतन-वृद्धि दी गई। श्रीधरन का शुरुआती वेतन 350 रुपए मासिक था और बंदरगाह की नौकरी छोड़ने तक उन्हें इतनी तनख्वाह मिलने लगी थी, जिसकी कोई भी नया उम्मीदवार नौकरी के पहले वर्ष के अंत में उम्मीद नहीं कर सकता था। डच कंपनी चाहती थी कि श्रीधरन उनके साथ काम करना जारी रखें। श्रीधरन का भी पोर्ट इंजीनियरिंग के काम में मन खूब रम गया। लेकिन आई.आर.एस.ई. के नतीजे एक वर्ष के अंदर-अंदर घोषित कर दिए गए थे। बाद में श्रीधरन ने पंबन पुल के पुनर्निर्माण के काम में मिली सफलता का श्रेय आंशिक रूप से बॉम्बे में पोर्ट इंजीनियरिंग के अपने कुछ समय के अनुभव को दिया। इस क्षेत्र में उनके अनुभव ने जहाजरानी मंत्रालय को श्रीधरन की सहमति लिये बिना ही कोचीन में शिपबिल्डिंग यार्ड के अध्यक्ष के रूप में नियुक्त करने को प्रेरित किया होगा।

आई.आर.एस.ई. परीक्षा में श्रीधरन सातवें स्थान पर रहे। नतीजों के घोषित होने के चार दिन तक उन्हें इस बारे में पता ही नहीं चला, बावजूद इसके कि वे नियमित रूप से समाचार-पत्र देखा करते थे। ये चार दिन भी वे अपनी सामान्य दिनचर्या की तरह काम पर बंदरगाह जाते रहे। इसकी सूचना श्रीधरन को तब मिली, जब उनके एक दोस्त ने उन्हें इस बात की बधाई देते हुए पत्र लिखा कि उन्होंने डिस्टिंक्शन के साथ आई.आर.एस.ई. की परीक्षा उत्तीर्ण कर ली है। उनका दोस्त भी इस परीक्षा में बैठा था। श्रीधरन तुरंत घर की तरफ भागे और एक बार फिर समाचार-पत्र खँगाल डाला। उनका नंबर सूची में था, सातवें स्थान के सामने। इस खबर ने उनके माता-पिता और भाई-बहनों को खुशी से सराबोर कर दिया। ❑

4

कॅरियर के शुरुआती वर्ष

श्रीधरन कोच्चि में वहाँ खड़े हुए थे, जहाँ एरनाकुलम उत्तरी रेलवे स्टेशन की ओर जानेवाली पटरियों के पारवाला पुल गिराया जा रहा था। आम लोगों के बीच मेट्रो के रूप में पहचान रखनेवाली यातायात की इस नई प्रणाली के लिए जगह बनाने हेतु पचास वर्ष पुराने इस पुल को डिक्रमिशन किया जानेवाला था। पुराने पुल के शहतीरों को कुचलते हुए जैकहैमर भयानक आवाज करने लगे थे। कंक्रीट की इमारतें मलबे के ढेर में तब्दील हो रही थीं, तभी डी.एम.आर.सी. में श्रीधरन के एक सहकर्मी ने साहस जुटाते हुए उनसे पूछा, 'महोदय माफी चाहूँगा, लेकिन अपने ही द्वारा बनाए इस पुल को गिराने पर मैं आपके विचार जानना चाहता हूँ। क्या आप उदास नहीं हैं ?'

'बिल्कुल भी नहीं', श्रीधरन ने मुसकराकर तुरंत कहा। उन्होंने कहा, 'बल्कि इससे तो उन्हें एक अलग ही तरह की खुशी महसूस हो रही है।' उन्होंने पूछा, 'क्या हम मेट्रो के लिए नया पुल और पटरियाँ विस्तार पा रहे इस शहर की जरूरतों को पूरा करने के लिए नहीं बना रहे हैं ?' दरअसल उन्हें इस बात की भी काफी खुशी थी कि वे ही इस काम को दुबारा करने जा रहे हैं। 1961 में संभागीय अभियंता (ओलावक्कोडे) नियुक्त किए जाने के बाद श्रीधरन द्वारा जिन परियोजनाओं पर काम किया गया था, एरनाकुलम उत्तरी पुल उन्हीं में से एक था।

डी.एम.आर.सी. की योजना बढ़ती आबादी के कारण छोटे पड़ रहे पुराने शहर के नवीनीकरण की थी। इसी काम के एक भाग के रूप में उसकी सूची में अनेक पुराने और शहर की बढ़ती आवश्यकताओं के सामने छोटे पड़ रहे ढाँचों को डिक्रमिशन करने की थी। कोच्चि में पुराने पुल लगभग उसी समय बनाए गए थे, जब श्रीधरन रेलवे का हिस्सा बने थे। इसने शहर को तीव्र विस्तार और

आधुनिकीकरण के रास्ते पर डाल दिया था। श्रीधरन ने इस विशाल प्राचीन शानदार संगठन में कार्यभार दिसंबर 1954 में तब ग्रहण किया था, जब वह अपनी स्वर्ण जयंती का जश्न मना रहा था। तब वे केवल बाईस वर्ष के थे। उनका परिवार उन्हें रेलवे के लिए काम करता हुआ देखकर बेहद खुश था। हालाँकि उनके परिवार में और भी इंजीनियर थे, लेकिन श्रीधरन से पहले किसी ने रेलवे में काम नहीं किया था। यह संयोग ही है कि श्रीधरन के बाद भी परिवार में से किसी ने रेलवे में काम नहीं किया है। कहने की आवश्यकता नहीं कि रेलवे उन्हें आकर्षित करता था; यह उनका सौभाग्य ही था कि उनके पर्यवेक्षकों का अच्छा नाम था और रेलवे उद्योग के सर्वोच्च मानदंडों को निभाने और कर्तव्य-निर्वहन में उनके बेदाग पेशेवर व्यवहार के कारण उनकी अपनी प्रतिष्ठा थी। प्रौद्योगिकी के क्षेत्र में देश के सर्वश्रेष्ठ लोगों के होने और संगठन की देशभर में उपस्थिति होने के कारण रेलवे ने श्रीधरन को दुनिया को ज्यादा व्यापक तरीके से देखने में मदद की। संगठन का स्थायी कर्मचारी बनने के बाद उनकी तेजी से उन्नति हुई और वे पाँच साल के भीतर ही रेलवे में सबसे कम उम्र के संभागीय अभियंता बन गए। इस अवधि में उन्होंने कई परियोजनाओं का सफल संचालन किया। इसी के साथ उनके स्थानांतरण भी होते रहे। उनके चार बार और जल्द ही, एक के बाद एक स्थानांतरण हुए। थोड़ा आगे जाकर हम उन पर चर्चा करेंगे।

पुस्तक लिखे जाते समय भारतीय रेलवे देशभर में अपनी 160वीं वर्षगाँठ मना रहा था। आज जैसा भव्य और महान् संगठन बनने में भारतीय रेलवे को काफी समय लगा है। औपनिवेशिक भारत में पहली रेल पटरियाँ बिछाने संबंधी योजनाएँ इंग्लैंड में कोयला ट्रेन के प्रारंभ होने के एक दशक बाद बनाई गईं। पहली यात्री-ट्रेन इंग्लैंड में स्टॉकटन और डार्लिंगटन के बीच चली। भारत में रेलवे ट्रैक्स की नींव डालनेवाले वे अंग्रेज व्यापारी थे, जिन्होंने संयुक्त राज्य अमेरिका में सूत के व्यापार में नुकसान उठाने के बाद भारत की ओर रुख किया था। उन्होंने थाणे से बॉम्बे पोर्ट के बीच एक रेलवे लाइन बिछाई। बॉम्बे और थाने के बीच का यह ट्रैक 1852 में लगभग पूरा बन गया था और 16 अप्रैल, 1863 में भारत की पहली ट्रेन ने इन दो स्टेशनों के बीच 34 किलोमीटर3 की दूरी तय की। इसके कुछ समय बाद ही, एक दूसरी ट्रेन कलकत्ता के हावड़ा और हुगली के बीच 38 किलोमीटर के ट्रैक पर चली। दक्षिण भारतीय शहरों, मद्रास और बंगलौर में रेलवे ट्रैक क्रमश: 1856 और 1864 में तैयार किए गए।

3. 21 मील।

केरल में सबसे पहले बेपोर-तिरूर मार्ग, जोकि भूतपूर्व मद्रास प्रांत का हिस्सा था, सबसे पहले तैयार हुआ। यह 1861 में हुआ। उसी साल तिरूर-कुट्टीपुरम लाइन भी कमीशन की गई। इन लाइनों का विस्तार कोझीकोड और ओलवक्कोडे तक 1888 के बाद ही किया गया। कोच्चि को 1902 में कनेक्ट किया गया। 2014 की स्थिति के अनुसार केरल में बिछाए गए रेलवे ट्रैक्स की कुल लंबाई 1673 किलोमीटर थी। लेकिन भारतीय रेलवे के इस महान् संगठन ने खूब प्रगति की और 2013 तक अपने 14,00,000 से ज्यादा कर्मचारियों तथा प्रतिदिन 20,000 ट्रेनों के प्रचालन के साथ यह एशिया का सबसे बड़ा रेलवे तंत्र बन गया। आग उगलनेवाला यह शैतान, भारत में कभी-कभी बच्चों को डराने के लिए प्रयुक्त छवि, देश का परिसंचरण तंत्र बन गया और राष्ट्र के विकास का मुख्य कारक सिद्ध हुआ।

श्रीधरन की पहली नौकरी प्रोबेशन इंजीनियर की थी। यह पदनाम रेलवे में कार्यभार ग्रहण करनेवाले सभी इंजीनियरों को आई.आर.एस.ई. परीक्षा में उनके प्रदर्शन के कारण दिया जाता था। पहले दो साल उन्हें देहरादून के वन शोध संस्थान में उचित रीति से प्रशिक्षित किया जाता है। आई.ए.एस. अधिकारी भी यहीं प्रशिक्षण प्राप्त किया करते थे और यहाँ श्रीधरन की मुलाकात टी.एन. शेषन से हो गई। वे उन्हीं दिनों वहाँ प्रशिक्षण प्राप्त कर रहे आई.ए.एस. बैच में थे। श्रीधरन को बारह महीने के प्रशिक्षण के बाद ही नियुक्ति प्रस्ताव मिल गया, जोकि निर्धारित मानदंडों के अनुरूप नहीं था। सरकारी सेवाओं में इंजीनियरिंग प्रतिभा की भारी कमी के कारण उस वर्ष के बैच के प्रशिक्षुओं को तुरंत पदस्थापित किया गया। आई.आर.एस.ई. में उच्च स्थान प्राप्त करने के कारण श्रीधरन को दक्षिण भारत में पदस्थापित किया गया, जहाँ से उन्होंने आवेदन किया था। शुरू-शुरू में उन्हें बंगलौर पदस्थापित किया गया। अभी वहाँ मुश्किल से दो महीने ही बीते होंगे कि उन्हें केरल के शोरानूर भेज दिया गया। हालाँकि उनके पितृ प्रदेश में उनका कार्यकाल ज्यादा लंबा नहीं रहा, लेकिन उन्होंने ऐसी अनेक परियोजनाओं का नेतृत्व किया, जिनके कारण शोरानूर, केरल और आस-पास के राज्यों को जोड़नेवाले रेल यातायात का एक मुख्य केंद्र बन सका।

श्रीधरन अपने पिताजी की मृत्यु के समय केरल में थे। उन्हें दु:ख था कि अब उनके पिताजी उन्हें उनकी परिवीक्षा खत्म होते और उन्हें नौकरी करते हुए देखने के लिए उनके पास नहीं होंगे। नीलकांतन मूसथु एक सज्जन लेकिन गरवीले व्यक्ति थे, जिन्हें अपने बच्चों को उनके कॅरियर में उन्नति के सोपान चढ़ते देखना अत्यंत संतोष देता था। बचपन से ही अपनी क्षमताओं और संभावनाओं का परिचय देनेवाले श्रीधरन से उन्हें बड़ी आशाएँ थीं।

श्रीधरन के शोरनूर में काम करने के दौरान ही कोट्टयम-कोलम मीटर गेज का निर्माण कार्य शुरू हुआ था। रेलवे के बेहतरीन सिविल इंजीनियर और श्रीधरन की तरह ही मलयाली जी.पी. वॉरियर इस परियोजना का नेतृत्व कर रहे थे। वॉरियर का श्रीधरन की निजी और पेशेवर जिंदगी पर बड़ा प्रभाव रहा। श्रीधरन के कौशल को करीब से देखकर उन्होंने श्रीधरन को अपने साथ काम करने का निमंत्रण दिया। यह निमंत्रण श्रीधरन की क्षमताओं को मान्यता मिलने जैसा था। रेलवे के अब तक के सबसे महान् सिविल इंजीनियर के रूप में सुविख्यात वॉरियर का मार्गदर्शन श्रीधरन को उनके रेलवे जीवन में हमेशा उपलब्ध रहा। वॉरियर ने ही श्रीधरन को अपने विश्वासपात्र अधीनस्थ के रूप में पंबन पुल के पुनर्निर्माण और कलकत्ता मेट्रो की डिजाइन तैयार करने के लिए भेजा था। श्रीधरन को कलकत्ता मेट्रो परियोजना की टीम में शामिल करने के समय वॉरियर पूर्वी रेलवे के महाप्रबंधक थे। श्रीधरन के लिए वॉरियर के अधीन रहते हुए काम करने का अवसर मिलना हर पद पर बहुत अच्छा रहा—पहला, एक प्रोबेशन अधिकारी के रूप में वॉरियर को रिपोर्ट करना, जहाँ वे उनके पर्यवेक्षी कार्यकारी अभियंता थे, फिर वॉरियर के उप मुख्य अभियंता बनने पर सहायक अभियंता के रूप में और बाद में वॉरियर के साथ कार्यकारी अभियंता के रूप में काम करना, जो इस समय तक मुख्य अभियंता बन चुके थे।

वॉरियर के अधीन रही रेलवे निर्माण शाखा में जाने पर श्रीधरन को मीटर गेज बनाने के लिए सहायक इंजीनियर के रूप में नियुक्त किया गया। तीन इंजीनियरों को कोट्टयम और कोल्लम के बीच मीटर गेज का काम पूरा करने का दायित्व सौंपा गया था। इनमें से दो अनुभवी और प्रतिष्ठित इंजीनियर थे, जबकि श्रीधरन उनसे कहीं ज्यादा कनिष्ठ थे। वॉरियर के अधीन इतनी जटिल परियोजना के कार्यान्वयन का जिम्मा सौंपा जाना और पेशेवर लोगों के इतने गरिमामय समूह के साथ मिलकर इसे कार्यान्वित करना अपने आप में श्रीधरन को अविश्वसनीय रूप से मान्यता प्रदान करना था। जब मीटर गेज के निर्माण का काम चल रहा था, वॉरियर की पदोन्नति उप मुख्य अभियंता (निर्माण) के तौर पर हो गई और वे मद्रास चले गए। जब श्रीधरन कोट्टयम में परियोजना प्रभारी थे, तब उन्हें नौकरी करते तीन साल हुए थे और अप्रत्याशित रूप से तभी श्रीधरन की भी पदोन्नति हो गई। लेकिन इसका अर्थ यह भी था कि वे कोट्टयम में लाइन निर्माण का काम पूरा करने के लिए उस परियोजना में नहीं बने रह सके।

जो पदोन्नति उन्हें मिली, उसके बारे में उस समय कोई कनिष्ठ अभियंता शायद सपने में भी नहीं सोच सकता था। अक्तूबर 1958 में श्रीधरन ने बासवाड़ा

संभाग के संभागीय अभियंता के रूप में पदभार ग्रहण किया। रेलवे के इतिहास में यह पहली बार हुआ था कि एक इतने युवा और सिर्फ तीन वर्ष के अनुभववाले व्यक्ति को इतने उच्च पद पर आसीन कर दिया गया था (संयोगवश रेलवे में सबसे युवा संभागीय इंजीनियर होने का गौरव अब भी उन्हीं के पास है)। यह पदोन्नति पूरी तरह से अप्रत्याशित थी। उन्होंने पदोन्नति देने का निर्णय ए.सी. मुखर्जी, महाप्रबंधक, भारतीय रेलवे द्वारा देशभर के सभी संभागों में गहन निरीक्षण और समीक्षा के बाद किया गया था। किसी भी तरह का निरीक्षण रेलवे में आम बात थी। मुखर्जी के निरीक्षणों से यह सामने आया कि मद्रास-बासवाड़ा संभाग में संभागीय इंजीनियर का पद खाली था। बासवाड़ा दक्षिण क्षेत्र में एक महत्त्वपूर्ण संभाग हुआ करता था और एक सक्षम संभागीय इंजीनियर के अभाव में वहाँ कई प्रकार की समस्याएँ सामने आ रही थीं। रिक्ति के बारे में पूछने पर संभाग के अधिकारियों द्वारा महाप्रबंधक को बताया गया कि वे इस पद को भरने के लिए कोई योग्य व्यक्ति नहीं खोज पाए थे और आशा के अनुरूप ही मुखर्जी को यह तर्क मंजूर नहीं था। उन्होंने पूछा कि क्या इस पद के लिए निम्नतर श्रेणियों में से कोई व्यक्ति उपयुक्त है? उन्हें जवाब मिला, 'एक है, लेकिन वह बहुत कनिष्ठ है।' इशारा श्रीधरन की तरफ था। उन्हें यह भी बताया गया कि उस नए कर्मचारी को रेलवे में काम करते हुए अभी सिर्फ तीन साल ही हुए हैं और इस महत्त्वपूर्ण पद के लिए उस पर विचार करना भी शायद विवेकसंगत न हो। 'तो क्या हुआ?' मुखर्जी ने पूछा, 'क्या उसकी सीधी भरती नहीं हुई है? उसने उपयुक्त प्रशिक्षण भी जरूर लिया होगा। तो फिर हम किस बात का इंतजार कर रहे हैं? इसके उलट उसे वह काम न देना, जिसके वह काबिल है, अविवेकपूर्ण होगा। जितना जल्दी संभव हो, उसे संभागीय इंजीनियर बनाएँ।'

बासवाड़ा में संभागीय इंजीनियर के दो पद थे—डी.इन. (संभागीय अभियंता) I और डी.इन. II, श्रीधरन को पहला पद दिया गया, जिसे दूसरे पद के मुकाबले अधिक शक्तियाँ प्राप्त थीं। आमतौर पर पंद्रह वर्ष से ज्यादा के अनुभववाले इंजीनियरों पर इन पदों के लिए विचार किया जाता था। संभाग के एक वरिष्ठ इंजीनियर श्रीनिवास राव डी.इन. II थे। रेलवे में अठारह वर्ष काम कर चुके राव को इतने कनिष्ठ व्यक्ति का खुद से आगे निकल जाना पसंद नहीं आया। उन्होंने वरिष्ठता के मुद्दे को हाइलाइट करते हुए ए.सी. मुखर्जी से शिकायत की। मुख्य अभियंता ने उनका दावा न्यायसंगत पाया, क्योंकि श्रीधरन को नौकरी में अभी बहुत कम समय हुआ था, इसलिए उनकी शिकायत स्वाभाविक थी। मुखर्जी ने उनके

पदनामों की अदला-बदली का समाधान दिया। डी.इन. II का पद भी डी.इन. I जितना ही महत्त्वपूर्ण था। श्रीधरन ने डी.इन. II पद स्वीकार कर लिया तथा दो वर्ष तक बासवाड़ा संभाग में रहे और इस दौरान उन्होंने आधारभूत ढाँचा विकास की विभिन्न परियोजनाओं का नेतृत्व किया।

इस समय तक एस.एफ. ब्रैगेंजा ने, जिनकी छवि एक तेज-तर्रार अफसर की थी, मुख्य अभियंता के रूप में दक्षिण रेलवे की कमान सँभाल ली थी। कार्यभार ग्रहण करने के बाद वे निरीक्षण के लिए शीघ्र ही ओलवक्कोडे (अब पलक्कड़) संभाग गए। इस संभाग की स्थापना कुछ समय पहले ही हुई थी। यहाँ के संभागीय इंजीनियर पी.वी. जॉर्ज काफी वरिष्ठ मलयाली थे। नए संभाग की दुर्दशा देखकर ब्रैगेंजा बेचैन हो गए। संभाग के अंतर्गत शुरू की गई एक भी परियोजना समाप्ति के आस-पास भी नहीं पहुँची थी। अस्पताल, वर्कशॉप, पुल… इन सभी का कार्य कार्यान्वयन के विभिन्न चरणों पर रुका पड़ा था। निरीक्षण पूरा करने तक मुख्य अभियंता ने साफ कर दिया था कि ऐसा ज्यादा दिन चलना उन्हें मंजूर नहीं है। वे मौजूदा संभागीय इंजीनियर को किसी नए व्यक्ति से बदलना चाहते थे, उन्होंने अपने निजी सहायक से कह दिया था। उन दिनों मुख्य अभियंताओं के पास निजी सहायक होते थे। ब्रैगेंजा के पी.ए. सुकुमारन एक वरिष्ठ अधिकारी थे। उन्हें ओलवक्कोड़े के लिए एक नए संभागीय इंजीनियर का नाम सुझाने के लिए कहा गया। सुकुमारन ने श्रीधरन की अनुशंसा की। मजेदार बात यह है कि श्रीधरन सुकुमारन या ब्रैगेंजा को निजी तौर पर जानते तक न थे। सुकुमारन ने ब्रैगेंजा को श्रीधरन के बारे में विस्तार से लिखा और ब्रैगेंजा ने तुरंत उनकी अनुशंसा की समीक्षा की और यह पाया कि उनकी संस्तुति आवश्यकताओं के हिसाब से बिल्कुल उपयुक्त है। दो हफ्ते बाद श्रीधरन को संभागीय इंजीनियर के तौर पर ओलवक्कोड़े में पदभार ग्रहण करने का नियुक्ति-पत्र मिला।

पचास के दशक में भी दक्षिण रेलवे भारतीय रेलवे का एक विस्तृत और महत्त्वपूर्ण भाग था। यह काफी बड़े हिस्से में फैला हुआ था और इसका विस्तार पश्चिम में मैंगलोर से लेकर पूर्व में विशाखापट्टनम तक था तथा इसके मुख्य अभियंता के पास काफी शक्तियाँ और जिम्मेदारियाँ थीं। नए संभाग ओलवक्कोड़े को पोडनूर-मैंगलोर लाइन को देखना होता था, सभी पटरियाँ कोच्चि हार्बर टर्मिनस और नीलंबूर लाइन तक जाती थीं। इस संभाग में जोलारपेट-बंगलौर और ऊटी लाइनें भी शामिल थीं। इस संभाग में दो इंजीनियर थे। आज इस संभाग में सात इंजीनियर हैं। श्रीधरन दस दिनों की छुट्टी पर घर गए हुए थे, जब उन्हें नियुक्ति-

पत्र मिला, जो एक विशेष संदेशवाहक द्वारा भेजा गया और तत्काल रूप से प्रभावी था। यह 1961 की बात है। इससे न सिर्फ उन्हें मान्यता मिली, बल्कि श्रीधरन के लिए खुशी की बात यह थी कि यह उनके लिए अपने पैतृक राज्य लौटने का दूसरा मौका था। उन्हें पहली पदस्थापना शोरनूर में सहायक अभियंता के रूप में मिली थी, लेकिन वहाँ वे केवल छह महीने ही रह सके थे।

ब्रैगेंजा की इच्छा के अनुरूप ही श्रीधरन के संभागीय इंजीनियर के रूप में पहुँचने के साथ ही ओलवक्कोड़े संभाग में विकास परियोजनाओं ने गति पकड़ ली थी। अगले दो वर्षों में संभाग के लिए निर्धारित हर परियोजना, जिसमें संस्थान के अपने कार्यालय की इमारत, रेलवे अस्पताल, कर्मचारियों के रहने के क्वार्टर, पेयजल प्रणालियाँ, निकासी प्रणालियाँ, प्लेटफॉर्म, रेलवे स्टेशन और पुल शामिल थे, पूरी कर ली गईं। इस अध्याय के शुरू में जिस एरनाकुलम उत्तर पुल का जिक्र किया गया है, वह भी इसी अवधि में बनाया गया था। उत्तरी और दक्षिणी पुलों के अलावा शोरनूर जंक्शन स्थित पुल और त्रिचूर (त्रिसर), पलक्कड़ और कोझीकोड़ में पुल के ट्रैक भी इन्हीं वर्षों में बनाए गए। उस अवधि में विकास परियोजनाओं के लिए आवश्यक धन के संबंध में कभी कोई समस्या नहीं आई। यदि किसी काम को पूरा करने का इरादा हो तो पैसा खुद-ब-खुद आने लगता है। केवल योजना और परियोजनाओं के लिए अनुमानों के लिए रेलवे बोर्ड से अनुमोदन प्राप्त करना होता था। अन्य संभागों का पैसा प्रयोग न किया गया, पैसा उस उद्देश्य के लिए तुरंत नए सिरे से आवंटित कर दिया जाता। रेलवे विभाग की इस व्यवस्था ने श्रीधरन को असंख्य परियोजनाओं का बीड़ा उठाने और उन्हें कम-से-कम समय में पूरा करने में मदद की।

एक तरफ तो ओलवक्कोड़े संभाग में काम बड़े सुगम तरीके से आगे बढ़ रहा था, लेकिन कुछ जगहों से समस्याएँ भी सिर उठाने लगी थीं। भविष्य में श्रीधरन को जिन समस्याओं का सामना करना पड़ सकता था, वे उनके सामने आने लगी थीं। जैसाकि हर जगह होता है, रेलवे में ऐसे उच्चाधिकारियों का भी समूह था, जो निर्माण परियोजनाओं के लिए निजी कॉण्ट्रेक्टर्स के साथ की जानेवाली छलपूर्ण गुप्त डीलों से लाभान्वित हो रहा था। उनके कुछ कारनामों ने श्रीधरन का ध्यान खींचा।

तमिलनाडु के एक वरिष्ठ अधिकारी कोमलीश्वरन ओलवक्कोड़े संभाग में पर्यवेक्षक थे। बाद में यह पद संभागीय प्रबंधक का हो गया। उन्होंने कुछ ठेकेदारों को फायदा पहुँचाने के लिए रेलवे के हितों से समझौता करने की कोशिश की थी। श्रीधरन ने उनकी योजनाओं को सिरे चढ़ने से रोक दिया। कोमलीश्वरन अपने

ठेकेदारों के साथ लगातार गुप्त डीलें करने की कोशिश कर रहे थे और श्रीधरन हर बार उनसे असहमत रहते थे। इससे स्थिति बदतर होती चली गई और उन दोनों के बीच शीतयुद्ध की स्थिति पैदा हो गई। कोमलीश्वरन अपनी चालबाजियों के साथ दाँव बढ़ाते गए, ताकि श्रीधरन से संभाग को मुक्त कर सकें। स्थिति ऐसी हो गई कि दोनों का साथ काम करना असंभव हो गया। लेकिन श्रीधरन पीछे हटने को तैयार नहीं हुए, उन्होंने वहीं जमे रहने का फैसला कर लिया था। मुख्य अभियंता ब्रैगेंजा को हालात का अंदाजा हो चुका था, लेकिन यह जानने के बावजूद कि हालात नियंत्रण से बाहर होते जा रहे हैं, वे हस्तक्षेप करने की स्थिति में नहीं थे। ऐसे परिदृश्य में यदि संभागीय पर्यवेक्षक और डी.एन. I एक हो जाते तो किसी को भी आसानी से मुसीबत में डाल सकते थे। उच्चाधिकारियों में से कुछ श्रीधरन के हितैषी थे, उन्हें डर था कि कहीं श्रीधरन को फँसा न दिया जाए। इस बीच कोमलीश्वरन मुख्य अभियंता के पास शिकायत लेकर पहुँचे। कोमलीश्वरन की साजिशों के बारे में पता होने के कारण ब्रैगेंजा नाराज हो गए। शिकायत की समीक्षा के बाद उन्होंने कोमलीश्वरन को अपने दफ्तर बुलाया और फटकार लगाई। ब्रैगेंजा ने श्रीधरन और रेलवे के प्रति उनकी प्रतिबद्धता की जिम्मेदारी ली। ओलवक्कोड़े में श्रीधरन का निकट भविष्य खतरे में देखते हुए ब्रैगेंजा ने कोमलीश्वरन को संदेश भेजा कि यदि वे श्रीधरन के साथ काम नहीं करना चहते तो वे श्रीधरन को खुशी-खुशी वापस बुलाने को तैयार हैं, लेकिन वे यह भी जानते थे कि यह इतना आसान न था। ओलवक्कोड़े में दो साल की नौकरी के बाद उन्होंने श्रीधरन को 1962 में बेमन से हुबली भेज दिया।

श्रीधरन यह देखकर हैरान रह गए कि हाल ही में कोमलीश्वरन का स्थानांतरण भी संभाग के नए पर्यवेक्षक के रूप में हुबली कर दिया गया था। अचानक श्रीधरन के लिए समस्याएँ फिर से खड़ी होने लगीं। कोमलीश्वरन ने वहीं से सब शुरू कर दिया, जहाँ से ओलवक्कोड़े में छोड़ा था। उन्होंने श्रीधरन को घेर लिया था। ओलवक्कोड़े आने के समय से ही इस फसाद को ध्यान से देख रहे जी.पी. वॉरियर ने इस मोड़ पर आकर हस्तक्षेप किया। उन्होंने श्रीधरन को सलाह दी कि समय और जीवन बहुत कीमती है, इसलिए खुद को व्यर्थ के अहं की लड़ाई में उलझाकर उन्हें बरबाद करने से बचना चाहिए। उस समय वॉरियर निर्माण विभाग में मुख्य अभियंता थे। उन्होंने श्रीधरन से कहा कि वे उनके साथ काम करें। श्रीधरन ने भी महसूस किया कि यही अच्छा रहेगा। वॉरियर के अधीन लोंडा-मार्गाव लाइन को ब्रॉड गेज में बदलने के सर्वेक्षण चल रहे थे। श्रीधरन ने इस काम का नेतृत्व करने के लिए

कार्यकारी अभियंता का पद स्वीकार कर लिया और अन्य विभिन्न परियोजनाओं में भी वॉरियर की सहायता करना जारी रखा। कुछ समय के लिए उन्होंने हसन-बंगलौर निर्माण समूह के साथ भी काम किया था। वॉरियर के मार्गदर्शन ने श्रीधरन के भीतर के इंजीनियर को आकार दिया। देश में रेलवे सिविल इंजीनियरिंग के एक प्रमुख तकनीशियन की प्रतिष्ठावाले वॉरियर ने श्रीधरन के भीतर की आग को पहचान लिया और यह सुनिश्चित किया कि उनकी प्रतिभा को भाग्य का भी साथ मिले।

❑

5

पंबन पहला हस्ताक्षर

चक्रवात से तहस–नहस हुए पंबन पुल के स्तंभों को फिर से स्थापित कर दिया गया था, पर समुद्र अभी तबाही के एक और दौर के लिए तैयार नजर आ रहा था। लेकिन श्रीधरन के द्वारा इस पुनर्निर्माण का काम पूरा करने के बाद कभी किसी इंजीनियर को इसके लिए फिर से पुल पर नहीं जाना पड़ा। हालाँकि तब से कई चक्रवात इस पुल से होकर गुजरे हैं और पार्क स्ट्रेट से होते हुए श्रीलंका के कैंडी और तलाईमन्नार जा रहे अनेक तूफान इस पर प्रहार कर चुके हैं।

श्रीधरन पुल के पुनर्निर्माण के काम में ऐसे जुटे, जैसे उन्होंने रामेश्वरमवासियों, जिनका संपर्क मुख्यभूमि से कट चुका था, के दिल की धड़कनें सुन ली हों और यह काम दिए गए समय से आधे वक्त में ही पूरा कर डाला। इस इकतीस वर्षीय युवक के प्रति, जो रेलवे में बस एक संभागीय अभियंता था, पूरे देश के मन में गौरव और कृतज्ञता के भाव उमड़ आए; बल्कि पूरी दुनिया का ध्यान केरल के इस युवा अभियंता की ओर खिंच आया, जिसने भारत के सबसे लंबे समुद्री पुल को ठीक किया था।

श्रीधरन ओलवक्कोड़े से हुबली जा चुके थे और पंबन पुल के पुनर्निर्माण अभियान का हिस्सा बनने से पहले वे हुबली से बंगलौर में दक्षिणी रेलवे के केंद्रीय निर्माण कार्यालय गए थे। ओलवक्कोड़े संभाग में अपने कार्यकाल के लगभग अंतिम दौर में उनका विवाह हुआ। शादी 21 अक्तूबर, 1961 को हुई। दुलहन राधा पोन्नानी के प्रसिद्ध डॉक्टर अचूथा मेनन की बेटी हैं। श्रीधरन के भाई करुणाकरन की शादी भी इसी दिन हुई। उनकी पत्नी पार्वती राधा की बड़ी बहन थीं। उनके वैवाहिक अनुष्ठान एक के बाद एक करते हुए और शुभ अवसरों के पारंपरिक पंचांग के

अनुसार मुहूर्त निकालकर ये विवाह किए गए। करुणाकरण की शादी पोन्नानी में थ्रिक्कवु मंदिर में हुई, जिसके बाद श्रीधरन की वैवाहिक रस्में दुलहन के घर पर हुईं। श्रीधरन के काम में व्यस्त रहने के कारण उनके भाई कृष्ण मेनन ने ही शादी का सारा कामकाज सँभाला। श्रीधरन तो सगाई तक राधा से मिले भी नहीं थे। राधा स्नातक द्वितीय वर्ष में पढ़ रही थीं। शादी के बाद नवविवाहित जोड़ा ओलवक्कोड़े की रेलवे कॉलोनी में रहने लगा।

कोमलीश्वरन के साथ का झगड़ा, जो बहुत पहले शुरू हुआ था, अब तक चरम पर पहुँच चुका था और इसका खात्मा श्रीधरन के हुबली स्थानांतरण के साथ हुआ। यह उनकी शादी के कुछ समय बाद ही हुआ। श्रीधरन राधा को अपने साथ ले गए। आनेवाले समय में एक शहर या कस्बे से दूसरे शहर या कस्बे तक होनेवाले उनके असंख्य स्थानांतरणों में से यह महज पहला था। श्रीधरन कहते हैं, "हमारी शादी के बाद से ही राधा हमेशा मेरे साथ रही हैं, अपनी गर्भावस्था को छोड़कर, जबकि वे अपनी माँ के घर जाती थीं, उस समय के अलावा जहाँ भी मेरी नौकरी मुझे ले जाती, हम सब साथ ही जाते। यह परंपरा अभी तक जारी है।" अगले दो साल में श्रीधरन को बंगलौर जाना पड़ा, क्योंकि कोमलीश्वरन का उत्पीड़न अब बरदाश्त से बाहर हो गया था। यह उनका रेलवे निर्माण मुख्य अभियंता पी. कृष्ण राजू के तकनीकी निजी सहायक का पद था। इसी अवधि के दौरान श्रीधरन को पंबन पुल के पुनर्निर्माण का अभियान सौंपा गया था। निजी सहायक के रूप में उनकी नौकरी केवल आठ महीने की रही।

23 दिसंबर, 1964 को देश के दक्षिण छोर से सकते में डाल देनेवाली खबर आई। चक्रवात के कारण लहरें इतनी ऊँची उठ गई थीं कि एक ही रात में वे पंबन पुल को लील गईं। ये गगनचुंबी लहरें संख्या में बहुत थोड़ी थीं, लेकिन रात करीब 11.30 बजे 30-40 मीटर ऊँची उठी लहरों ने पुल को एक ही बार में साफ कर दिया था। दुर्भाग्यवश, ठीक उसी समय ट्रेन संख्या 653, पंबन-धनुषकोटि पैसेंजर पुल पर थी। ट्रेन के किसी भी यात्री को बचाया नहीं जा सका। इंजन को छोड़कर ट्रेन के सभी हिस्से समुद्र निगल गया था। लकड़ी के बने कोच कागज के खिलौनों की तरह टुकड़े-टुकड़े होकर पानी में बिखर गए। चक्रवात के बाद आनेवाले तूफानों और बाढ़ों ने धनुषकोटि शहर को धो डाला। शहर का बंदरगाह, स्कूल, प्रार्थना स्थल, इसके अनेक व्यापारिक प्रतिष्ठान, हजारों घर और सबसे ऊपर उसकी आबादी, सब खत्म हो गया था। पुल के बह जाने के साथ ही इस त्रासदी ने द्वीप में रहनेवाले लोगों का मुख्य भूमि से एकमात्र संपर्क तोड़ दिया था। एक सदी से

भी पुराने 2,345 मीटर पुल के 146 में से 125 शहतीर समुद्र में विलीन हो गए थे। इसके दो मजबूत स्तंभ भी नष्ट हो चुके थे। शरजर पुल, जिसके रोलिंग लिफ्ट के कारण जहाज चैनल से गुजरते थे, भी नष्ट हो चुका था।

इस त्रासदी के बाद भारतीय रेलवे का पहला निर्णय पुल के पुनर्निर्माण का नहीं था, यह इतना आवश्यक नहीं लगता था, क्योंकि रामेश्वरम् एक व्यापारिक केंद्र के रूप में अपने गौरव और महत्त्व को पहले ही खो चुका था। नष्ट हुआ रेलवे ट्रैक रामेश्वरम् से होते हुए धनुषकोटि के पूर्वी छोर तक जाता था। रामेश्वरम् द्वीप तमिलनाडु के पूर्वी तट के पास स्थित है और दक्षिण में श्रीलंका की मन्नार की खाड़ी तक जाता है। धनुषकोटि टापू का दक्षिणी छोर है, जिसके पूर्व में बंगाल की खाड़ी और दक्षिण में हिंद महासागर है। रामेश्वरम् से धनुषकोटि का रास्ता मुश्किल से 18 किलोमीटर था। मुख्यभूमि से पंबन और फिर धनुषकोटि की तरफ पटरियाँ बिछाने के लिए अंग्रेजों को इस बात ने प्रेरित किया कि धनुषकोटि श्रीलंका के पास स्थित है। यह पुल 1914 में बनवाया गया था। 2014 में पुल के शताब्दी समारोह में कई कार्यक्रम आयोजित हुए, जिसमें व्यापक पहुँचवाले तकनीकी सम्मेलन भी शामिल थे। रेलवे पुल बनने के बाद द्वीप तक सड़क यातायात के लिए और सुविधा हेतु एक अन्य पुल भी अस्तित्व में आ गया था। ब्रिटिश इंजीनियरिंग प्रतिभा के मेल से तैयार यह चमत्कार वक्त की कसौटी पर खरा उतरा और कम-से-कम 2009 में 5.6 किलोमीटर के बांद्रा-वर्ली समुद्री लिंक को कमीशन किए जाने तक भारत में समुद्र के पार बना यह सबसे बड़ा पुल रहा।

इससे पहले ट्रेन की पटरियाँ केवल मंडपम् तक बिछाई गई थीं। धनुषकोटि तक विस्तार बाद में तैयार किया गया। भारत से श्रीलंका के कोलंबो तक आप सिर्फ एक यात्री टिकट पर जा सकते हैं। ट्रेन आपको धनुषकोटि ले जाएगी, जहाँ से आपको तलाईमन्नार के लिए जहाज पर बैठना होगा और फिर कोलंबो पहुँचने के लिए एक और ट्रेन-यात्रा करनी होगी। आधुनिक समय में यात्रा के कई अन्य साधन शुरू हुए हैं, जिन्होंने बाद के वर्षों में पंबन के विशेष महत्त्व को कम किया है। रामेश्वरम् इसलिए धनुषकोटि व्यापारियों के लिए आकर्षण खो चुका था।

लेकिन पुल को फिर से नहीं बनाने का रेलवे का फैसला विवाद की बड़ी वजह बन गया। यह पुल द्वीप को मुख्यभूमि से जोड़नेवाली एकमात्र लाइफ लाइन था और इससे भी ज्यादा हिंदुओं का एक आध्यात्मिक स्थल होने के कारण उत्तर भारत के सांसदों की रामेश्वरम् में विशेष दिलचस्पी थी। किसी भी कीमत पर उत्तर भारतीय राजनीतिज्ञों की लॉबी का ध्यान इस मुद्दे पर आना द्वीप के लोगों के

लिए राहत की बात रही। इस समय तक तमिलनाडु राजनीति का मुख्य केंद्र नहीं बना था। पुल को फिर से नहीं बनाने के शुरुआती फैसले को वापस लेना पड़ा। संशोधित योजना पुल को केवल रामेश्वरम् तक बनाने की थी। पहले वाले पुल के पंबन पर दो हिस्से हो गए थे, एक सिरा रामेश्वरम् को जाता था तो दूसरा धनुषकोटि को। नई योजना में धनुषकोटि वाले हिस्से को छोड़ दिया गया था। इसका किसी ने विरोध नहीं किया।

पंबन में यह आपदा आने के समय श्रीधरन क्रिसमस की छुट्टियों में बंगलौर से करुकपुथुर गए हुए थे। जल्दी ही श्रीधरन को तुरंत अपने कार्यालय रिपोर्ट करने के लिए संदेश प्राप्त हुआ। वे अपनी छुट्टियों को रद्द करके बंगलौर पहुँचे, जहाँ मुख्य अभियंता ने उन्हें आपात् स्थिति के बारे में विस्तार से बताया। उन्होंने श्रीधरन को पंबन त्रासदी के बारे में बताया और जितनी जल्दी हो सके, उन्हें मद्रास जाने के निर्देश दिए।

श्रीधरन तुरंत मद्रास रवाना हो गए और वहाँ उप मुख्य अभियंता से मिले, जिन्होंने उन्हें रेलवे की नई योजना के बारे में विस्तार से बताया। रामेश्वरम् के टूटे पुल को छह महीने के अंदर-अंदर फिर से बनना था और यह जिम्मेदारी अब श्रीधरन की थी। निस्संदेह यह एक चुनौतीपूर्ण काम था। लेकिन यह फैसला भी सीधे केंद्र में रेलवे मंत्रालय से आया था। उप मुख्य अभियंता ने अपनी बात खत्म करते हुए कहा कि श्रीधरन को तुरंत रामेश्वरम् रवाना होना है। श्रीधरन को यह काफी समय बाद ही पता चल सका कि इस काम के लिए उनका नाम जी.पी. वॉरियर ने सुझाया था। वॉरियर द्वारा उनका नाम सुझाए जाने की वजह यह थी कि मंत्री महोदय के कार्यालय ने कहा था कि यह अभियान उतनी जल्दी पूरा होना चाहिए, जितना जल्दी इसे किया जाना संभव है। वॉरियर ने अपने वरिष्ठ अधिकारियों को बताया था कि एक प्रतिभाशाली इंजीनियर है, जो इस काम को ठीक वैसे ही पूरा कर सकता है, जैसाकि वे चाहते हैं। उनके विचार-विमर्श के ठीक बाद ही करुकपुथुर में श्रीधरन को फोन कर दिया गया था। अंत में जब उन्होंने अंग्रेजों के रचे इंजीनियरिंग के करिश्मे का पुनर्निर्माण कर दिया तो दुनिया भी प्रतिभासंपन्न इंजीनियर श्रीधरन के बारे में जान चुकी थी। भाग्य ने उन्हें अपनी बाँहों में भर लिया था और वे प्रसिद्धि तथा लोकप्रियता की दुनिया में कदम रख चुके थे।

उप मुख्य अभियंता ने पुल के पुनर्निर्माण की रेलवे विभाग के योजना संबंधी और अन्य तकनीकी दस्तावेज श्रीधरन को सौंप दिए। बह चुके 126 शहतीरों को फिर से बनाया जाना था, जिसमें आंशिक रूप से क्षतिग्रस्त शहतीर भी शामिल थे।

नए शहतीरों को गुजरात और असम जैसे दूरस्थ स्थलों पर बनाया और वहाँ से लाया जाना था, जहाँ उनके निर्माण की सुविधाएँ उपलब्ध थीं। पुल तक नावों और क्रेनों को लाने के लिए श्रीधरन की टीम को सहयोग प्रदान किया जाएगा। लेकिन अब एक मिनट की भी देरी नहीं करनी थी। उप मुख्य अभियंता ने छह महीने के भीतर-भीतर काम खत्म करने की माँग रखी थी, एक दिन भी ऊपर नहीं होना चाहिए था। श्रीधरन ने छोटे-से-छोटे विवरण पर पूरा ध्यान दिया था। साइट पर जाने से पहले ही उन्होंने हर संभव जानकारी जुटा ली थी, लेकिन अपने पर्यवेक्षक से कोई वादा नहीं किया था। अगर इसे उस तरह से किया जाता, जैसे उन्हें बताया गया था तो यह अभियान छह महीने में पूरा नहीं हो सकता था। इसके अलावा पुल की स्थिति का सही जायजा तभी लिया जा सकता था, जब किसी ने वास्तव में जाकर वहाँ की स्थिति देखी हो। बिना देखे अटकल से ज्यादा कुछ नहीं होता। घटनास्थल पर जाकर वास्तविक स्थिति देखे-समझे बिना कोई भी अटकल या अनुमान के आधार पर वादा कैसे कर सकता था? इस स्थिति को देखने का श्रीधरन का यही दृष्टिकोण था। इसी बीच कुछ अप्रत्याशित घट गया। मद्रास कार्यालय से निकलने पर उप मुख्य अभियंता ने उन्हें सलाह दी कि वे महाप्रबंधक से भी मिल लें। दक्षिण रेलवे के महाप्रबंधक बी.सी. गांगुली भारतीय रेलवे के सर्वश्रेष्ठ सिविल इंजीनियर्स में से एक थे। श्रीधरन गांगुली के कार्यालय गए। श्रीधरन के काम के बारे में पता कर लेने के बाद गांगुली ने यह खबर दी कि जिस छह महीने की समय-सीमा पर उन्होंने पहले सहमति दी थी, उन्हें अब वह भी स्वीकार्य नहीं थी। वे पुल को वापस ठीक करने के लिए श्रीधरन को ज्यादा-से-ज्यादा तीन महीने दे सकते थे। गांगुली के लिए मन में अत्यंत सम्मान रखनेवाले श्रीधरन ने उनकी बात सुनी। श्रीधरन गांगुली को, जिन्हें वे गुरु समान मानते थे, 'न' नहीं कह सके। उन्होंने गांगुली को बताया कि वे जमीनी हकीकत जानने और पंबन के पुनर्निर्माण के लिए रामेश्वरम् जा रहे हैं।

पंबन पहुँचने के बाद श्रीधरन ने पहले दो दिन उस क्षेत्र और टूटे हुए पुल के सर्वेक्षण में बिताए, ताकि परिस्थिति को समझा जा सके। पंबन की त्रासदी को इतने निकट से देखने के बाद श्रीधरन ने महसूस किया कि यह पुल कितनी खराब हालत में था। एक सदी पुराना पुल पूरी तरह से तहस-नहस हो चुका था। तीन महीने की नई समय-सीमा की तो बात ही छोड़ दी जाए, उप मुख्य अभियंता का छह महीने के शुरुआती अनुमान में भी असंभव लगता था। अन्य कोई रास्ता नहीं था। हालाँकि एक ही समय में अनेक स्थलों पर शहतीरों का आदेश देकर उन्हें

बनाया जा सकता था, लेकिन उन्हें घटनास्थल तक लाने के लिए छह महीने का समय काफी नहीं होगा। आज की आधुनिक प्रणालियों के मुकाबले उस समय तक देश का आधारभूत ढाँचा भी इतना विकसित नहीं था। सामान और आपूर्तियों को लाने-ले जाने का एकमात्र जरिया पहले ही नष्ट होकर समुद्र में बह चुका था। श्रीधरन वैकल्पिक समाधानों पर विचार करते रहे, जबकि उन्हें प्रशासन की ओर से बड़ी संख्या में विचार और निर्देश मिलते रहे। श्रीधरन जानते थे कि उनमें से किसी को ज्यादा फर्क पड़नेवाला नहीं था, लेकिन उन्होंने उम्मीद का दामन नहीं छोड़ा।

इस बीच श्रीधरन ने खबर स्थानीय मछुआरों से भी कुछ जानकारी जुटाई थी, जिसने उन्हें आशा की किरण दी थी। समुद्र में मछली पकड़ते समय उन्होंने देखा था कि बह गए बहुत से शहतीर तटरेखा से बहुत दूर नहीं डूबे थे। मछुआरों ने उन्हें कुछ ऐसे स्थान दिखाए, जहाँ शहतीर समुद्र के नीचे पड़े हुए थे। यह महज एक संयोग था, लेकिन श्रीधरन उम्मीद की छोटी सी किरण को भी नजरअंदाज करने की स्थिति में नहीं थे। जो भी हो, अपने वरिष्ठ अधिकारियों द्वारा उन्हें सौंपे गए अभियान को पूरा करने का उनके पास और कोई तरीका भी नहीं था। वे खोए हुए शहतीरों को खोजने के लिए मछुआरों के साथ अभियान पर निकल पड़े। बहुत से शहतीर पंबन पुल से दो किलोमीटर आगे समुद्र के नीचे 40 से 50 फीट की गहराई में समुद्र तट पर पड़े थे। पानी बिल्कुल साफ था, दूरी तक देखने पर शहतीरों को पानी की सतह से ही देखा जा सकता था। उनमें से कोई भी क्षतिग्रस्त नहीं हुआ था। अगर श्रीधरन इस्पात के उन शहतीरों को वापस प्राप्त कर सकते तो समस्या को आसानी से सुलझाया जा सकता था। मछुआरे यह जानकर बहुत खुश हुए कि उनकी यह खोज रेलवे विभाग के लिए बहुत मददगार साबित हो सकती थी। वे समुद्र में पूरे जोश से खोज करने लगे और नए शहतीर मिलने पर उसकी सूचना तुरंत श्रीधरन को देने लगे।

यहाँ तक पहुँच जाने पर श्रीधरन ने महसूस किया कि पुनर्निर्माण के कार्य को उनकी सोच से पहले भी निपटाया जा सकता है। यह अभियान का मुख्य चरण शुरू करने का समय था, जिसे श्रीधरन ने इंजीनियरिंग कौशल की जीत कहा। अब लक्ष्य शहतीर विशिष्टताओं पर काम करने का और उपलब्ध संसाधनों को इस प्रकार अनुरूप बनाते हुए कार्य करने का था, जिससे आवश्यक औद्योगिक अपेक्षाओं को भी पूरा किया जा सके। अगला कदम इस काम को करने के लिए उपलब्ध सभी संसाधनों के उपयोग की एक विस्तृत कार्ययोजना बनाना था। बॉम्बे में पोर्ट इंजीनियर के रूप में श्रीधरन का पिछला अनुभव यहाँ उनके काम आया। वे

ज्वार–भाटे के समय समुद्र के व्यवहार को पहले ही समझ चुके थे। इस जानकारी ने समुद्री परिवेश में काम करने की चुनौतियों से निपटने में उनकी मदद की।

अब काम ने गति पकड़ ली थी। अभियान की शुरुआत में एक क्रेन रामेश्वरम् लाई गई थी, लेकिन यह पर्याप्त नहीं थी। एक और क्रेन लाई गई, ताकि समुद्र से निकाले गए शहतीरों को पुल के दोनों ओर से स्तंभों पर कसा जा सके। श्रीधरन ने क्रेन को खोजने और उसे मँगवाने में कीमती समय बरबाद करने की बजाय इस उद्‌देश्य के लिए एक क्रेन डिजाइन की और बनाई। अगला काम एक इतना मजबूत बजरा तैयार करना था, जो पानी से शहतीरों को बाहर निकालने के लिए पाइपों को सहारा दे सके। श्रीधरन ने इसे भी डिजाइन किया और इसे तैयार करने का आदेश अराक्कोणम स्थित वर्कशॉप में भेज दिया। वर्कशॉप में उनके एक मित्र पी.एम. जोसफ थे, जिन्होंने इस काम को तीव्र गति से पूरा करने में श्रीधरन की काफी मदद की। श्रीधरन ने उनसे 48 घंटों में एक ऐसा बजरा बनाकर देने को कहा था। यह काम बिल्कुल उपयुक्त तरीके से पूरा हुआ और एक विशेष ट्रेन से उस बजरा यानी नाव को रामेश्वरम् लाया गया। एक नाव बजरे को खींचकर उन स्थानों पर ले गई, जहाँ शहतीर पड़े हुए थे। स्थानीय मछुआरे शहतीरों पर अटकाने के लिए बड़े–बड़े लोहे के हुक लेकर समुद्र की गहराई में गए। इन शहतीरों को घिरनी की सहायता से समुद्रतल से बाहर निकालने की योजना थी। शहतीरों को पुल पर ढोकर लाने के लिए पटरियों का एक रैंप बनाया गया। शहतीरों को साफ करने और उन पर ताजा पेंट करने के बाद स्तंभों के बीच शहतीरों को स्थापित करने के लिए एक व्यवस्था तैयार की गई। जैसे ही स्तंभों के पार शहतीरों को रखकर कसा गया, वैसे ही पुल पर रेल ट्रैक्स बिछा दिए गए। नए रेल ट्रैक्स पहले से ही मँगवा लिये गए थे।

श्रीधरन ने मप्पिला खलासी समुदाय के लोगों को इस काम में लगाया था, जो भारी सामानों, विशेषत: जहाजों की ढुलाई की अपने परंपरागत और अत्यंत प्रभावशाली पद्धतियों के लिए जाने जाते हैं। उन्होंने अपना काम पूरी कुशलता के साथ किया। लेकिन हर दिन अगर एक शहतीर स्थापित किया जाता तो चार महीने बीत जाने तक भी सभी को नहीं लगाया जा सकता था और इस तरह से यह काम गांगुली की आक्रामक तीन महीने की समय–सीमा से आगे खिंच जाता। श्रीधरन के विभिन्न तरह के कर्मी दल को पहला शहतीर स्थापित करने में एक हफ्ते का समय लगा। लेकिन जैसे–जैसे अभियान आगे बढ़ता गया, मप्पिलाकर्मियों ने उस विशिष्ट क्षेत्र में अपना कौशल दिखाना शुरू कर दिया, जिसमें मदद के लिए वे आए थे।

उनके काम ने गति पकड़ ली और जल्द ही वह जोरों-शोरों से आगे बढ़ने लगा। पहला शहतीर स्थापित करने में एक हफ्ता लगा तो दूसरा केवल चार दिन और तीसरा महज तीन दिनों में स्थापित हो गया। उपलब्ध संसाधनों और दो हफ्तों में जिन तकनीकों में महारत हासिल कर ली गई थी, उससे सभी शहतीरों को शीघ्रता से जगह पर स्थापित करना एक सुगम कार्य बन गया। अंत तक श्रमिकों ने एक दिन में पुल पर दो से तीन शहतीर स्थापित करने शुरू कर दिए थे।

जैसे ही किसी शहतीर को खड़ा किया जाता, उस पर कसने के लिए रेलों को भी तैयार कर लिया जाता। एक क्रेन अंत तक नई रेलों पर चलती और शहतीरों और रेलों के अगले खंड की स्थापना करती जाती। यह सब पुनर्निर्माण के दौरान परियोजना की विशिष्ट आवश्यकताओं और परिस्थितियों को पूरा करने के एकमात्र उद्‌देश्य से डिजाइन और तैयार की गई मशीनरी की मदद से किया गया। समुद्र द्वारा लील लिये गए पूरे 126 शहतीर फिर से निकाल लिये गए और टूटे पुल को फिर से बनाने में प्रयुक्त किए गए। इस प्रक्रिया में एक भी शहतीर क्षतिग्रस्त नहीं हुआ।

❑

6

मेट्रो अभियान

श्रीधरन द्वारा पंबन पुल के अविश्वसनीय जीर्णोद्धार से जुड़ी एक दिलचस्प घटना यह है कि इस बात से अनभिज्ञ होने के कारण कि यह अभियान निर्धारित समय से पहले ही पूरा कर लिया गया था, केंद्रीय रेलमंत्री और सरकार को एक बार इसकी चर्चा होने पर सार्वजनिक रूप से शर्मिंदा होना पड़ा। दरअसल रेलमंत्री श्री एस.के. पाटील ने इस परियोजना की प्रगति के बारे में गलत बयान दे दिया था, वे नहीं जानते थे कि उसी दिन पुल का आखिरी शहतीर रखा जा रहा था। संसद् में एक प्रश्न का जवाब देते हुए रेलमंत्री ने दावा किया था कि पंबन परियोजना तेजी से आगे बढ़ रही है और अगले एक महीने में यह काम खत्म हो जानेवाला है। उन्होंने यह बात परियोजना की प्रगति की जमीनी हकीकत पता लगाए बिना कही थी, इसलिए उन्हें और उनकी सरकार, दोनों को अपमानित होना पड़ा। परियोजना की शुरुआत में उसके लिए तीन महीने का समय आवंटित किया गया था और परियोजना को शुरू हुए अभी डेढ़ ही महीना बीता था। स्वाभाविक रूप से इस अभियान की व्यापकता को देखते हुए यह बयान देने से पहले मंत्रीजी को ज्यादा सोचने की जरूरत महसूस नहीं हुई कि अभी इसे पूरा होने में कम-से-कम एक और महीना लगेगा। लेकिन उस रात इसके बिल्कुल उलट हुआ था। समुद्र में खड़ा किया गया आखिरी शहतीर स्तंभों से बाँध दिया गया था और उसके शीर्ष पर पटरियाँ बिछा दी गई थीं। श्रीधरन और उनके साथियों ने चक्रवात के बाद पुल से गुजरने के लिए पहली ट्रेन को हरी झंडी दिखा दी थी। अभी समय-सीमा पूरी होने में 44 दिन थे, जिन्हें श्रीधरन की बुद्धिमत्ता से बचा लिया गया था।

उस रात आकाशवाणी ने पंबन पुल का आखिरी शहतीर रखे जाने के समाचार

प्रसारित किए और ट्रेन यात्रा के सफल परीक्षण का भी उल्लेख किया। पंबन अभियान की प्रगति पर सावधानी से नजर न रखनेवाले अधिकारियों ने गैर-जिम्मेदारी दिखाते हुए मंत्रालय में गलत जानकारी दे दी थी। अगले दिन प्रिंट मीडिया ने यह खबर लपक ली और इस पर समाचार छापे, जो मंत्रालय और सरकार के लिए खीझ का कारण बने। उन्होंने खुद को और झेंप से बचाने के लिए तुरंत इस गलतफहमी की जड़ों तक जाना चाहा। सच्चाई तो यह है कि अधिकतर वरिष्ठ अधिकारियों को श्रीधरन की इंजीनियरिंग क्षमताओं और तकनीकी कौशल की इतनी समझ ही नहीं थी कि वे सरकार को अच्छी तरह से संक्षेप में कुछ बता सकते। उन्होंने परियोजना की प्रगति पर साइट की सामान्य रिपोर्ट्स पढ़ने के अलावा परियोजनाओं के विवरण पर ध्यान नहीं दिया था। लेकिन इस उपलब्धि की व्यापक सराहना हुई। अनुमानित समय से पहले परियोजना पूरी करने के लिए खुद रेलमंत्री ने श्रीधरन के लिए 1,000 रुपए के नकद पुरस्कार की घोषणा की। श्रीधरन को अपने काम में इतना अच्छा प्रदर्शन करने के लिए मिला यह पहला सम्मान था। जल्द ही उनके आगे पुरस्कारों की लंबी लाइन लगनेवाली थी, जिसमें पद्मश्री और पद्म भूषण भी शामिल थे।

यह कल्पना करना मुश्किल है कि अगर पंबन परियोजना का प्रभार श्रीधरन की जगह किसी और के पास होता तो यह इस तरह से सफल हो पाती? पूरी संभावना है कि बहुत से सरकारी इंजीनियर्स ने नौकरशाही की पुरानी परिपाटी के अनुसार कलम घिसते हुए यही सब किया होता—नए शहतीरों का आदेश देना, अनंतकाल के लिए उनका इंतजार करना और अंततः उनके पहुँचने के बाद परियोजना पूरी करने में सात से आठ महीने और लगाना। अगर ऐसे किसी अधिकारी को मछुआरे यह बता देते कि शहतीर समुद्र में बिखरे पड़े हैं तो उसने उन्हें वापिस लाने के बारे में लीक से हटकर सोचने के बजाय यह अवसर ही गँवा दिया होता। श्रीधरन की ईमानदारी और प्रतिबद्धता ने न सिर्फ रेलवे का समय, बल्कि करोड़ों रुपयों की अनुमानित राशि भी बचा ली और वह भी तब, जब श्रीधरन को केवल दो सहायक अभियंता रिपोर्ट करते थे। इसी समय उनकी बेटी का जन्म हुआ और यह काम खत्म होने तक वे उससे मिलने भी नहीं गए।

श्रीधरन और उनके सहायक पूरी परियोजना के दौरान रामेश्वरम् में रेलवे के पुराने गेस्टहाउस में रहे। तूफानों ने केवल पंबन पुल को ही तहस-नहस नहीं किया था, बल्कि रामेश्वरम् और धनुषकोटि को भी तबाह कर दिया था। यहाँ का सारा आधारभूत ढाँचा नष्ट हो गया था और रामेश्वरम् एक भूतिया शहर बन गया था, जहाँ सिर्फ मलबे के ढेर बचे थे। ऊँचे ज्वार और सुनसान समुद्र तट, जहाँ

इनसानी जीवन का नामोनिशान भी न था, भयावह माहौल पैदा करता था। अचानक ही यह द्वीप अलग-थलग पड़ गया था, कभी-कभी सिर्फ आपात् कार्य के लिए ही मुख्यभूमि जाया जाता था। हालाँकि इस पुनर्निर्माण कार्य के दौरान श्रीधरन को कोंकण परियोजना जितनी समस्याओं का सामना नहीं करना पड़ा, लेकिन पंबन के इस छोटी अवधि के अभियान की अपनी अलग चुनौतियाँ थीं।

पुल का काम पूरा होने के बाद यहाँ हवा की गति और दिशा पर नजर रखने के लिए इस पर एक एनीमोमीटर स्थापित किया गया। इसका काम हवा की गति 55 किलोमीटर प्रति घंटा से ज्यादा होने पर यहाँ रहनेवालों को सतर्क करना था। सुनामी की प्रचंड लहरों ने 2004 में एक बार फिर पुल की परीक्षा ली। लेकिन करीब आधी सदी पहले धनुषकोटि को कुचलकर भूतिया गाँव बना देनेवाले इस तूफान ने इस बार तलाईमन्नार का रुख किया। हाल ही में एक जहाज पुल से टकरा गया, जिससे इसके एक स्तंभ को जरा सी क्षति पहुँची।

वर्ष 1964 में पंबन को झकझोर देनेवाली प्रचंड हवाओं की याद दिलाने के अवशेष आज भी रामेश्वरम् और धनुषकोटि में मौजूद हैं। उन काले दिनों की याद दिलानेवाला एक स्मारक धनुषकोटि में मौजूद है, जब इस त्रासदी में हजारों लोग और एक पूरे शहर का नामोनिशान मिट गया था। पंबन अभियान के बाद दुनिया का ध्यान श्रीधरन पर गया और मीडिया ने भी श्रीधरन के नेतृत्व-कौशल की मुक्त कंठ से प्रशंसा की।

इस अभियान के बाद श्रीधरन मुख्य अभियंता पी. कृष्ण राजू के तकनीकी निजी सचिव के रूप में अपना काम जारी रखने बंगलौर चले गए। उन्होंने दक्षिणी क्षेत्र की अनेक महत्त्वपूर्ण ट्रैक विकास परियोजनाओं में भाग लिया। जल्द ही उनकी एक और पदोन्नति हो गई; अब वे उप मुख्य अभियंता बन गए थे। लेकिन दक्षिणी रेलवे में उन्हें इस पद पर समायोजित करने के लिए रिक्तियाँ नहीं थीं। वरिष्ठता आधारित पदोन्नति प्रक्रिया संघीय स्तर पर तय होती थी, जिसमें यह नहीं देखा जाता था कि पदोन्नत लोगों को पदस्थापित करने के लिए जगह है या नहीं। यह पद केवल कलकत्ता में था। किसी भी तरह का विरोध किए बिना स्थानांतरण स्वीकार कर लेने की श्रीधरन की नीति का अर्थ था कि वे कलकत्ता जाने को तैयार थे; हालाँकि वे इस बारे में ज्यादा उत्साहित नहीं थे। हमेशा की तरह ही वे परिवार को साथ लेकर नई जगह पर गए। रेलवे के साथ एक सुविधा यह थी कि स्थानांतरण होने पर फर्नीचर और घर का बाकी ताम-झाम ले जाना आसान था। सामान की पैकिंग के लिए रेलवे कर्मचारी होते थे तथा सामान को रेल वैगन द्वारा

देश के किसी भी कोने में पहुँचा दिया जाता था और हर जगह स्थानांतरित परिवारों के लिए क्वार्टर के रूप में रेलवे संपत्ति उपलब्ध थी। इसलिए श्रीधरन ने कभी नौकरी पर होनेवाले स्थानांतरणों की ज्यादा परवाह नहीं की, कम-से-कम जब तक उनके बच्चे बड़े नहीं हो गए। लेकिन बाद में उनके लगातार होनेवाले स्थानांतरण बच्चों की शिक्षा में बाधा डालने लगे। कई बार तो उन्हें एक ही अकादमिक सत्र में एक बार से ज्यादा स्कूल बदलने पड़ते। श्रीधरन के कलकत्ता में नई जिम्मेदारी सँभालने तक जी.पी. वॉरियर ने भी पूर्वी रेलवे में महाप्रबंधक के रूप में पदभार ग्रहण कर लिया था। चिर-प्रतीक्षित कलकत्ता मेट्रो परियोजना के लिए सर्वेक्षण और योजना बनाने का काम पिछले कुछ वर्षों से चल रहा था। रेलवे की निगरानी के अधीन इस आधुनिक यातायात प्रणाली को तैयार करने का निर्णय उच्चतम स्तर पर लिया गया था।

अभी श्रीधरन को कोलकाता गए और उनके बच्चों को, जिनमें से सबसे बड़ा हाई स्कूल तथा उससे छोटे बच्चे छोटी कक्षाओं में थे, नए स्कूल जाते हुए मुश्किल से तीन महीने ही हुए थे कि उन्हें बिलासपुर पुनर्स्थापित होने के निर्देश प्राप्त हुए। इस बार श्रीधरन अपने परिवार को वहीं छोड़कर अकेले बिलासपुर गए। पहली बार स्थानांतरण ने श्रीधरन को कुछ असहज कर दिया था। एक दिन जी.पी. वॉरियर ने उन्हें अपने कार्यालय बुलाया। वे जानते थे कि पहली बात तो श्रीधरन कलकत्ता जाना ही नहीं चाहते थे और वे यह भी समझ रहे थे कि उनका अचानक बिलासपुर स्थानांतरण होना और परिवार से अलग होना उन्हें बहुत परेशान कर रहा था। वॉरियर ने उनके मौजूदा काम के बारे में पूछताछ की। उन्होंने पूछा कि क्या श्रीधरन को पूर्वी रेलवे के साथ काम जारी रखने में कोई समस्या है? श्रीधरन ने शिष्टतापूर्वक मना कर दिया। वॉरियर ने फिर पूछा कि क्या श्रीधरन नए तरह के अवसर को पसंद नहीं करेंगे? अंततः श्रीधरन ने कलकत्ता मेट्रो में पदभार ग्रहण करने के वॉरियर के सुझाव को मान लिया। यह वह समय था, जबकि कलकत्ता मेट्रो योग्य, युवा इंजीनियर्स की भरती कर रही थी। उसी दिन जबकि वॉरियर ने श्रीधरन से बात की थी, मेट्रो के मुख्य प्रशासनिक अधिकारी वॉरियर से मिले थे और उन्हें श्रीधरन को टीम में रखने के निर्देश दिए थे। वॉरियर ने श्रीधरन के आगे यह प्रस्ताव उनकी राय जानने तक के लिए नहीं रखा था।

श्रीधरन ने 1971 में कलकत्ता मेट्रो का कार्यभार ग्रहण किया था। उन्होंने इस शहर में पाँच वर्ष बिताए। ये पाँच वर्ष सीखने के लिहाज से बहुत अनमोल थे और श्रीधरन को उस रास्ते पर ले जानेवाले थे, जहाँ आगे बढ़ते हुए वे 'मेट्रो

मैन', भारत में आधुनिकतम मेट्रो यातायात प्रणाली लानेवाला व्यक्ति की उपाधि पानेवाले थे। मेट्रो परियोजना में वे उप मुख्य अभियंता (आयोजना एवं डिजाइन) के पद पर थे। तब तक देश में आधुनिक मेट्रो प्रणाली न होने के कारण यह पद चुनौतियों के लिहाज से बड़ा आकर्षक था। इसमें उन सुरंगों और मेट्रो स्टेशनों की रूपरेखा, डिजाइन और निर्माण का काम शामिल था, जिनकी 16.45 किलोमीटर की पूरी दूरी भूमिगत रहनेवाली थी।

कलकत्ता में पूरे एशिया की पाँचवीं मेट्रो का निर्माण होने जा रहा था। यहाँ थोड़ा विषयांतर करते हुए अन्य देशों में मेट्रो यातायात की स्थिति और सामान्यतः आधुनिक शहरी जीवन में मेट्रो प्रणालियों के महत्त्व पर चर्चा करना प्रासंगिक होगा। शीघ्रतम संभव तरीके से यात्रियों को एक स्थान से दूसरे स्थान पर ले जाने के अन्य पारंपरिक यातायात साधनों से मेट्रो, जिसे रैपिड ट्रांजिट, भूमिगत सब-वे, एलीवेटिड रेलवे, मेट्रो, मेट्रोपोलिटन रेलवे आदि नामों से भी जाना जाता है, को अलग करनेवाले अनेक विशेष कारक हैं। मेट्रो के निर्माण और रख-रखाव के लिए बहुत कम भूमि और अन्य भौगोलिक संसाधनों की आवश्यकता थी, जबकि यह बड़ी संख्या में लोगों को एक स्थान से दूसरे स्थान पर ले जा सकती थी। इसके द्वारा उत्पन्न प्रदूषण भी उल्लेखनीय रूप से कम था। हालाँकि परंपरागत यातायात साधनों के मुकाबले इसका रख-रखाव एक महँगा काम था, लेकिन मेट्रो के व्यापक फायदे इन खर्चों पर भारी पड़ते थे।

लंदन में 'द ट्यूब' ने 2013 में 150 वर्ष पूरे किए। इस समय तक दुनिया के 188 देशों में मेट्रो व्यवस्था थी और अन्य पचास देश अपने शहरों में नए मेट्रो तंत्र का निर्माण कर रहे थे। मेट्रो की दुनिया में सबसे बाद में प्रवेश करनेवाले एशियाई देशों ने मेट्रो को उस सीमा तक अपनाया कि उन्होंने यूरोपीय देशों को ही पीछे छोड़ दिया। जापान ने अपनी 'टोक्यो मेट्रो एशिया' में पहली मेट्रो का निर्माण 1927 में किया। अगली मेट्रो 1933 में ओसाका में तैयार हुई। आज जापान का मेट्रो तंत्र सबसे तेजी से प्रगति कर रहा है और मेट्रो टेक्नोलॉजी के मामले में दुनिया में पहले स्थान पर है। टोक्यो में मेट्रो तंत्र शहर में इस तरह से फैल गया है कि टोक्यो में यात्री मजाक में यह कहने लगे हैं कि उन्हें खुद नहीं पता होता कि किसी समय वे कहाँ होंगे। दूसरे शब्दों में, जापान के मेट्रो तंत्र की पहुँच ऐसी है कि अब वह देश के किसी भी कोने में रहनेवाले लोगों को कहीं भी सुगम तरीके से पहुँचने की सुविधा देता है। जापान भारत में कमीशन की गई अनेक मेट्रो परियोजनाओं में धन या प्रौद्योगिकी के लिहाज से सहायता करता है।

चीन में भी मेट्रो तंत्र तेजी से विस्तार पा रहा है। पहली मेट्रो 1969 में बीजिंग में कमीशन हुई। हर साल चीन 150 किलोमीटर से भी लंबी मेट्रो लाइनों का निर्माण करता है। भारत ने दिल्ली मेट्रो के निर्माण के बाद ही 25 किलोमीटर मेट्रो रेल निर्माण क्षमता प्राप्त की। साम्यवादी देश उत्तरी कोरिया ने 1968-69 में मेट्रो का निर्माण किया। प्योंगयांग मेट्रो, जिसकी दो लाइनें 22 किलोमीटर लंबी सुरंग के साथ-साथ बिछी हैं, दुनिया की सबसे गहरी रेल लाइन है, जोकि 110 मीटर भूमिगत है। इसने कजाकिस्तान में निर्मित 105 मीटर भूमिगत मेट्रो का रिकॉर्ड तोड़ा। उत्तरी कोरिया लगातार युद्धरत रहने के कारण अपने मेट्रो तंत्र का उपयोग युद्ध में छिपने के स्थान के तौर पर करता है। दक्षिण कोरिया ने भी 1970 तक मेट्रो का निर्माण कर लिया था। अत्यंत संपन्न खाड़ी देशों ने मेट्रो व्यवस्था को अपेक्षाकृत देर से अपनाया। दुबई में मेट्रो व्यवस्था 2009 में शुरू हुई, जबकि सऊदी अरब की मेट्रो मक्का में 2011 में शुरू हुई।

कलकत्ता मेट्रो में योजना निर्माण स्तर पर कई वर्ष लगे (उस दृष्टिकोण से दुनिया की सबसे पुरानी मेट्रो का निर्माण भारतीय रेलवे की स्थापना के महज दस वर्ष बाद ही हो गया था)। अधिकारियों ने इस विचार को शहर की अव्यवस्थित यातायात व्यवस्था, बढ़ती आबादी और प्रदूषण स्तर के समाधान के तौर पर लिया। मेट्रो के निर्माण के बारे में विचार-विमर्श 1949 से ही शुरू हो गया था। विस्तृत मेट्रो यातायात परियोजना 1969 में तैयार की गई और 1971 में केंद्र सरकार ने इसका अनुमोदन किया। श्रीधरन ने मेट्रो योजना पर काम करते हुए यह जल्द ही महसूस कर लिया कि भले ही दुनिया उन्नत प्रौद्योगिकी के साथ इस दिशा में बहुत आगे पहुँच गई हो, लेकिन भारतीय रेलवे में अत्यंत प्रतिष्ठित तकनीकी विशेषज्ञों को भी इस व्यवस्था के बारे में वास्तविक ज्ञान बहुत कम है। शून्य से शुरुआत करनी थी। ट्रेन की बात तो दूर की रही, मेट्रो प्लेटफॉर्म बनाने तक के तरीके के बारे में किसी को कोई जानकारी नहीं थी। लेकिन कलकत्ता अब और ज्यादा इंतजार नहीं कर सकता था।

इस बीच जापान में मेट्रो प्रणालियों पर एक अंतरराष्ट्रीय सम्मेलन आयोजित किया जा रहा था। भारत को भी आमंत्रित किया गया था। कलकत्ता में मेट्रो परियोजना की योजना को दृष्टिगत रखते हुए रेलवे विभाग ने इसे एक सही समय पर मिल रहे लाभप्रद अवसर के रूप में देखा और मेट्रो के मुख्य अभियंता जे.एम. रॉय को इस आयोजन में भाग लेने के लिए भेजने का निर्णय लिया। रेलवे बोर्ड ने स्वयं उन्हें जापान जाने को कहा। उन्हें कलकत्ता मेट्रो के निर्माण के लिए हर संभव बात सीखनी थी। आश्चर्यजनक रूप से स्वयं मुख्य अभियंता ने ही प्रस्ताव ठुकरा

दिया और बोर्ड को लिखा कि उनके सेवाकाल में अब सिर्फ दो वर्ष बचे हैं और उन पर समय तथा प्रयासों का निवेश विवेकसम्मत नहीं होगा। उन्होंने लिखा कि मेट्रो परियोजना में अनेक युवा और योग्य इंजीनियर काम कर रहे हैं, अतः रेलवे विभाग के दीर्घावधि हित में उन्हीं में से किसी को जाना चाहिए। उन्होंने श्रीधरन को अपनी जगह भेजने की सिफारिश की। रॉय के इस काम ने श्रीधरन को चकित कर दिया। उन दिनों कोई भी विदेश यात्रा का मौका नहीं चूकता था। रेलवे के पास वाकई जे.एम. रॉय जैसे योग्य लोग थे, जो व्यापक हित को ध्यान में रखते हुए सोचते और निस्स्वार्थ भाव से कार्य करते थे। इस घटनाक्रम ने श्रीधरन को हर्ष से अभिभूत कर दिया।

एक हफ्ते तक चला यह सम्मेलन श्रीधरन के लिए आँखें खोलनेवाला साबित हुआ। उन्होंने मेट्रो निर्माण की प्रौद्योगिकियों के बारे में बहुत सी जानकारी हासिल की। लेकिन वे सिर्फ इसी से संतुष्ट नहीं होनेवाले थे। टोक्यो मेट्रो के चमत्कार को पास से देखना और संभव होने पर तकनीकी विशेषज्ञों से बात करना महत्त्वपूर्ण था। वे सम्मेलन खत्म होने के बाद भी चार दिन तक टोक्यो में रहे। हालाँकि टोक्यो में इस तरह से ज्यादा रुकने का खर्च रेलवे विभाग द्वारा वहन करने की आशा वे नहीं कर सकते थे। फिर वे क्या करें? उन्हें समाधान मिल गया। उन्होंने अमेरिका में अपने एक रिश्तेदार को फोन करके कुछ पैसे भेजने का अनुरोध किया। उनके रिश्तेदार ने तुरंत उन्हें इतना पैसा भेज दिया कि वे जापान में चार दिन अतिरिक्त रह सकें। उन्होंने टोक्यो में भारतीय दूतावास से संपर्क किया और उन्हें अपनी योजना बताते हुए सहायता माँगी।

श्रीधरन को दूतावास से मिले स्वागत से सुखद आश्चर्य हुआ। दूतावास के अधिकारियों ने उनके आने का समय सम्मेलन स्थल से पता किया। जब वे जापान पहुँचे तो अधिकारी एक वाहन के साथ पूरे सम्मानजनक तरीके से हवाई अड्डे पर उनका इंतजार कर रहे थे। वे उनके चार दिन के अतिरिक्त प्रवास के लिए पहले ही व्यवस्थाएँ कर चुके थे। श्रीधरन ने अपना कार्यक्रम उनके साथ साझा किया। उन्हें 'टोक्यो मेट्रो' देखनी थी और संभव हो तो डिजाइन ऑफिस में इंजीनियर्स से भी मिलना था। दूतावास के अधिकारी उसी क्षण उनके दौरों और बैठकों की व्यवस्था करने में लग गए। श्रीधरन ने टोक्यो में रुकने का पूरा फायदा उठाया। उन्होंने डिजाइन सेंटर में प्रौद्योगिकीविदों से मेट्रो पर बेहिचक लंबी चर्चाएँ कीं। उन्होंने इन वार्त्तालापों से मॉडल डिजाइन के विचार भी पाए। यह श्रीधरन के जापान के साथ स्थायी संबंधों की शुरुआत थी।

❑

7
शिपयार्ड के कप्तान

टोक्यो में बिताए चार दिनों ने श्रीधरन की कलकत्ता में मेट्रो डिजाइन की नींव रखने में काफी मदद की। इस बात को ध्यान में रखते हुए कि भारत में अभी मेट्रो प्रौद्योगिकी की मूलभूत समझ भी विकसित नहीं हुई थी, जापान में श्रीधरन के सामने खुली मेट्रो की दुनिया अत्यंत विशाल और खास नजर आती थी। जापान में मेट्रो प्रौद्योगिकी और प्रणालियों की खूबियों को देखने, अनुभव करने और उससे आश्वस्त होने के बाद वे 'टोक्यो मेट्रो' की कुछ डिजाइंस अपने झोले में लेकर भारत लौटे। दुर्भाग्यवश, इन डिजाइंस पर लिखे विवरण जापानी भाषा में थे, जिसका श्रीधरन को बिल्कुल भी ज्ञान न था। लेकिन इस उत्कृष्ट प्रौद्योगिकीविद् के पास एक अभियंता की भाषा थी और कुछ प्रयासों से उन्होंने रेखाचित्र और डिजाइन समझ लिये। चित्रलिपि सरीखे इन डिजाइंस को समझकर इनसे आवश्यक जानकारी लेते हुए वे कलकत्ता मेट्रो की प्रतिकृति तैयार कर सके। श्रीधरन याद करते हैं कि जापान से लाई डिजाइंस का अनमोल खजाना आज भी कोलकाता मेट्रो कार्यालय में सँभालकर रखा हुआ है।

डिजाइन तैयार हो जाने और उसके कार्यान्वयन की प्रारंभिक तैयारियाँ हो जाने के बाद 29 दिसंबर, 1972 को प्रधानमंत्री इंदिरा गांधी ने इस परियोजना की नींव रखी। कुल 97.5 किलोमीटर की पाँच लाइनें परियोजना में शामिल की गईं। पहले चरण में तीन लाइनें थीं; दमदम–महानायक उत्तम कुमार, बिधान नगर–हावड़ा मैदान और दक्षिणेश्वर–ठाकुरपुकुर लाइनें। शुरुआती उत्साह ज्यादा समय तक नहीं टिक सका। दरअसल परियोजना के ही विफल होने का खतरा पैदा हो गया था। प्रधानमंत्री द्वारा परियोजना की नींव रखे जाने के लगभग तीन वर्ष तक किसी तरह

की कोई प्रगति नहीं हुई थी। यह परियोजना पुरानी नौकरशाही की अक्षमता की भेंट चढ़ गई थी। ऐसे अनेक कारकों ने इसकी प्रगति रोक रखी थी, जिन्हें आधुनिक मेट्रो जैसी महत्त्वपूर्ण परियोजना से कभी जुड़ा ही नहीं होना चाहिए था। रेलवे विभाग की इस परियोजना में राज्य सरकार के साथ कोई सामंजस्य नहीं था। स्थिति ऐसी बन गई थी कि परियोजना के लिए पैसा आना बंद हो गया था। परियोजना को पूरी तरह से वार्षिक रेलवे बजट पर निर्भर होना पड़ा था और इससे मिलनेवाली मामूली राशि परियोजना को केवल जिंदा ही रख पा रही थी। धन के सूखते स्रोतों का अर्थ था कि इसे निर्माण के लिए जमीन नहीं मिल पा रही थी; यहाँ तक कि जो भूमि अधिगृहीत की जा चुकी थी, उसकी भी कीमत अदा नहीं की गई थी और ठेकेदार भी बड़ी संख्या में इस परियोजना से अलग होने लगे थे।

श्रीधरन ने महसूस किया कि परियोजना एक अलग ही ऐसी दिशा में जा रही है, जो उनके लिए नितांत अपरिचित है। इसने उनका मनोबल बहुत गिरा दिया। अब इस परियोजना में उनका मन भी नहीं लग रहा था। निर्माण लागत प्रतिदिन लाखों रुपए की दर से आसमान छू रही थी। परियोजना शुरू किए जाने के पाँच वर्ष बाद भी इसका पहला चरण तक खत्म होता दिखाई नहीं देता था। 9 किलोमीटर की एसप्लेनेड-भवानीपुर लाइन के पहले चरण को पूरा होने में 11 वर्ष लग गए। पूरी परियोजना को पूरा होने में अगले ग्यारह वर्ष लगे। तब तक मेट्रो निर्माण में प्रयुक्त प्रौद्योगिकी पूरी तरह पुरानी पड़ चुकी थी। संक्षेप में, दुनिया और समय के आगे बढ़ने के साथ ही कलकत्ता मेट्रो पुरातनपंथी तौर-तरीकों में उलझकर रह गई थी।

अपने इस मेट्रो संबंधी अनुभव के बारे में श्रीधरन का कहना है कि यह आधुनिक समय की प्रौद्योगिकी को पृष्ठभूमि में धकेलकर व्यर्थ कर देने का प्रशासनिक कदम था। योजना निर्माण का चरण ही पटरी से उतर चुका था। इसकी कोई भी ट्रेन या सिगनल व्यवस्था सर्वश्रेष्ठ होना तो दूर रहा, सबसे घटिया किस्म की थी। ऐसा इसलिए नहीं था कि सर्वश्रेष्ठ चीजें उपलब्ध नहीं थीं, बल्कि इसका कारण प्रशासन में बैठे कुछ ऐसे लोगों द्वारा टाँग अड़ाना था, जोकि अतार्किक रूप से देश में तैयार उत्पादों और प्रौद्योगिकी को चुनौती देते थे। इस परियोजना को रेलवे विभाग द्वारा सँभालने का फैसला शुरू से ही गलत सलाह के कारण हुआ था। जन परिवहन प्रणाली के लिए शहरी ढाँचा तैयार करना रेलवे की जिम्मेदारी नहीं बनती थी। रेलवे ने भी यह महसूस किया, पर बहुत समय बाद। बाईस साल और शुरुआती अनुमान की चौदह गुनी लागत पर कलकत्ता में मेट्रो का काम 1995 में जैसे-तैसे खात्मे के कगार पर पहुँचा। वास्तव में खर्च हुए धन के लिहाज से

भारतीय रेलवे ने 140 करोड़ रुपए के शुरुआती अनुमान के मुकाबले 1,600 करोड़ रुपए खर्च किए थे। विरोधाभास की बात यह थी कि मेट्रो व्यवस्था से दुनिया भर में यात्री परिवहन की पहली पसंद होने के बावजूद कलकत्ता में मेट्रो निर्माण के इस दु:खद अनुभव ने भारत में इसके विरोधियों को बल दिया। मेट्रो की असफलता और इससे जुड़े कलंक की कथा तब तक बनी रही, जब तक कि दिल्ली मेट्रो की शानदार सफलता भारत में जन-परिवहन के इतिहास का एक महत्त्वपूर्ण अध्याय नहीं बन गई। जब श्रीधरन डी.एम.आर.सी. में शीर्ष पर थे, तब कलकत्ता (तब तक इसका नाम बदलकर कोलकाता रखा जा चुका था) में मेट्रो व्यवस्था के नवीनीकरण की एक योजना बनाई गई थी, लेकिन रेलवे विभाग ने इसमें कोई दिलचस्पी नहीं दिखाई। इस योजना में मेट्रो परियोजना का वित्तपोषण निजी क्षेत्र से निवेश प्राप्त करने का लक्ष्य रखा गया था। रेलवे विभाग को कुल बजट का केवल 35 प्रतिशत निवेश करना था। इससे भी रेलवे विभाग हरकत में नहीं आया और कलकत्ता मेट्रो को दुर्भाग्यपूर्ण घटनाओं की श्रृंखला में एक बार और निराशा देखनी पड़ी।

कलकत्ता मेट्रो में अपना चौथा साल पूरा करते-करते श्रीधरन को महसूस होने लगा था कि उन्हें दबाया जा रहा है। वे समझ गए थे कि अब वहाँ काम करते रहना व्यर्थ है। इस बीच उन्हें संभागीय पर्यवेक्षक के पद पर 1976 में एक और पदोन्नति मिली। यह पदस्थापना मैसूर में थी। उनके महाप्रबंधक ने जोर देकर कहा था, 'मैसूर मत जाओ। यहीं कलकत्ता में रहो।' रेलवे बोर्ड की भी यही राय थी। लेकिन श्रीधरन को कोई नहीं डिगा सकता था। वे जाना चाहते थे और अपनी बात पर कायम रहे। इस तरह से श्रीधरन ने कलकत्ता मेट्रो को छोड़ा, जो एक सपने से बुरे सपने में तब्दील हो चुकी थी। उन्होंने मैसूर में कार्यभार ग्रहण कर लिया और अपर मुख्य अभियंता के पद पर पदोन्नत होने तक अगले दो वर्ष वहीं रहे। इस पदोन्नति ने उन्हें दक्षिण रेलवे के मुख्यालय पहुँचा दिया। इसके बाद पूर्वी रेलवे में मुख्य अभियंता (निर्माण) के तौर पर हुई पदस्थापना उन्हें वापस कलकत्ता ले आई। तब तक श्रीधरन ने खुद को एक विशाल संगठन का छोटा सा हिस्सा समझते हुए अपने सभी स्थानांतरणों को बहुत आराम से लिया था। लेकिन अब बच्चों की पढ़ाई की नई समस्या खड़ी हो गई थी। श्रीधरन और पत्नी ने नौकरी में होनेवाले स्थानांतरणों की निजी तौर पर कभी इतनी परवाह नहीं की थी, लेकिन उन्होंने महसूस किया कि इससे उनके बच्चे प्रभावित हो रहे हैं, जो अब विभिन्न स्तरों पर उच्च शिक्षा की ओर बढ़ रहे थे। स्कूल के बार-बार बदले जाने और हर बार एक अलग राज्य में जाने पर भाषा बदलने ने उनके लिए पढ़ाई मुश्किल बना दी थी।

उनके माता-पिता के लिए इस संबंध में कुछ करना जरूरी था। इसलिए उन्होंने चारों बच्चों को केंद्रीय विद्यालय में डालने का फैसला किया। ये केंद्रीय स्कूल देश में हर जगह थे; उनका स्तर भी बहुत ऊँचा समझा जाता था और यह बच्चों को एक ही संस्था में पढ़ाई जारी रख सकने का आश्वासन देते थे। उनके दूसरी बार कोलकाता आने पर सभी बच्चों को केंद्रीय विद्यालय में डाल दिया गया। श्रीधरन कलकत्ता में सिर्फ अगले छह महीने ही रह सके। इस बीच प्रतिनियुक्ति के रूप में उन पर एक महत्त्वपूर्ण जिम्मेदारी आ गई थी।

श्रीधरन को 'कोचीन शिपयार्ड' के अध्यक्ष और प्रबंध निदेशक (सी.एम.डी.) के रूप में कोचीन भेजा गया। यह दायित्व उन पर अनियोजित तरीके से आ गया था। वाइस एडमिरल कृष्णन के शिपयार्ड के सी.एम.डी. के पद से सेवानिवृत्त होते समय उनकी जगह लेनेवाला कोई नहीं था, बल्कि इस पद को भरने के लिए किसी प्रमुख विभाग से किसी को ढूँढ़ने का निर्णय लिया गया था। कोचीन शिपयार्ड के पहले जहाजरानी 'पद्मिनी' का निर्माण पहले ही शुरू हो चुका था। उद्देश्य शिपयार्ड के लिए किसी सक्षम प्रमुख को खोजने का था, ताकि इस परियोजना को समय पर पूरा किया जा सके। केंद्रीय जहाजरानी मंत्रालय ने एक नए व्यक्ति की जगह पर किसी को प्रतिनियुक्ति पर लाने का अपना मंतव्य प्रकट किया; क्योंकि नए व्यक्ति की अनुभवहीनता के कारण इस परियोजना में देरी होने की संभावना थी। मजे की बात यह है कि श्रीधरन को इसकी भनक भी न थी। उन्होंने इस पद के लिए आवेदन तक नहीं किया था।

जहाजरानी मंत्रालय ने अन्य सभी मंत्रालय कार्यालयों में कोचीन शिपयार्ड के सी.एम.डी. पद को भरने के लिए सक्षम कार्मिकों की अनुशंसा करने के लिए परिपत्र भेज दिए। रेलवे विभाग ने इस अनुरोध का जवाब खुद श्रीधरन को बताए बिना उनका नाम प्रस्तावित करके दिया। उन्होंने श्रीधरन के निष्कलंक पेशेवर रिकॉर्ड, शिपयार्ड की विशिष्ट आवश्यकताओं और बॉम्बे में कम अवधि के लिए ही सही, पर श्रीधरन को हुए प्राथमिक अनुभव को ध्यान में रखा होगा। कुछ ही समय बाद, कलकत्ता में एक केबल संदेश प्राप्त हुआ, जिसके अनुसार श्रीधरन को तुरंत दिल्ली रिपोर्ट करना था। यहाँ श्रीधरन महाप्रबंधक से मिले, जिन्होंने उन्हें 'कोचीन शिपयार्ड' के सी.एम.डी. पद के लिए साक्षात्कार हेतु प्रस्तुत होने को कहा। आश्चर्यचकित श्रीधरन ने महाप्रबंधक को बताया कि उन्होंने इस पद के लिए आवेदन नहीं किया है। लेकिन महाप्रबंधक ने उन्हें, जो भी हो, साक्षात्कार के लिए पहुँचने को कहा।

श्रीधरन को इसमें कोई समस्या नहीं थी। हालाँकि इसका अर्थ था कि अब वे कलकत्ता में काम नहीं करेंगे, यह उन्हें कलकत्ता से निकलकर केरल जाने का अवसर देता था। लेकिन रेलवे उन्हें छोड़ने को तैयार नहीं था; वहाँ बहुत से लोग चाहते थे कि श्रीधरन संगठन में ही बने रहें। यह महाप्रबंधक के शब्दों से साफ जाहिर होता था। श्रीधरन को विदा करते हुए उन्होंने कहा था, "मैं चाहता हूँ कि आप यहाँ हमारे साथ ही रहें। मैं यही चाहूँगा कि साक्षात्कार के बाद आपको खो न दूँ। लेकिन अगर आप वहाँ जाते हैं तो मैं शर्त लगाता हूँ कि साक्षात्कार बोर्ड आपको ही चुनेगा।" महाप्रबंधक का अनुमान सच निकला।

श्रीधरन द्वारा 'कोचीन शिपयार्ड' में बिताया एक साल रोमांच और उठा-पटक से भरपूर रहा। केंद्र सरकार के संस्थान इस शिपयार्ड का भाग्य अगले तेरह महीनों में फिर से लिखा जानेवाला था, जिसके दौरान इस संगठन ने अकल्पनीय मील के पत्थर स्थापित किए थे। इनमें से पहला निश्चित रूप से इसके पहले जहाजरानी 'पद्मिनी' का निर्माण और कमीशनिंग थी। इसने शिपयार्ड को गौरवान्वित कर देश के सामने एक मंच पर लाकर खड़ा कर दिया। इसी अभियान के दौरान पहली बार श्रीधरन को संगठित मजदूर संघों के बल का सीधे सामना करना पड़ा और शायद ऐसा सिर्फ तभी हुआ। इसके अलावा विदेशी खरीद की परिपाटी को भी, जिसके पीछे हजारों करोड़ रुपए की हेरा-फेरी करनेवाले नौकरशाहों और राजनीतिक आकाओं का अपवित्र गठजोड़ था, श्रीधरन के शिपयार्ड में अपने ऐतिहासिक अभियान को पूरा करने से पहले भारी झटका लगा था।

श्रीधरन के शिपयार्ड का कार्यभार ग्रहण करने के समय, 1969 में स्थापित और अब एक दशक पुराना यह शिपयार्ड बड़ी निराशाजनक हालत में था। यह देश के मूलभूत ढाँचे के विकास की कार्यनीति का एक महत्त्वपूर्ण घटक माना जाता था, लेकिन इसने न तो अपनी कार्य संस्कृति में और न ही अपने नतीजों में अपनी महत्त्वपूर्ण स्थिति का कोई उदाहरण पेश किया था। एक तरफ सी.एम.डी. और उसके चापलूस अधिकारी थे, तो दूसरी ओर निम्न श्रेणीवाले कर्मचारी और श्रमशक्ति की संभावित शक्ति। दोनों पक्षों में छोटी-छोटी बातों पर झगड़ा होता रहता था। श्रीधरन के आने के बाद सभी नियम-कानून से चलने लगे थे। उन्होंने शिपयार्ड का कामकाज तब सँभाला था, जब वह रसातल में जा रहा था, जहाँ जहाज निर्माण शिपयार्ड जैसे एक केंद्रीय रणनीतिक संगठन के नैतिक मूल्य और संस्कृति चिथड़े-चिथड़े हो रही थी।

हमेशा की तरह ही श्रीधरन कोच्चि अपने परिवार के साथ आए। उनके चारों

बच्चों ने विलिंग्डन द्वीप में केंद्रीय विद्यालय में दाखिला ले लिया। उन्हें सी.एम.डी. निवास के लिए निर्धारित 'शिपयार्ड हाउस' दिया गया। इस 'शिपयार्ड हाउस' में रहनेवाले वे आखिरी सी.एम.डी. थे। उनके बाद आनेवालों में से कोई भी इस घर की सीमित सुविधाओं को नजरअंदाज करने को तैयार नहीं था। श्रीधरन जब तक शिपयार्ड रहे, इसी घर में रहे।

सी.एम.डी. के रूप में श्रीधरन का पहला काम अधिकारियों और कर्मचारियों के बीच पेशेवर अनुशासन का स्वीकार्य स्तर लाना और शेड्यूल तथा प्रतिबद्धताओं को लेकर सम्मान जाग्रत् करना था। रेलवे विभाग में यह रोज की बात थी। इसके लिए सबसे बड़ी आवश्यकता उच्च स्तरीय अधिकारियों सहित सभी कर्मचारियों द्वारा समयबद्धता की सख्त नीति अपनाए जाने की थी। लक्ष्य यह सुनिश्चित करना था कि सभी समय पर अपना काम और अपने दायित्वों का निर्वहन करें। तब तक यहाँ सभी को खुली छूट थी, शीर्षस्थ अधिकारियों सहित सभी लोग अपनी मरजी से कार्यालय आते-जाते थे। उच्च स्तरीय अधिकारी आदतन कार्यालय आकर हस्ताक्षर करते, जिससे यह संकेत मिले कि वे कार्यालय आए हैं और फिर जल्द ही अपने निजी कामों के लिए निकल जाते। खुद श्रीधरन ने ऐसे कुछ लोगों को पकड़ा, जो नियमित रूप से इसी प्रकार हस्ताक्षर करके अपने निजी कार्य निपटाने के लिए कार्यालय से गायब हो जाते। कई बार तो वे अपने घरों के निर्माण के लिए कार्यालय से गायब हो जाते। श्रीधरन उनके साथ पूरी सख्ती से पेश आए। एक निश्चित समय के बाद कार्यालय पहुँचनेवालों को आलस्य का आरोपी माना जाता और उसे आधे दिन की छुट्टी लेने को कहा जाता। जो भी हो, इन तुरत-फुरत कारखाइयों से संगठन में बड़े परिवर्तन आए। अधिकतर कर्मचारियों ने कामकाज की यह नई रीति अपना ली, जबकि कुछ लोग अड़ियलपना दिखाते हुए इसके विरोध में रहे। हालाँकि श्रीधरन ने अपने अपराधियों पर कभी ध्यान नहीं दिया, बल्कि अनेक बार उनके अक्षम्य क्रोध को झेला। लेकिन उनकी हरकतें उन्हें कभी डरा न सकीं। श्रीधरन उनकी धृष्टता और अवज्ञा के लिए दंडनीय कारखाई की धमकी देने से कभी नहीं चूके। वे याद करते हैं कि वास्तव में वह अपनी इन धमकियों को कभी अमल में नहीं लाना पड़ा, क्योंकि आरोप-पत्र देने मात्र से ही हर बार अपेक्षित नतीजे प्राप्त हो गए।

उनके द्वारा शिपयार्ड में लाए गए सुधारों में से दूसरा श्रमिकों से हर सोमवार बात करने के लिए एक 'संवाद-मंच' बनाना था। इसे 'ओपन मंडे' या 'सोमवार दरबार' कहते थे और यह सुबह 10 बजे से दिन के 12 बजे तक लगता था। इस

समय कोई भी अपनी शिकायत या सुझाव लेकर सीधे सी.एम.डी. से मिल सकता था। 'सोमवार दरबार' शिपयार्ड में कार्य संस्कृति को बदलने की प्रक्रिया में एक महत्त्वपूर्ण कदम था। लेकिन कर्मचारियों का एक धड़ा इसका धुर विरोधी था। कर्मचारियों के साथ बातचीत शुरू करने के साथ ही श्रीधरन को ऐसे मंच की आवश्यकता महसूस होने लगी थी। कार्यालय जाते हुए कंपनी के हल्स के चारों ओर सैर करना उनकी सुबह की दिनचर्या में शामिल था। वे रोज सुबह 8 बजे सफेद शॉर्ट्स, टी-शर्ट और जूते पहने हल्स का दौरा करते थे। उनकी इस दिनचर्या ने कार्मिकों को जल्दी जाने को प्रोत्साहित किया। धीरे-धीरे श्रीधरन ने उनकी बात सुनने और उनकी शिकायतों पर ध्यान देने में रुचि दिखाई। उन्होंने जाना कि श्रमिक के तौर पर स्वयं उनके समाधानों को लेकर अपने सुझाव और शंकाएँ थीं।

उन्होंने इन गतिविधियों के लिए नियमित आधार पर एक दिन और समय सुनिश्चित करने का उपाय किया। इस तरह से 'ओपन मंडे' कार्यक्रम अस्तित्व में आया। हर सोमवार श्रीधरन को कर्मचारियों और श्रमिकों से कागज के पुरजों का बड़ा सा पुलिंदा मिलता। वे यह सत्र शुरू होने से पहले ही उन्हें लिखित में दी गई समस्याओं के समाधान खोज लेते। इस सत्र के दौरान उनके सामने लाई गई हर समस्या को वे ध्यान से सुनने और उसे सुलझाने की कोशिश करते। समस्या ज्यादा जटिल होने पर वे समाधान तक पहुँचने के लिए इस प्रक्रिया में तथ्यों की समीक्षा और जाँच के काम में शिकायतकर्ताओं को भी शामिल कर लेते। जहाँ तक कर्मचारियों का सवाल है, यह तथ्य कि कोई उनकी दिन-प्रतिदिन की समस्याओं को सुन रहा है, उन्हें आत्मविश्वास से भर देता और उनका मनोबल बढ़ाता।

लेकिन उस समय के श्रमिक संघ ने 'ओपन मंडे' को इतनी सहजता से स्वीकार नहीं किया। सी.एम.डी. द्वारा सीधे श्रमिकों की शिकायतें सुनने की यह परिपाटी, जो कि एक संगठित श्रमिक संघ की केंद्रीय अवधारणा को ध्वस्त करने के बराबर थी, उन्हें जरा भी पसंद नहीं आई। यूनियन नेतृत्व का कहना था कि केवल वे ही श्रमिकों की ओर से मध्यस्थ की भूमिका निभा सकते थे। सर्वप्रमुख श्रमिक संघ, 'द शिपयार्ड एम्पलॉइज यूनियन' में शक्तिशाली श्रमिक संघ नेता एस.सी.एस. मेनन अध्यक्ष और थंपन थॉमस महासचिव थे, जोकि एक सांसद भी रहे थे। यूनियन की माँग थी कि 'ओपन मंडे' को तुरंत बंद किया जाए। श्रीधरन ने उनकी यह माँग खारिज कर दी। उन्होंने यह साफ कर दिया कि संगठन प्रमुख होने के नाते उन्हें अपने कर्मचारियों की शिकायतें सुनने का अधिकार है और कर्मचारियों को किसी भी समय उनसे मिलने के लिए स्वतंत्र होना चाहिए। श्रीधरन के सुधारों को कभी

स्वीकार न करनेवाली यूनियन एक लंबी लड़ाई के लिए अवसर जुटाने को व्याकुल थी। लेकिन यूनियन में सभी की सोच एक जैसी नहीं थी, श्रीधरन याद करते हैं। एस.सी.एस. मेनन और थंपन थॉमस विवेकपूर्ण नेता थे और संगठन के व्यापक हित में श्रीधरन का दृष्टिकोण जानना चाहते थे। लेकिन यूनियन में खास हितोंवाले कुछ गलत लोग भी थे, जिनसे श्रीधरन समर्पण नहीं करवा सके।

बहुत बाद में शिपयार्ड में श्रीधरन के समय को याद करते हुए थंपन थॉमस ने श्रीधरन के विचारों से सहमति व्यक्त की—"तब तक सी.एम.डी. और सामान्य प्रबंधन श्रमिकों को गंभीरता से नहीं लेता था। उनके मौलिक अधिकारों और आवश्यकताओं पर दिन-प्रतिदिन के आधार पर कोई ध्यान नहीं देता था। यह भी निश्चित रूप से नहीं कहा जा सकता था कि सी.एम.डी. को इस बारे में पता भी था या नहीं। पूरा संस्थान ही कर्तव्य-निर्वहन में अक्षम मध्य स्तर के अधिकारियों द्वारा निराशाजनक तरीके से चलाया जा रहा था। वे निम्न श्रेणियों के श्रमिकों के विरुद्ध दंडात्मक काररवाई करके खुश रहते थे और अपनी अयोग्यता और अदूरदर्शिता के कारण हुए किसी भी नुकसान का दोष उन पर मढ़ते थे। ऐसा खराब व्यवहार झेलने को मजबूर श्रमिक श्रीधरन के कार्यों को अविश्वास से देखते थे।" थंपन थॉमस कहते हैं। यूनियन में कई दबाव समूह थे। उनमें से कुछ ने श्रीधरन को श्रमिकों का दुश्मन साबित करने के लिए आपस में हाथ मिला लिये थे। इसके विपरीत, श्रीधरन ने किसी भी राजनीतिक विचारधारा या नेता को लेकर कभी कोई दिलचस्पी या नापसंद नहीं दिखाई, श्रीधरन के साथ काम कर चुके उत्पादन प्रबंधक ए.जे. एंटनी कहते हैं, 'श्रीधरन का खास जोर एक स्वस्थ माहौल तैयार करने पर था, जहाँ श्रमिक अपना बेहतरीन प्रदर्शन कर सकें और ऐसा करने का एकमात्र तरीका उनकी समस्याओं का समाधान करना था।' श्रीधरन हमेशा कहते थे कि हर समस्या के पीछे किसी-न-किसी तरह की असंतुष्टि होती है। चुनौती नासमझी भरे दबाव और धमकियों के आगे समर्पण न करके समस्या को खोज निकालने और उसका समाधान करने में है। एंटनी ने श्रीधरन को अपनी आस्था पर पूरी दृढता के साथ नियमित रूप से काम करते देखा था। दुर्भाग्यवश, उस समय श्रमिकों की मानसिक स्थिति उन्हें व्यापक परिदृश्य देखने से रोक रही थी। श्रीधरन का विरोध कर रहा यूनियन का एक भाग उन्हें वहाँ से हटाने के अपने उद्देश्य पर कायम था। लेकिन वे सब मिलकर भी श्रीधरन को मैदान छोड़ने के लिए मजबूर नहीं कर सकते थे; आगे होनेवाली घटनाओं ने यही साबित किया।

❑

8

फौलादी इरादे

श्रीधरन और यूनियन के बीच द्वंद्व युद्ध खत्म होने के साथ ही उन्हें एक दूसरे संघर्ष में उलझना पड़ा। यह जहाजरानी मंत्रालय में रेलवे विभाग से प्रतिनियुक्ति पर सी.एम.डी. के रूप में उनकी नियुक्ति से संबंधित था। श्रीधरन ने शिपयार्ड का कामकाज तब सँभाला, जब वे भारतीय रेलवे विभाग में मुख्य अभियंता थे। सी.एम.डी. का पद रेलवे विभाग में मुख्य अभियंता के पद से उच्चतर था। साक्षात्कार के दौरान श्रीधरन को सी.एम.डी. का वेतन देने का वायदा किया गया था, लेकिन उनके यह पद ग्रहण करते ही मंत्रालय ने ऐसा करने से इनकार कर दिया। मंत्रालय द्वारा उन्हें बताया गया कि उनका इरादा श्रीधरन को रेलवे में मुख्य अभियंता पद पर मिल रहे वेतन के अनुरूप तनख्वाह देने का है। इस तरह की वायदाखिलाफी और उनके कम वेतन को यह कहते हुए न्यायसंगत ठहराने के प्रयासों ने, कि उनकी यह पदस्थापना प्रतिनियुक्ति पर हुई है, श्रीधरन को नाराज कर दिया था।

उन्होंने अपनी निराशा जताते हुए जहाजरानी मंत्रालय को कई पत्र लिखे, लेकिन मंत्रालय अपनी बात पर अड़ा रहा। आखिरकार श्रीधरन ने फैसला किया कि अगर उन्हें अपने काम के लिए उचित ग्रेड नहीं दी जाती तो वे इस पद पर नहीं बने रहेंगे। उन्होंने मंत्रालय को अपने फैसले से लिखित में अवगत करवा दिया। लेकिन मंत्रालय नरम नहीं पड़ा। मौलिक अनुबंध के अनुसार, श्रीधरन को इस पद पर पाँच वर्ष तक बने रहना था। लेकिन मंत्रालय के पास यह अधिकार सुरक्षित था कि वह पहले वर्ष के बाद किसी भी समय प्रतिनियुक्ति को समाप्त कर सकता है। श्रीधरन ने स्वयं को शिपयार्ड से बाहर करने के लिए इस खंड का उपयोग करना

चाहा। उस समय शिपयार्ड की स्थिति को देखते हुए जहाजरानी मंत्रालय चाहता था कि श्रीधरन वहाँ बने रहें। यह सब तब तक चलता रहा, जब तक कि श्रीधरन ने सीमा से बाहर जाकर मंत्रालय को ऐसा करने पर मजबूर नहीं कर दिया।

सुधारों का विरोध कर रही ट्रेड यूनियन के प्रतिदिन के शोर-शराबे और वेतनमान के संबंध में जहाजरानी मंत्रालय के दबाव को नजरअंदाज करते हुए श्रीधरन ने संगठन के पहले जहाजरानी 'पद्मिनी' को पानी में उतारने के अपने प्रयासों को तेज करने के अपने मुख्य उद्देश्य पर ध्यान केंद्रित किया। निर्माण कार्य की धीमी गति को देखते हुए इस काम को खत्म करने का समय निर्धारित करना कोई आसान कार्य नहीं था। श्रीधरन के आने से इस काम की प्रगति में तेजी आई थी। सी.एम.डी. के रूप में उनके कार्यों को मिली शुरुआती प्रतिक्रिया ने उन्हें काफी आत्मविश्वास और प्रोत्साहन दिया था, जिससे उनमें यह विश्वास जाग्रत् हुआ था कि यह निर्माण कार्य निर्धारित समय पर पूरा किया जा सकता है। श्रीधरन ने जहाज रानी 'पद्मिनी' को पानी में उतारने की तारीख की घोषणा कर दी थी 26 जनवरी, 1980। श्रमिकों के शेड्यूल समायोजित किए गए और उन्हें यह काम पूरा करने की अतिरिक्त जिम्मेदारी दी गई। लेकिन श्रीधरन के साथ खुला युद्ध घोषित कर चुकी ट्रेड यूनियन ने इस अवसर का उपयोग अपने फायदे के लिए किया। अपने विचारों और माँगों से अड़ियल तरीके से चिपके रहने के कारण उन्होंने 'धीरे चलो' की नीति अपनाई। उच्च पदों पर आसीन सभी अधिकारी दिन में तीन पारियों में काम करने को तैयार हो गए थे। वे इस लक्ष्य को पूरा करने के लिए ओवरटाइम करने के इच्छुक थे, लेकिन यूनियन ने प्रतिकार की भावना से काम करते हुए यह घोषणा की कि उसके सदस्य कर्मचारियों में से कोई भी तीसरी पारी में काम नहीं करेगा। श्रीधरन उनकी इस इच्छा के आगे घुटने टेकने को तैयार नहीं थे। उन्होंने अपने अधिकारियों को आदेश दिया कि वे सारे काम करें, जो श्रमिक करने को तैयार नहीं हैं। अधिकारी कमर कसकर बंदरगाह की ओर चल पड़े। दरअसल श्रमिकों की बड़ी संख्या स्पष्ट उद्देश्यवाली इस नई कार्य संस्कृति से खुश थी और वे उस कार्यशैली को पसंद करते थे, जो शिपयार्ड में पहली बार दिखाई दे रही थी। वे मोरचे से नेतृत्व कर रहे श्रीधरन में पूरा विश्वास जताते हुए उनके मार्गदर्शन में आ गए। इस बीच कार्यस्थल का माहौल खराब करनेवाली कुछ घटनाएँ भी हुईं।

जहाज-निर्माण का कार्य श्रीधरन की योजना के अनुसार चल रहा था। एक दिन एक श्रमिक समूह ने उपद्रव करते हुए अपने पर्यवेक्षक को शारीरिक चोट पहुँचाई। ऐसा इसलिए किया गया कि उसने यूनियन के फरमान को चुनौती देते

हुए काम पर रिपोर्ट करने का फैसला किया था। श्रीधरन ने हिंसा भड़कानेवालों को तुरंत निलंबित कर दिया। अब यूनियन ने सामने आकर शिपयार्ड में पूरी हड़ताल की घोषणा कर दी। उन्होंने बातचीत के लिए दिए बुलावों की भी अनदेखी करने का निर्णय किया और सी.एम.डी. द्वारा निलंबन वापस लिये जाने की माँग की। लेकिन श्रीधरन ने स्पष्ट कर दिया कि आक्रमणकारियों को बेदाग साबित होना होगा। इस मुद्दे पर उनके न झुकने से यूनियन की योजना चौपट हो रही थी, लेकिन वह भी नरम पड़ने को तैयार नहीं थी। हड़ताल का अंत होता दिखाई नहीं पड़ रहा था, क्योंकि दोनों ही पक्ष पीछे हटने को तैयार नहीं थे। अब समय आ गया था कि राज्य सरकार हस्तक्षेप करते हुए इस स्थिति को नियंत्रित करे। मुख्यमंत्री ई.के. नयनार ने इस गतिरोध से बाहर निकलने के विकल्पों पर विचार करने के लिए फोन किया। श्रीधरन ने इस मुद्दे पर अपनी बात रखते हुए कि वे अपने मूल निर्णय से एक इंच भी पीछे हटने को तैयार नहीं हैं। यहाँ बात रेलवे से अलग है। यदि मसलों को तुरंत नहीं सुलझाया जाता तो शिपयार्ड को ताला लगाना पड़ेगा। इन श्रमिकों के अतिरिक्त किसी का कुछ नहीं जाएगा, श्रीधरन की स्पष्ट प्रतिक्रिया थी। सरकार ने भी यह महसूस किया था कि गतिरोध बदतर हो गया था। प्रबंधन और श्रमिकों के एक-दूसरे से बात करने का समय निकल चुका था। समय की माँग को समझते हुए नयनार ने प्रबंधन और यूनियन नेतृत्व, दोनों को बातचीत के लिए राजधानी त्रिवेंद्रम बुलाया। सी.एम.डी. ने प्रबंधन के प्रतिनिधि के रूप में स्वयं त्रिवेंद्रम जाने का फैसला किया। यूनियन की ओर से उनके नेता आए, जिसमें एस.सी.एस. मेनन भी शामिल थे।

सवेरे-सवेरे शुरू हुई बैठक पूरे दिन चली। बेलगाम खिंच रहे तर्क-वितर्कों के कारण ऐसा लग रहा था कि बैठक भी गतिरोध की तरफ बढ़ रही है। बात आगे न बढ़ने की मुख्य वजह श्रीधरन का श्रमिकों के निलंबन मुद्दे पर कठोर रवैया था। यूनियन अपनी अधिकतर माँगें पहले ही वापस ले चुकी थी। दरअसल वे हड़ताल वापस लेने को तैयार थे, लेकिन उनका कहना था कि हमले में शामिल श्रमिकों का निलंबन वापस लिया जाए। श्रीधरन इसके लिए तैयार नहीं थे। वे अपना फैसला बदलनेवाले नहीं थे, उन्होंने अनुशासनात्मक काररवाई का अपना फैसला दोहराया। इससे यूनियन नेता इतना भड़क गए कि एक ने तो गुस्से में पागल होकर श्रीधरन को भला-बुरा कहा, उन्हें धमकी दी और दनदनाता हुआ बैठक कक्ष से बाहर निकल गया। बैठक को इस प्रकार अनियंत्रित होते देखकर मुख्यमंत्री ने श्रीधरन को निजी तौर पर बात करने के लिए एक तरफ बुलाया। उन्होंने कहा कि यह गतिरोध

खत्म होना ही चाहिए। अब इसे और जारी नहीं रखा जा सकता। अब यूनियन की इकलौती माँग चारों श्रमिकों का निलंबन वापस लेना था। उन्होंने कहा कि एक बार श्रीधरन को सहयोग करना ही होगा। अगर ये श्रमिक फिर से किसी हिंसक घटना में शामिल होते हैं तो श्रीधरन चाहें तो उन्हें नौकरी से निकाल सकते हैं, तब उनसे कोई सवाल नहीं पूछा जाएगा। सरकार कोई दखलंदाजी नहीं करेगी। लेकिन फिलहाल समझौता करने का समय था, जिसके बिना इस परिस्थिति का अंत नजर नहीं आता। श्रीधरन नयनार की अपील मान गए। जब दोनों समूहों में सहमति बनी और वे त्रिवेंद्रम से निकले तो अगले दिन के सुबह के 3 बजे थे।

हालाँकि इनमें से कोई भी घटना 'रानी पद्मिनी' की प्रगति में बाधा नहीं बन सकी, लेकिन जहाज निर्धारित तारीख तक तैयार नहीं हो पाया। काम 26 जनवरी की निर्धारित तारीख से दो हफ्ते आगे खिसक गया। खूब धूमधाम से उत्सव जैसे माहौल में 9 फरवरी को जहाज पानी में उतरा। श्रीधरन ने अपने नेतृत्ववाले सभी अभियानों के भावी आयोजनों में भाग लिया। राजनीतिक और प्रशासनिक नेतृत्व से केवल कुछ ऐसे लोगों को ही आमंत्रण भेजे गए थे, जिन्हें नजरअंदाज नहीं किया जा सकता था। उन्होंने यह सुनिश्चित किया कि समाज के विभिन्न तबकों के लोगों का पर्याप्त प्रतिनिधित्व रहे। केरल और खासकर कोचीन शहर के निवासियों ने शिपयार्ड के विकास में शुरू से ही विशेष दिलचस्पी दिखाई थी। यह स्पष्ट था, जैसाकि उन्होंने शिपयार्ड की विरासत को बनाए रखने के संघर्ष में अपनी भूमिका निभाई थी। मीडिया ने भी इस विशेष संस्थान की गतिविधियों में काफी रुचि दिखाई थी। 'रानी पद्मिनी' इस यार्ड में निर्मित पहला जहाज होने के कारण इसकी कमीशनिंग ने देश का ध्यान अपनी ओर खींचा था। यह विशाल जहाज देश में बना अपनी किस्म का पहला जहाज था। श्रीधरन ने अपनी इच्छा जाहिर की कि उन्हीं के कर्मचारियों में से एक जहाज को पानी में उतारने के समारोह का नेतृत्व करे। लेकिन अधिकारी और श्रमिक इस बात पर असहमत थे। उनका कहना था कि जहाज को पानी में उतारना एक पुरानी प्रथा है और उन्होंने इस बात पर जोर दिया कि यह काम किसी महिला से करवाए जाने की परंपरा को उचित सम्मान दिया जाना चाहिए, शिपिंग की दुनिया में कहीं भी यही होता था। उन्हें कहा गया कि वे इस काम के लिए किसी को आमंत्रित करने का कष्ट न करें; यह अनुष्ठान श्रीधरन की पत्नी के हाथों करवाया जाएगा। सिफारिश कर दी गई थी और उसके बाद श्रीधरन को मनाने के लोगों के भारी उत्साह ने अंततः असर दिखाया। वे सहमत हो गए कि उनकी पत्नी राधा 'रानी पद्मिनी' को शिपयार्ड से कोच्चि झील और

इतिहास के पन्नों तक लाने में मदद करेंगी। उस दिन राधा ने नारियल फोड़कर समारोह का उदघाटन किया।

कुछ केंद्रीय नेता, जिन्हें पुरानी परिपाटी के अनुसार आमंत्रित किए जाने की उम्मीद थी, स्वयं को उद्घाटन समारोह से बाहर रखे जाने पर काफी नाराज हुए। इसने जहाजरानी मंत्रालय में श्रीधरन के प्रति असंतोष की चिनगारियों को हवा दी। अगर आप श्रीधरन की परियोजनाओं—कोंकण रेलवे या दिल्ली मेट्रो, जहाँ उनके पास स्वतंत्र अधिकार या पर्यवेक्षण का काम था, के विभिन्न चरणों में उनके काम करने के तरीके का विश्लेषण करेंगे, तो पाएँगे कि किसी परियोजना में कोई महत्त्वपूर्ण उपलब्धि हासिल करने पर वे उसका जश्न राजनीतिज्ञों या मंत्रियों के साथ कभी नहीं मनाते। ऐसे समारोह में सिर्फ एक बार उन्होंने एक मंत्री को आमंत्रित किया था और वे पूर्व रेलवे मंत्री जॉर्ज फर्नांडिस थे। यह कोंकण रेलवे परियोजना की शुरुआत की बात है। लेकिन ऐसा फिर कभी नहीं हुआ और यह उदाहरण नहीं बना। लेकिन ऐसे भी मौके आए, जब जनप्रतिनिधियों ने विशेष अवसरों पर शिरकत की थी। प्रधानमंत्री ने दिल्ली मेट्रो परियोजना का उद्घाटन किया था। यह एक अति साधारण कार्यक्रम था, जिसमें दिल्ली के मुख्यमंत्री तक की कोई वास्तविक भूमिका नहीं थी। ऐसे अवसरों पर आमंत्रित न किए जाने को लेकर बहुत से लोगों को शिकायतें थीं, लेकिन वे सफलता का जश्न मनाने के श्रीधरन के सामान्य तरीके के अभ्यस्त हो गए थे।

इस बीच वेतनमान के प्रश्न पर जहाजरानी मंत्रालय के साथ श्रीधरन की असहमति, शिपयार्ड में उनके अभियान के अगले चरण में प्रवेश करने के साथ ही टकराव में बदल गई थी। इस बार टकराव का बिंदु 'रानी पद्मिनी' की सफलता के बाद तीन और जहाजों के निर्माण के लिए इंजन विदेश से लाने की योजना थी। तब श्रीधरन से छुटकारा पाने का फैसला लिया गया। श्रीधरन के समय तक देश में निर्मित जहाजों में जर्मनी में बने मैन इंजन प्रयुक्त हो रहे थे। पोलैंड ने भी शल्टजर श्रेणी के इंजन बनाए थे, जो कुशलता में जर्मन ब्रांड के अनुरूप ही थे। लेकिन भारत के शिपयार्ड्स ने हमेशा जर्मन ब्रांड ही खरीदा था, तब भी जबकि पॉलिश विकल्प कीमत में आधे थे। जर्मनी में निर्मित इंजन खरीदना भारत के लिए एक परंपरा थी और किसी भी शिपयार्ड प्राधिकरण में इस परंपरा पर सवाल उठाने का साहस नहीं था, क्योंकि इन सौदों के पीछे जहाजरानी मंत्रालय के शीर्ष अधिकारी और केंद्र सरकार के अन्य बड़े राजनीतिज्ञ थे। सामान्यतः हर शिपयार्ड अपनी इंजन संबंधी आवश्यकताएँ जहाजरानी मंत्रालय को बताता था, जो शिपयार्ड के प्राधिकारियों को

खरीद प्रक्रिया का हिस्सा न बनाते हुए उन्हें इंजन उपलब्ध करवाता था।

कोचीन शिपयार्ड को एक नहीं, तीन इंजनों की आवश्यकता थी और यह सौदा करोड़ों रुपए का होनेवाला था। पोलैंड के इंजनों की कुशलता और प्रतिस्पर्धी कीमतों से आश्वस्त श्रीधरन उनके पास आदेश लेकर पहुँचे। मैन इंजनों को नजरअंदाज करने के उनके फैसले ने सत्तातंत्र को हिला डाला और वे अंदर तक काँप गए। श्रीधरन ने उन्हें इस खरीद के फैसले की वजह समझाने की बहुत कोशिश की, लेकिन उनका प्रतिरोध बना रहा। वे मैन के अलावा किसी से भी इंजन खरीदने को तैयार नहीं थे। श्रीधरन ने तकनीकी और वित्तीय लाभ गिनाए, उन्हें आश्वस्त करने के लिए साथ में चित्रों सहित तुलना चार्ट भी बनाए, लेकिन कोई फायदा नहीं हुआ। आखिर में विरोध को अनदेखा करते हुए श्रीधरन ने अकेले ही आगे बढ़ने का फैसला किया। युद्ध के लिए मंच तैयार हो गया था।

इस बीच कोचीन शिपयार्ड का निदेशक मंडल इस योजना पर चर्चा करने बैठा। उन्होंने पोलिश इंजनों की तकनीकी उत्कृष्टता का आकलन किया और इस निष्कर्ष पर पहुँचते हुए कि श्रीधरन के विचार सही हैं, उन्हें एकमत से सहयोग देने की घोषणा की। इसी समय दिल्ली में बंद कमरों में आवेशपूर्ण बैठकें चल रही थीं और दाँव-पेंचों पर विचार किया जा रहा था। जहाजरानी मंत्रालय ने घोषणा की कि निदेशक मंडल का फैसला पलट दिया जाएगा और आदेश 'मैन' को जाएगा। श्रीधरन ने समर्पण नहीं किया। उन्होंने साफ कर दिया कि बोर्ड का निर्णय सर्वोच्च है। यह विवाद जल्द ही मीडिया में गरमा गया, जिसने यह खबर इस सौदे में श्रीधरन के पक्ष का समर्थन करते हुए चलाई। ट्रेड यूनियन, जो किसी समय श्रीधरन की धुर विरोधी बन गई थी, अब उसने उनके बारे में अपनी राय बदल ली थी; श्रमिक उनके फैसले की सराहना कर रहे थे और उनके समर्थन में उतर आए थे। अंततः जहाजरानी मंत्रालय और खुद मंत्री को विभिन्न दिशाओं से बढ़ रहे दबाव के आगे समर्पण करना पड़ा। मैन इंजन खरीदने की परंपरा पर अचानक सबका ध्यान चला गया था और कमीशन के बदले कर से मिलनेवाले पैसे को देकर किए जाने वाले बंद कमरे के सौदों की अफवाहें सार्वजनिक चर्चाओं का हिस्सा बन गई थीं, जिससे मंत्रालय और सरकार दोनों ही असहज हो गए थे। इस घटना से श्रीधरन को आम लोगों और उनके अपने श्रमिकों का खूब सहयोग मिला। यहाँ यह उल्लेख करना प्रासंगिक होगा कि तब से कोचीन शिपयार्ड ने हमेशा अपने द्वारा निर्मित जहाजों के लिए पोलिश इंजन ही खरीदे हैं।

इस घटना ने श्रीधरन के प्रति जहाजरानी मंत्रालय की जो थोड़ी-बहुत नरमी

थी, उसे खत्म कर दिया और उन्हें कोचीन में सी.एम.डी. के रूप में बनाए रखने की इच्छा पर पानी फेर दिया। उन्होंने श्रीधरन के उन्हें लिखे उस पुराने पत्र को निकाला, जिसमें उन्होंने अपने वेतनमान पर अप्रसन्नता जाहिर की थी। मंत्रालय ने इस पत्र को कम वेतनमान पर काम करने को लेकर उनकी अनिच्छा उद्धृत करते हुए श्रीधरन के खिलाफ इस्तेमाल किया। विरोधाभास यह था कि ऐसा तब किया गया, जब वे अपना काम बहुत अच्छी तरह से और पहले से कहीं ज्यादा जन-समर्थन के साथ कर रहे थे। उन्होंने मंत्रालय को यह पत्र अपनी नौकरी के पहले तीन महीने के अंदर भेजा था। उस समय उन्हें नियंत्रण सौंपना मंत्रालय की मजबूरी थी और इसलिए उन्होंने श्रीधरन के अनुरोध को नजरअंदाज कर दिया। लेकिन अब जबकि उन्होंने स्थितियाँ पलट दी थीं, तो मंत्रालय उन्हें शिपयार्ड से बाहर करने का उपाय खोज रहा था। मंत्रालय के पास श्रीधरन का वह पत्र था, जिसमें उन्होंने असंतोष व्यक्त किया था और वह इस पत्र का इस्तेमाल श्रीधरन को पद से हटाए जाने को श्रीधरन द्वारा स्वेच्छा से लिया गया निर्णय कहकर कर सकता था। मंत्रालय ने श्रीधरन को यह पत्र दिखाया, जो उन्हें शिपयार्ड से बाहर भेजने का हथियार था। श्रीधरन को इस तरह बाहर करने के असली कारण आम लोगों के लिए रहस्य ही बने रहे। श्रीधरन बहुत पहले से ही जानते थे कि मंत्रालय के बंद कमरों में क्या खिचड़ी पक रही है, लेकिन उन्होंने शिपयार्ड छोड़ने के अपने पहले के निर्णय को नहीं अपनाना तय किया।

जब ट्रेड यूनियनों ने सुना कि उनकी प्रतिनियुक्ति का समय कम कर दिया गया है, तो उन्हें एक सुर में श्रीधरन को पद से न हटाए जाने की माँग की। श्रमिकों और यूनियन के नेताओं द्वारा हस्ताक्षरित एक पत्र जहाजरानी मंत्रालय भेजा गया, लेकिन मंत्रालय ने श्रीधरन को हटाने का मन बना लिया था, इसलिए इस पत्र को नजरअंदाज कर दिया गया। इसके बाद होनेवाली घटनाओं ने संस्थान में श्रीधरन द्वारा किए गए सुधारों को तर्कसंगत ठहराया, हालाँकि उनके काम की सराहना कुछ समय बाद तब हुई, जब उनके पूर्व शत्रु उन्हें सही साबित करने के लिए उनके समर्थन में आए। शुरू-शुरू में यूनियन ने उनके बहुत से कृत्यों का जोरदार तरीके से विरोध किया था, लेकिन इस बात में कोई शक नहीं था कि श्रीधरन की नीतियों का एकमात्र उद्‌देश्य संस्थान की प्रगति था। शिपयार्ड में श्रीधरन के समय ट्रेड यूनियन कार्यकर्ता और वेल्डर पी.के. कुंजू याद करते हैं कि वे लोग श्रीधरन को एक ईमानदार प्रौद्योगिकीविद् के तौर पर देखते थे। इस पुस्तकके लिए साक्षात्कार के समय, 2012 में कुंजू शिपयार्ड में सहायक प्रबंधक थे। श्रीधरन ने उनकी सभी

माँगें नहीं मानी थीं। उन्होंने अपने खास तरीके से यह सुनिश्चित किया कि उन पर कोई उँगली न उठा सके। इस दौर की शक्तिशाली और संगठित ट्रेड यूनियन दृढ इच्छाशक्तिवाले सत्ताधारियों के सामने से पीछे नहीं हटनेवाली थी। लेकिन उन्होंने यह महसूस किया कि उनके कामकाज के तरीके को लेकर उनकी शुरुआती दुश्मनी के अलावा शिपयार्ड में किसी तरह की कोई खराब घटना नहीं हुई थी। श्रीधरन के समय तक शिपयार्ड में कई भद्दी झड़पें हुई थीं, जिसमें सी.एम.डी. के निजी घर के दरवाजे पर श्रमिकों द्वारा आंदोलन भी शामिल था। उच्च अधिकारियों का एक समूह शॉप चलाता था। श्रीधरन ने उसे बिना कोई औपचारिकता निभाए दरकिनार कर दिया था। वे रिश्वत या चापलूसी से प्रभावित होनेवालों में से नहीं थे। उन्होंने पूरे निडर तरीके से लगातार उकसानेवाले निर्णय लिये और उन्हें बिना किसी की परवाह किए कार्यान्वित किया। कुंजू याद करते हैं कि कैसे मुख्यमंत्री ई.के. नयनार ने, जो आम तौर पर अपनी इच्छा अधिकारियों पर थोपते थे, ट्रेड यूनियन के साथ हुई लंबी बातचीत के दौरान पूरे समय स्वयं पर नियंत्रण रखते हुए श्रीधरन के प्रति अपना लगाव दरशाया।

जहाजरानी मंत्रालय ने सभी ओर से पूरे दबाव के बावजूद वही किया, जो वह करना चाहता था। मंत्रालय ने श्रीधरन को अब एक भी मिनट और नहीं रखने का मन बना लिया था। इसने शिपयार्ड में श्रीधरन के महज एक वर्ष चले अभियान पर इकतरफा विराम लगा दिया था। हालाँकि वे निम्नतर वेतनमान पर काम कर रहे थे और उन्हें इस काम के अनुरूप हितलाभ भी नहीं दिए जा रहे थे, फिर भी शिपयार्ड के लिए अधिक बड़े लक्ष्यों हेतु तैयारी के लिए इतनी मेहनत करने के बाद वे सी.एम.डी. बने रहना चाहते थे। वे शिपयार्ड के सामान्य माहौल से बहुत खुश थे, जिसमें धीरे-धीरे परिवर्तन आ रहा था और श्रमिक उनके नेतृत्व को लेकर ज्यादा स्वीकार्यता और सराहना दरशा रहे थे। थंपन थॉमस ने श्रीधरन द्वारा विदाई के समय श्रमिकों को दिया गया भावुक भाषण याद किया।

श्रीधरन अनेक संस्थानों के प्रमुख रहे, उन्होंने सत्तावन वर्ष तक सभी प्रकार के अधिकारियों और श्रमिकों के साथ काम किया और इस दौरान उन्हें संगठित मजदूर संघों का सामना न के बराबर ही करना पड़ा। उनके साथ उनके आमने-सामने में जो बात खास रही, वह मजदूर संघों के महत्त्व और प्रासंगिकता को श्रीधरन द्वारा मान्यता देना था। इस बात पर गंभीर रूप से तर्क दिया जा सकता है कि उन्हें ट्रेड यूनियन के काम करने का पारंपरिक तरीका पसंद नहीं था। यही वजह थी कि शिपयार्ड के मजदूर संघ शुरू-शुरू में उनके विरुद्ध थे, लेकिन यही वह वजह भी

थी कि बाद में उनका मन बदला और वे श्रीधरन के पूरे समर्थन में उतर आए। इससे पहले कार्य संस्कृति और उत्पादकता बढ़ाने के लिए श्रीधरन शॉप फ्लोर में जिन सुधारों को लेकर आए थे, उन्हें सिरे से खारिज कर दिया गया था तथा मजदूर संघों ने उन्हें असफल करना ही अपना लक्ष्य बना लिया था। लेकिन जल्द ही वे श्रीधरन के कार्यकलापों के पीछे के उद्देश्य और दूरदृष्टि को समझ गए और मुश्किल की घड़ी में उन्हें शिपयार्ड में बनाए रखने की माँग के साथ उनके समर्थन में उतर आए।

अगली बार श्रीधरन का मजदूर संघ से वास्ता तब पड़ा, जब वे कोंकण रेलवे के सी.एम.डी. थे। वहाँ भी उनकी विवेकसंगत माँगों पर सहमत रहते हुए उन्होंने संघों के उन तौर-तरीकों और नीतियों का बेधड़क विरोध किया, जो संस्थान के लिए घातक थीं। शुरुआत में कोंकण अभियान में कोई मजदूर संघ नहीं था। लेकिन रेलवे के शक्तिशाली मजदूर संघों से प्रेरित होकर कोंकण रेलवे के श्रमिकों ने खुद को जल्द ही संगठित करना शुरू कर दिया। प्रबंधन पर इन संघों को स्वीकृति देने का भारी दबाव था। आखिरकार कोंकण के श्रमिकों का संघ बहुत अच्छी तरह पनपा, हालाँकि श्रीधरन ने श्रमिकों को उनके कर्तव्यों और जिम्मेदारियों की कीमत पर मजदूर संघ की गतिविधियों में रत रहने की अनुमति कभी नहीं दी। उन्होंने इस बात की परवाह न करते हुए कि किसी का संघ के पदक्रम में क्या स्तर है, अनदेखी या अनुशासनहीनता के अपराधी हर व्यक्ति के विरुद्ध त्वरित और मजबूत कदम उठाए। इस कारण शुरू-शुरू में कुछ तनाव हुआ था, लेकिन जल्द ही श्रीधरन को कहीं भी मजदूर संघों के साथ कोई अन्य टकराव नहीं झेलना पड़ा।

बाद में जब श्रीधरन को कोच्चि मेट्रो परियोजना से बाहर करने के षड्यंत्र रचे जा रहे थे। मीडिया के एक धड़े ने अपने अभिलेखों से श्रीधरन के शिपयार्ड में रहने के समय की पुरानी कहानियाँ निकाल ली थीं। यह कोई संयोग नहीं था कि तीन दशकों के बाद उनके दुबारा कोच्चि आने पर उनका वैसा ही विरोध हुआ, जैसा उनके पहले कार्यकाल में हुआ था। दोनों ही असाइनमेंट श्रीधरन के उन पेशेवर और निजी मूल्यों में दृढ आस्था का साक्ष्य प्रस्तुत करते हैं, जिन्हें उन्होंने हमेशा सँजोकर रखा और जिनके साथ कभी समझौता नहीं किया। दुर्भाग्यवश, इन अजीब समानताओं ने साबित किया कि नौकरशाही और सरकार में स्थित धूर्तों ने लालच और दुर्भाव के चलते श्रीधरन जैसे विवेकपूर्ण अधिकारी का विरोध करने के अपने पहले से तय एजेंडा को जारी रखा था। वे लोग, जिन्होंने श्रीधरन के कोच्चि मेट्रो का नेतृत्व किए जाने पर बहुत खुश होने का दिखावा किया था, उन्होंने रंग बदल लिया था और श्रीधरन को बाहर करने की कोशिश करने लगे थे। उनकी कुढ़न

यह थी कि कहीं उनका झूठ न पकड़ा जाए! विवेकपूर्ण पर्यवेक्षकों को यह सब अतीत की घृणित घटनाओं का घिनौना दोहराव लग रहा था। मीडिया ने उनकी भावनाओं को आवाज दी और षड्यंत्र रचनेवालों के गुट पर श्रीधरन को बाहर करने में 'फ्लाई बाई नाइट ऑपरेटर्स' की तरह बरताव करने का आरोप लगाया। सौभाग्य से इतिहास ने खुद को पूरी तरह नहीं दोहराया। स्पष्ट रूप से यह माँग कि मेट्रो परियोजना का नेतृत्व श्रीधरन करें; साथ ही यह माँग कि निविदाओं के निपटान की मुख्य जिम्मेदारियाँ डी.एम.आर.सी. के पास रहें, बढ़ती ही जा रही थीं। प्रदर्शन हो रहे थे, जिसमें प्रस्तावित मेट्रो लाइन के साथ-साथ 25 किलोमीटर की मानव-शृंखला भी शामिल थी। चूँकि पूरा का पूरा समाज एक सुर में श्रीधरन के समर्थन में आ खड़ा हुआ था, उनके षड्यंत्रकारियों को खुद पर से लोगों का ध्यान हटाते हुए कदम पीछे खींचने ही पड़े।

❑

9

रेलवे विभाग से सेवानिवृत्ति

कोचीन शिपयार्ड से रेलवे विभाग लौटने के बाद श्रीधरन ने वो किया, जो उन्होंने पच्चीस वर्ष के अपने पेशेवर जीवन में कभी नहीं किया था। अब तक वे पदोन्नत होकर मुख्य अभियंता (निर्माण) बन चुके थे, उन्होंने दक्षिण रेलवे और मद्रास में पदस्थापित किए जाने का अनुरोध किया। उन्होंने जीवन में पहली और आखिरी बार अपने वरिष्ठ अधिकारियों से कोई अनुरोध किया था। अब तक उनकी नीति, जहाँ भी जाने को कहा गया, वहाँ चले जाने की रही थी। उन्होंने कभी भी उन अनेक असुविधाओं की शिकायत नहीं की थी, जिनका सामना उन्हें निजी स्तर पर करना पड़ा था। पत्नी राधा और बच्चे भी इसके आदी हो चुके थे। पर अब जबकि बच्चे बड़ी कक्षाओं में आ चुके थे, तो मद्रास में बसने के पीछे उनकी इच्छा अपने बच्चों को अच्छी शिक्षा देने की थी। उन्हें रेलवे बोर्ड में मेंबर इंजीनियर किशन चंद्रा से यह अनुरोध करने के लिए बहुत ऊर्जा/हिम्मत बटोरनी पड़ी। चंद्रा के एरनाकुलम-त्रिवेंद्रम गेज लाइन के उद्‌घाटन के लिए एरनाकुलम आने पर श्रीधरन अपनी अपील के साथ उनसे निजी तौर पर जाकर मिले। हालाँकि श्रीधरन अब शिपयार्ड के लिए काम नहीं करते थे, पर अभी वे एरनाकुलम में ही रह रहे थे, चंद्रा ने बेरहमी से उनके अनुरोध को अस्वीकार कर दिया। उन्होंने श्रीधरन को झिड़कते हुए कहा कि वे पसंद की जगह पर पदस्थापनाओं के अनुरोधों को नहीं सुनेंगे और श्रीधरन को जहाँ भी पदस्थापित किया जाए, वहाँ काम करने के लिए तैयार रहना चाहिए। चंद्रा का कहना था, रेलवे में यही व्यवस्था है।

निस्संदेह चंद्रा के जवाब ने श्रीधरन को निराश किया था, पर यह निराशा ज्यादा समय नहीं रही। जल्द ही एक अप्रत्याशित घटनाक्रम हुआ। प्रधानमंत्री इंदिरा

गांधी ने रेलवे बोर्ड के काम-काज से नाखुश होकर पूरे बोर्ड को ही भंग कर दिया। ऐसा भारतीय रेलवे विभाग के इतिहास में इससे पहले या बाद में कभी नहीं हुआ था। उनके इस कदम ने संगठन को चौंका दिया। लगभग तुरंत ही दूसरा बोर्ड गठित किया गया। नए बोर्ड में केरल के नीलकांत शर्मा मेंबर इंजीनियरिंग बने। वे केरल के अंबालापुझा से थे और श्रीधरन को बहुत अच्छी तरह से जानते थे। श्रीधरन ने उन्हें फोन करके अपनी परिस्थितियाँ समझाते हुए विस्तार से बताया कि शिपयार्ड में उनके छोटे से कार्यकाल के बाद उन्हें कहीं भी पदस्थापित नहीं किया गया था। उन्होंने बताया कि वे अगली पदस्थापना के लिए मद्रास जाना पसंद करेंगे। श्रीधरन को राहत देते हुए शर्मा ने उन्हें बताया कि वे इस आशय के पत्र पर हस्ताक्षर करने जा रहे थे, जिस पर मंत्रीजी के हस्ताक्षर करवाने के लिए इंतजार करना होगा। इस बीच श्रीधरन सीधे मद्रास रवाना हो सकते थे। उनके मद्रास पहुँचने तक आदेश भी आ जाएगा। सबकुछ ठीक वैसा ही हुआ, जैसा शर्मा ने वायदा किया था। उन्होंने इस बात का खास खयाल रखा कि आदेश दो दिनों के अंदर-अंदर मद्रास पहुँच जाए। श्रीधरन को मद्रास में मुख्य अभियंता (निर्माण) नियुक्त किया गया।

इसके बाद वह समय आया, जब श्रीधरन एक ही जगह पर बिना किसी व्यावधान के लंबे समय तक काम कर पाए। उन्होंने अपनी नई क्षमता में 198 6 तक मद्रास में पाँच साल तक काम किया। इस दौरान उन्होंने दक्षिण रेलवे की अनेक निर्माण परियोजनाओं पर काम किया। सभी मुख्य लाइनों को डबल किया गया। जल्द ही बीसीयों परियोजनाएँ शुरू होने के कारण दक्षिण रेलवे के संभागों के पास काम काफी बढ़ गया। इनमें तिरुनेलवेली-नगरकोइल ट्रैक का निर्माण, पोदनूर-एरनाकुलम लाइन की डबलिंग, करूर-डिंडिगल लाइन का निर्माण, मूर मार्केट की इमारत और मद्रास-विल्लिवक्कम-अवदी लाइनों की ट्रिपलिंग शामिल थी। इसी समय चेन्नई में मास ट्रांजिट के लिए उपनगरीय रेलवे की डिजाइनिंग एवं निर्माण कार्य शुरू हुआ।

श्रीधरन की माताजी का निधन 1983 में हुआ, जब वे चेन्नई में थे। उनके अचानक स्वर्ग सिधारने से श्रीधरन को बहुत आघात पहुँचा। एक दिन उनके भाई कृष्ण मेनन ने उन्हें फोन करके बताया कि उनकी माताजी का स्वास्थ्य ठीक नहीं चल रहा है और जितना जल्दी हो सके, श्रीधरन करुकपुथुर पहुँच जाएँ। श्रीधरन ने इंतजार करना ठीक नहीं समझा। अपने पेशेवर दायित्व सौंपकर और मद्रास में अपनी अनुपस्थिति में आवश्यक व्यवस्थाएँ करके घर की तरफ जानेवाली सबसे पहली ट्रेन में बैठ गए। जब वे करुकपुथुर पहुँचे तो आधी रात हो चुकी थी। उनकी

माताजी की हालत ठीक नहीं थी। उन्हें हृदयाघात हुआ था और उनके शरीर के आधे हिस्से को लकवा मार गया था। श्रीधरन ने वह रात अस्पताल में बिताई। अगले दिन श्रीधरन के भाई-बहन ने माताजी को बेहतर चिकित्सकीय और स्वास्थ्य सेवाओं के लिए त्रिचूर के एक नर्सिंग होम में भरती करवा दिया। उनकी माताजी एक महीने तक नर्सिंग होम में रहीं। श्रीधरन ने पूरा समय अपनी माँ के पास उनकी सेवा करते हुए बिताया। वे अस्पताल से सिर्फ तभी बाहर निकलते, जब त्रिचूर में अपने भाई के घर नहाने-धोने जाते। अपनी माँ के पास आने पर उन्होंने मद्रास में अपने महाप्रबंधक के दफ्तर में फोन करके पहले ही बता दिया था कि उन्हें लंबे समय की छुट्टी चाहिए। एक और महीने जीवित रहने के बाद माताजी का स्वर्गवास हो गया। वे बानबे वर्ष की थीं। उनकी मृत्यु ने श्रीधरन को बहुत गहरे प्रभावित किया। श्रीधरन कहते हैं कि उन्होंने अपने बच्चों को बहुत मेहनत और त्याग के साथ पाला था, जिसके लिए वे हमेशा उनके कृतज्ञ रहेंगे। उन्होंने यह सुनिश्चित किया था कि उनके बच्चे संवेदनशील और उदार बनें और उनके कॅरियर में आगे बढ़ते समय भी उनमें मानवीय मूल्य स्थापित करती रही थीं। श्रीधरन की माताजी द्वारा उनको दिए गए संस्कार उनके परिवार की विरासत हैं, जिन्हें आनेवाली पीढ़ियों के लिए सँजोना था। उनके बच्चों में ये मानवीय मूल्य इस तरह से रचे-बसे थे कि उन्होंने न केवल उनका पालन किया, बल्कि अपने बच्चों में भी उन्हें अंतरित किया। माताजी की बात होने पर श्रीधरन संयत बातचीत का अपना तरीका छोड़कर भावुक हो जाते हैं, उनके पास यह बताने के लिए शब्द कम पड़ जाते हैं कि वर्णों से अपरिचित होने के बावजूद उनकी माँ ने कैसे अपने बच्चों को जीवन के प्रति संतुलित दृष्टिकोण दिया।

वर्ष 1986 में श्रीधरन की पदोन्नति मुख्य प्रशासनिक अधिकारी (सी.ए.ओ.) के रूप में हुई। उनकी पदस्थापना बॉम्बे हुई थी। उस समय मद्रास छोड़ने में उनकी बिल्कुल भी दिलचस्पी नहीं थी, क्योंकि अब रेलवे से सेवानिवृत्ति में उनके सिर्फ पाँच वर्ष बचे थे। वे मद्रास छोड़ने को इतने अनिच्छुक थे कि उन्होंने पदोन्नति लेने से ही इनकार कर दिया। रेलवे बोर्ड के अध्यक्ष आर.के. जैन थे, जो एक विख्यात प्रशासक थे। श्रीधरन ने उन्हें फोन करके अपना फैसला बताया। उन्हें श्रीधरन की बात से बहुत धक्का लगा। उन्होंने श्रीधरन को समझाया कि सी.ए.ओ. का पद बहुत महत्त्वपूर्ण होता है। श्रीधरन याद करते हैं कि श्री जैन ने उन्हें कहा था, 'आपको यह प्रस्ताव ठुकराना नहीं चाहिए। आपको अभी बहुत दूर जाना है। यही वह मंच है, जहाँ से आप स्वयं को महाप्रबंधक या रेलवे बोर्ड में मेंबर इंजीनियरिंग के रूप

में लॉन्च कर सकते हैं। कृपया मेरे लिए पदोन्नति स्वीकार करके तुरंत बॉम्बे में काम सँभालें। उनके इतने आग्रहपूर्ण तरीके से कहने पर श्रीधरन अपने फैसले पर फिर से विचार करने को विवश हो गए। उन्होंने सोचा कि कोई विरला वरिष्ठ अधिकारी ही इस तरह से समझाएगा। उन्हें इस बात का पूरा अहसास था कि नया पद ग्रहण करने पर अध्यक्ष को उनसे उम्मीदें थीं। ऐसे अनुरोध को खारिज नहीं किया जाना चाहिए। उन्होंने अपना फैसला बदल लिया और नई जिम्मेदारी सँभालने बंबई रवाना हो गए।

परिवार के सामने स्थान-परिवर्तन की समस्या फिर से खड़ी हो गई। परिवार तुरंत साथ नहीं आ सकता था। बच्चों की वार्षिक परीक्षाएँ चल रही थीं। उन्हें थोड़े ही समय के लिए मद्रास रुकना था और इतने कम समय के लिए वैकल्पिक व्यवस्था के तौर पर कोई मकान नहीं मिल रहा था। बंबई से मद्रास स्थानांतरित हो रहे ट्रैफिक अधिकारी ने एक रास्ता सुझाया। श्रीधरन का मद्रासवाला क्वार्टर उन्हें आवंटित हुआ था। दास ने कहा कि श्रीधरन के बच्चों की परीक्षाएँ खत्म होने तक वे अपनी बहन के परिवार के साथ रह सकते हैं। श्री दास के प्रति कृतज्ञ श्रीधरन अब बंबई जाते हुए अपने परिवार को आराम से मद्रास छोड़ सकते थे। वहाँ उन्होंने आठ महीनों के लिए सी.ए.ओ. के रूप में कार्य किया, जिस दौरान उन्हें केंद्रीय रेलवे में महाप्रबंधक पद की जिम्मेदारी भी देखनी थी। यह पद कई महीनों से नहीं भरा गया था। इस पद पर कार्यभार ग्रहण करनेवाले विजय कुमार की दुर्घटना में हड्डी टूट गई थी, जिसके कारण उन्हें लंबी छुट्टी लेनी पड़ी। इसका मतलब था कि श्रीधरन को एक ही समय में दो काम करने पड़े।

सन् 1987 में श्रीधरन की पदोन्नति रेलवे में महाप्रबंधक के रूप में हो गई। इसने उनके लिए रेलवे बोर्ड में मेंबर इंजीनियरिंग के महत्त्वपूर्ण पद के लिए अवसर खोल दिया। लेकिन श्रीधरन से वरिष्ठ एक और महाप्रबंधक थे, पूर्वी रेलवे के गौरी शंकर। हालाँकि उन दोनों की उम्र समान थी और दोनों बैचमेट थे, पर गौरी शंकर वरिष्ठता के क्रम में ऊपर थे, जो रेलवे में पदस्थापनाओं और पदोन्नतियों के लिए चली आ रही परिपाटी के अनुसार प्रमुख मापदंड हुआ करता था। इसलिए बोर्ड में मेंबर इंजीनियरिंग बनने की बारी स्पष्ट रूप से गौरी शंकर की थी। लेकिन कहानी का अंत कुछ और ही हुआ, ऐसा अप्रत्याशित रूप से हुआ। तत्कालीन रेलवे मंत्री माधव राव सिंधिया गौरी शंकर को मेंबर इंजीनियरिंग बनाने के इच्छुक नहीं थे। वास्तव में गौरी शंकर और मंत्री के बीच कोई टकराहट नहीं थी, लेकिन वित्त आयुक्त ने उकसाने का काम किया। उन्होंने मंत्रालय में गौरी शंकर की प्रतिष्ठा

खराब करनेवाली टिप्पणी भेजी और इसी के साथ दुर्भाग्यवश गौरी शंकर के लिए इस अवसर के दरवाजे बंद हो गए। मंत्रालय को अगले योग्य उम्मीदवार पर विचार करने के लिए विवश होना पड़ा, जो श्रीधरन ही थे।

रेलवे बोर्ड भारतीय रेलवे का शीर्षस्थ निकाय है, जिसकी स्थापना संगठन के विकास के लिए तकनीकी और नीति संबंधी गतिविधियों में मदद करने के लिए हुई थी। संगठन में इंजीनियर के तौर पर काम शुरू करनेवाले किसी भी व्यक्ति के लिए बोर्ड में स्थान मिलना चरम उपलब्धि पा लेना है। श्रीधरन जून 1990 में रेलवे से सेवानिवृत्त होने के समय तक रेलवे में अपने छत्तीस वर्ष के कॅरियर के आखिरी दिन तक बोर्ड में मेंबर इंजीनियर रहे। एक अन्य मलयाली एम.एन. प्रसाद रेलवे बोर्ड के अध्यक्ष थे। उनसे पहले इस पद तक पहुँचनेवाले इकलौते मलयाली जी.पी. वॉरियर थे। बोर्ड में पाँच सदस्य हुआ करते थे। अब इसमें दो और सदस्य जोड़कर इसका विस्तार कर दिया गया है। अध्यक्ष पद के लिए उन पर विचार करने की बारी आने से पहले ही श्रीधरन सेवानिवृत्त हो गए। लेकिन मेंबर इंजीनियर के पद पर भी उन्होंने बेहतरीन काम किया। इस दौरान कोंकण रेलवे परियोजना को पुनः शुरू करने संबंधी गंभीर चर्चाएँ फिर से होने लगी थीं।

रेलवे विभाग में एक लंबा कॅरियर बिताने के बाद और इस उद्यम की मुख्यधारा में रहने के कारण श्रीधरन ने इस विशाल संस्थान का हमेशा अत्यंत सम्मान किया। वे इस संगठन को एक विशाल परिवार कहते हैं। वे कहते हैं, "आप किसी भी संभाग में क्यों न हों, पर आपको परिवार का हिस्सा होने का अहसास होता ही है।" उनके इस बयान की अनुगूँज रेलवे से जुड़े हर व्यक्ति की बातों में सुनाई देती है। आपको हर कोने में प्रतिभाशाली पेशेवरों के साथ सहकर्मी के रूप में काम करने का अवसर मिलता है। श्रीधरन बारंबार इस ओर ध्यान खींचते हैं कि देश का सबसे बड़ा नियोक्ता होने के बावजूद रेलवे में भ्रष्टाचार की सबसे कम घटनाएँ सामने आई थीं।

उनके द्वारा रेलवे की प्रशंसा और कृतज्ञता व्यक्त करने का एक अन्य कारण उन्हें संगठन के बड़े नामों द्वारा लगातार मिलनेवाला सहयोग और सराहना थी। बी.सी. गांगुली और जी.पी. वॉरियर ऐसे ही दो लोग थे। इन दो संरक्षकों या मेंटर्स के अलावा असाधारण पेशेवरों की लंबी कतार थी। श्रीधरन ने अपने हर योग्य सहकर्मी से बहुत-कुछ सीखा था। श्रीधरन को उनसे केवल अपने पेशे के प्रति समर्पण की शिक्षा ही नहीं मिली, बल्कि जिस तरह से वे लोग अपने निजी और पेशेवर जीवन को पूरी पारदर्शिता, पवित्र साध्यों और पूरी ईमानदारी के साथ जीते

थे, वह भी श्रीधरन के लिए मिसाल बना। वे सभी जादूगर थे, जिन्होंने रेलवे के लिए चमत्कारपूर्ण कार्य किए थे। जी.पी. वॉरियर भी एक ऐसे ही व्यक्तित्व थे। उनकी महानता रेलवे को उनके द्वारा दी गई विरासत में ही निहित नहीं थी, बल्कि उनके द्वारा दिखाए गए रास्ते और उन पद्धतियों में थी, जो सार्वजनिक क्षेत्र में परियोजना प्रबंधन में प्रतिमान बन गईं। वॉरियर निर्माण परियोजनाओं को बहुत जल्दी पूरा करने में श्रीधरन की प्रतिभा को तुरंत पहचान गए। वहीं श्रीधरन को वॉरियर में आदर्श गुरु मिल गए। श्रीधरन के भाई पद्मनाभ मेनन इंजीनियरिंग कॉलेज में वॉरियर के बैचमेट थे। यह भी एक वजह हो सकती है कि वॉरियर श्रीधरन के मार्गदर्शक बने। श्रीधरन को कोट्टयम-कोल्लम मीटर गेज के निर्माण के लिए अपनी विंग में लेने के बाद से ही वॉरियर ने उन्हें रेलवे की सभी महत्त्वपूर्ण निर्माण परियोजनाओं में शामिल किया। एम.एन. प्रसाद कहते हैं कि वॉरियर द्वारा श्रीधरन को दिए गए अवसर और प्रोत्साहन ने श्रीधरन की भावी उपलब्धियों को आकार देने में महत्त्वपूर्ण भूमिका निभाई। उन्होंने श्रीधरन को सबसे महत्त्वपूर्ण सबक किसी भी काम को पूरी पारदर्शिता सुनिश्चित करते हुए कुशलता के साथ और समय पर करने के मामले में समझौता न करने का दृढ निश्चय दिया। स्वाभाविक रूप से वॉरियर एक टास्क मास्टर थे। वे श्रमिकों को उनके कौशल और व्यक्तित्व को अच्छी तरह से परखने के बाद ही भरती करते थे। गुणवत्ता और कौशल के साथ समझौता करने का तो सवाल ही नहीं उठता था। वहीं दूसरी ओर उनकी टीम का कोई भी व्यक्ति किसी भी समय अपनी बात लेकर उनके पास जा सकता था। डी.एम.आर.सी. में अपने कार्यकाल के दौरान श्रीधरन ने उन्हीं के प्रतिमान का अनुसरण किया।

वॉरियर ने देशभर में रेलवे के विकास में बहुत योगदान दिया था, खासकर समूचे देश के रेल नेटवर्क के गेज परिवर्तन के सबसे महत्त्वपूर्ण काम में उनकी महती भूमिका रही थी। आप उनकी दूरदर्शिता और प्रतिभा की झलक इस साधारण तथ्य में पा सकते हैं कि किसी अन्य व्यक्ति के सोचने के दसियों साल पहले उन्होंने रेलवे प्रणाली के भविष्य की बिल्कुल सटीक भविष्यवाणी कर दी थी और मीटर गेज को क्रियान्वित करते समय भावी संभावनाओं को भी ध्यान में रखा था। कोल्लम-एरनाकुलम मीटर गेज लाइन विभिन्न पुलों पर से गुजरती है। जब मीटर गेज लाइनों की जगह ब्रॉड गेज लाइनें बिछाई गईं तो ट्रैक से हटाए जानेवाले मुख्य घटकों में सिर्फ उसके शहतीर थे। उन्होंने ये पुल कई दशक पहले इस तरह से बनाए थे कि भावी परिवर्तनों को समाविष्ट करने के लिए वे मजबूत और टिकाऊ थे। पहले ब्रॉड गेज का उद्घाटन प्रधानमंत्री इंदिरा गांधी ने एक समारोह में किया

था, जहाँ केंद्रीय रेल उपमंत्री मोहम्मद शफी कुरैशी ने वॉरियर की दूरदर्शिता की सराहना की थी, जिसके कारण देश के धन और समय, दोनों की बचत हुई थी।

रेलवे में वॉरियर का कॅरियर उत्तरोत्तर बेहतर होता रहा। सन् 1975 में वे रेलवे बोर्ड के अध्यक्ष बने और 1977 तक इस पद पर बने रहे। रेलवे विभाग से सेवानिवृत्ति के बाद वे भारत हैवी इलेक्ट्रिकल्स के अध्यक्ष एवं प्रबंध निदेशक बने। वे 'रेल इंडिया टेक्नीकल ऐंड इकोनॉमिक सर्विस' (राइट्स) और 'इरकॉन' के अध्यक्ष, 'केरल मिनरल्स ऐंड मेटल्स' के सी.एम.डी. तथा योजना आयोग के सदस्य भी रहे। मद्रास स्थित अपने घर में अपने परिवार के साथ शेष जीवन बिताने के लिए उन्होंने सेवानिवृत्ति प्राप्त कर ली। श्रीधरन का मानना है कि रेलवे विभाग को वॉरियर के अपार योगदान को देखते हुए उन्हें वह पहचान नहीं मिली, जो मिलनी चाहिए थी। वॉरियन ने भारतीय रेलवे में बिताए समय पर एक पुस्तक 'टाइम ऐंड टाइड : माय रेलवे डेज' लिखी, लेकिन भारतीय रेलवे के इतिहास में वॉरियर की जगह की तरह ही यह पुस्तक भी कहीं खोकर रह गई। आज इस पुस्तक की एक प्रति भी कहीं नहीं मिलती।

श्रीधरन के आगे के कॅरियर में उनके व्यक्तित्व को आकार देने में और परियोजना प्रबंधन के क्षेत्र में अपने अधीनस्थ को असाधारण सूझ-बूझ प्रदान करने में बी.सी. गांगुली की भूमिका को जितना रेखांकित किया जाए, कम है। गांगुली एक असाधारण प्रौद्योगिकीविद् और परियोजना प्रबंधक थे, जिन्होंने रेलवे में आधुनिकता को अपनाने और उसे गति देने में महत्त्वपूर्ण भूमिका निभाई थी। वे अपनी कुशलता के लिए सुपर प्रोफेशनल के रूप में जाने जाते थे। वे भी 1970-71 के दौरान रेलवे बोर्ड के अध्यक्ष रहे थे। दुर्भाग्यवश, संगठन के इतिहास के एक घिनौने अध्याय के रूप में उन्हें इस पद और रेलवे से बरखास्त कर दिया गया था। गांगुली ने 1937 में कार्यभार ग्रहण किया था। उन्होंने चौंतीस वर्ष तक विभाग की सेवा की और इस दौरान रेलवे द्वारा आधुनिकता अपनाए जाने की ठोस नींव डालने में उनकी भूमिका महत्त्वपूर्ण रही। तत्कालीन रेलवे मंत्री हनुमंतैया के साथ उनके दुर्भाग्यपूर्ण विवाद ने उन्हें बोर्ड से निकलवा दिया। रेलवे के लिए विकास के क्या मायने हैं, इस मामले पर मतभेद ने प्रौद्योगिकीविद् गांगुली और कांग्रेस पार्टी के समर्थनवाले मंत्री के बीच द्वेषपूर्ण लड़ाई को जन्म दिया। एक बार कार्यालय के काम से ट्रेन पर दिल्ली से राजस्थान जाते हुए मंत्री के एक अनुचर ने गांगुली को उनके बैठक-कक्ष में रोककर पूछताछ की। मंत्री के आदेशों पर गांगुली के सैलून को ट्रेन चलने से कुछ मिनट पहले उससे अलग कर दिया गया। यह बात गांगुली को उकसाने के लिए काफी थी, उनके निर्देश पर सैलून को वहीं लॉक डाउन कर

दिया गया, जहाँ उसे छोड़ा गया था। एक तरह से राजनीतिक आकाओं से इस तरह का व्यवहार करने पर कांग्रेस पार्टी ने उनसे छुटकारा पाने का निश्चय कर लिया। उनके पद और रेलवे उद्यम के प्रति उनके अविस्मरणीय योगदानों को नजरअंदाज करते हुए तथा रेलवे के प्रति अपना पूरा जीवन समर्पित कर देनेवाले इंजीनियर की महानता के प्रति न्यूनतम शिष्टाचार दरशाते हुए 10 अक्तूबर, 1971 को उन्हें बड़ी बेरहमी से बरखास्त कर दिया गया। इस घटना के बाद गांगुली का साहस हमेशा के लिए टूट गया और उन्होंने अपना पूरा जीवन गुमनामी में बिताया। 1986 में कलकत्ता में बहत्तर वर्ष की उम्र में उनकी मृत्यु हो गई।

श्रीधरन ने रेलवे में अपने वरिष्ठों से पाए प्रेम और स्नेह को हमेशा अपने अधीनस्थ युवा और काबिल लोगों तक पहुँचाया। उन्होंने कोंकण रेलवे या दिल्ली मेट्रो परियोजना में भी भारतीय रेलवे के मेधावी पेशेवरों को लेने में पूरी सतर्कता बरती, जैसाकि इन परियोजनाओं की आवश्यकताएँ प्रौद्योगिकी और प्रशासन के लिहाज से रेलवे से बिल्कुल अलग थीं। अनेक युवा इंजीनियर कोंकण रेलवे के समय और कोच्चि परियोजना के समय से ही श्रीधरन के साथ रहे थे। अपने प्रत्येक मिशन के लिए नियम-कायदे निर्धारित करने के बाद श्रीधरन अपनी निर्माण परियोजनाओं पर काम करनेवाले पेशेवरों के चयन में प्रत्यक्ष रूप से शामिल रहे थे। श्रीधरन के काम करने का तरीका यही था कि वे अपनी टीम के संगठन और संस्कृति से कभी समझौता नहीं करते थे।

सन् 1990 में सेवानिवृत्त होने के समय तक श्रीधरन रेलवे के लगभग सभी संभागों में काम कर चुके थे। वे दक्षिण और दक्षिण-पूर्वी संभागों में कार्यकारी अभियंता, संभागीय अभियंता और उप मुख्य अभियंता के पद पर काम कर चुके थे। पंद्रह वर्षों में पच्चीस स्थानांतरणों की उनकी कहानी उन पर होनेवाली अनेक चर्चाओं का केंद-बिंदु रही है। श्रीधरन जैसे पद और गरिमावाले एक व्यक्ति को नौकरी में इतनी बार और बिना वजह स्थानांतरण झेलने पड़े, मीडिया ने इस बात की बहुत भर्त्सना की। श्रीधरन की प्रतिक्रिया को स्पष्ट रूप से कमतर किया गया, जबकि उन्होंने कहा कि रेलवे के काम करने का यही तरीका था। उनका कहना था कि अधिकतम अनुभव प्राप्त करने और बेहतर कौशल सीखने के लिए अपना विस्तार करने के लिए रेलवे को उच्च कौशल प्राप्त कार्मिकों की जरूरत थी, इसमें संदेह की कोई बात नहीं थी।

रेलवे विभाग से सेवानिवृत्ति के बाद श्रीधरन के लिए भविष्य के गर्भ में अधिक बड़ी और जटिल जिम्मेदारियों की योजनाएँ थीं। भारत की आजादी के बाद

इंफ्रास्ट्रक्चर विकास के क्षेत्र में कोंकण रेलवे देश की सबसे बड़ी और रोमांचक छलाँग थी। इस चुनौतीपूर्ण रोमांचक परियोजना पर काम शुरू करने के अधिकारियों के साहसपूर्ण फैसले से ज्यादा प्रशंसा इस बात की हुई कि इस अभियान का नियंत्रण श्रीधरन को सौंपा गया था।

❑

10
कोंकण : एक महाकाव्य

हम कोंकण रेलवे लाइन पर स्थित एक मुख्य स्टेशन रत्नागिरी पर हैं। इस स्टेशन के प्रवेशद्वार पर एक ऐसा ढाँचा बना है, जैसाकि आमतौर पर रेलवे स्टेशन पर दिखाई नहीं देता। यह उन शहीदों का स्मारक है, जिन्होंने इस लाइन को बिछाने के जटिल काम के दौरान अपनी जान गँवाई। इन श्रमिकों के प्रति संगठन के कृतज्ञता–ज्ञापन के रूप में हर वर्ष 14 अक्तूबर को 'श्रम शक्ति स्मारक' नामक इस ढाँचे के सामने पुष्पांजलि दी जाती है। अक्तूबर की सर्द सुबह को जब आप सर्दियों के मौसम की पहली दस्तक सुनते हैं, अगर आप तीन राज्यों के 59 स्टेशनों से गुजरनेवाली 760 किलोमीटर लंबी कोंकण लाइन स्थित किसी कार्यालय या स्टेशन पर हैं तो आप देखेंगे कि दो मिनट का मौन रखा जा रहा है। कोंकण रेलवे का मुख्यालय नवी मुंबई में 'बेलापुर भवन' नामक एक इमारत में और इसके आंचलिक कार्यालय महाराष्ट्र के रत्नागिरि और कर्नाटक के करवर में हैं। देश ने 1990 से लेकर सात वर्षों तक कोंकण अभियान की चुनौतियाँ देखी थीं और हर बार निर्माण–स्थलों से किसी श्रमिक की मृत्यु की खबर आने पर हर ओर निराशा छा जाती थी। इस दुर्गम इलाके में बड़ी संख्या में श्रमिकों की जान गई थी। एक तरफ समुद्र और दूसरी तरफ हरी पहाड़ियोंवाली कोंकण लाइन को बड़ी कीमत अदा करनी पड़ी थी। यह स्मारक संगठन की ओर से देश–निर्माण के काम में आम लोगों को दी गई श्रद्धांजलि है।

कर्नाटक, महाराष्ट्र और गोवा राज्यों में पश्चिमी घाटों को द्विविभाजित करते हुए भारतीय श्रमिकों ने श्रीधरन के नेतृत्व में जो बनाया, वह इंजीनियरिंग का ऐसा चमत्कार था, जिसे अब तक देश में कहीं नहीं देखा गया था। इसका कोई

प्रतिमान नहीं था। इंजीनियरिंग का प्रोटोकॉल और परियोजना प्रबंधन की पद्धतियाँ पूरी तरह से नयापन लिये थीं। यही कारण है कि इसके बाद देश की सभी बड़े स्तर की परियोजनाएँ कहीं-न-कहीं कोंकण अभियान की ऋणी हैं। यह आजादी के बाद तत्कालीन भारत की सबसे बड़ी इंफ्रास्ट्रक्चर परियोजना ही नहीं थी, बल्कि यह ढाँचागत विकास की सभी बड़ी योजनाओं की रूपरेखा बन गई। 760 किलोमीटर की इस रेलवे लाइन के रास्ते में 92 सुरंगें हैं, जिनमें से कम-से-कम 9 तीन किलोमीटर से भी लंबी हैं और सबसे लंबी सुरंग करीब 6.5 किलोमीटर की है। कोंकण अभियान तक भारत में बनी सबसे लंबी सुरंग मुंबई-पुणे मार्ग पर लोनावाला घाट के नीचे से गुजरनेवाली 2.2 किलोमीटर लंबी सुरंग थी। कोंकण परियोजना में भी 149 बड़े पुल और 1,819 मध्यम से कम आकार के पुल थे। उन पुलों पर 21 किलोमीटर से भी ज्यादा विस्तार पर एक सिरे से दूसरे सिरे तक जलाशय थे, जबकि 300 सड़क के ऊपर या नीचे थे। होनावार के पास शरवती नदी पर बना 2.2 किलोमीटर लंबा पुल सबसे बड़ा है। देश का सबसे बड़ा खाई पुल भी कोंकण रेलवे से ही जुड़ा है; यह रत्नागिरि के पास नांदी और पनवेल के बीच स्थापित किया गया है। इसके स्तंभ 64 मीटर ऊँचाई पर स्थित हैं, जो कुतुब मीनार से केवल 4 मीटर ही छोटे हैं। भारत जैसे देश में इस विशाल अभियान को पूरा करने में केवल सात वर्ष, तीन माह लगे, इस बात ने इसकी सफलता में और भी चार चाँद लगा दिए।

इस परियोजना के आँकड़े बताना और इसकी उपलब्धियों को सूचीबद्ध करना एक मशीनी काम है, लेकिन इस सब में लगे भरसक प्रयासों को शब्दों में दर्ज करना लगभग असंभव है। इस परियोजना में चार राज्यों—महाराष्ट्र, गोवा, कर्नाटक और केरल ने भाग लिया। सबसे पहले तो इसी से कई समस्याएँ खड़ी हो गईं, क्योंकि कोंकण अभियान जैसे वृहद प्रयोग की बात छोड़ भी दें, तो इन राज्यों के विषम और कई बार परस्पर विरोधी राजनीतिक माहौल ने इनके लिए किसी बात पर सहमत होना मुश्किल कर दिया। दूसरी चुनौती इस मार्ग का दुर्गम इलाका था, जिसमें कि दलदल, नदियाँ और उनकी तीव्रतम धाराओंवाला हिस्सा तथा जंगल शामिल थे। वे क्षेत्र, जो अपेक्षाकृत आसान, आबादीवाले इलाकों से गुजरते थे, उनकी अलग मुश्किलें थीं, जैसे कि भूमि अधिग्रहण और पुनर्वास। कोंकण ने उन अग्रणी और नवाचारी प्रौद्योगिकियों को अपनाने और अमल में लाने की जरूरत पर बल दिया, जिनका उपयोग अब तक देश में नहीं किया गया था। सरकार द्वारा लगातार अपनाई जा रही निर्माण, प्रचालन और स्थानांतरण (बी.ओ.टी.) योजना

वित्तीय संकट में पड़ गई। सबसे बड़ी बात यह कि सरकार द्वारा कठोर समय-सीमा रखी गई थी। समझा जा सकता है कि आखिर कोंकण परियोजना भारतीय रेलवे का सबसे चुनौतीपूर्ण अभियान क्यों था! अभियान की शुरुआत से लेकर पहली ट्रेन को लाइन पर रवाना करने के पहले सिग्नल तक, इस परियोजना पर समस्याएँ लगातार धावा बोलती रहीं।

केंद्रीय रेलमंत्री जॉर्ज फर्नांडीस ने कोंकण लाइन पर काम शुरू करने की योजना पर श्रीधरन से पहली बार चर्चा 7 जनवरी, 1990 को की थी। ब्रिटिश राज में और उसके बाद भी कांग्रेस पार्टी के नेतृत्ववाली अनेक सरकारों द्वारा इस पर अनेक गंभीर चर्चाएँ हुई थीं। इनके पीछे लक्ष्य दक्षिणी तटीय भारत के औद्योगिक शहरों को इस उम्मीद में देश के वित्तीय केंद्र बॉम्बे से जोड़ना था कि इन शहरों में भी आर्थिक प्रगति तीव्र होगी। हालाँकि देश की पहली रेल परियोजना के हिस्से के रूप में बॉम्बे-थाणे रेलवे लाइन का निर्माण 1853 में किया गया था, लेकिन बीसवीं सदी के आखिरी दशक तक महाराष्ट्र के दक्षिणी क्षेत्रों में रेल कनेक्टिविटी नहीं थी। पहले 1894 और फिर 1896 में कोंकण क्षेत्र को मुंबई से जोड़ने की योजनाएँ बनाई गईं, लेकिन वे कभी कार्यान्वित नहीं हुईं। उस दौरान टाटा संस ने कोंकण की कोयना नदी के जल संसाधन का उपयोग कर रही एक विद्युत् परियोजना की सुविधा के लिए चिपलूण और बॉम्बे बंदरगाह को जोड़ने की सिफारिश की थी। उसे भी परियोजना के आकार, वित्तीय लागत आदि कारणों से अस्वीकार कर दिया गया।

सन् 1977 में मधु दंडवते के रेल मंत्री बनने पर कोंकण क्षेत्र में रेलवे लाइन बनाने की एक परिपक्व योजना बनाई गई। लेकिन पहली बार 1989 में ये परियोजनाएँ कागजों से काररवाई तक तब पहुँचीं, जब मैंगलोर और उडुपी के बीच ट्रैक बनाने के लिए उस वर्ष के रेलवे बजट में 62 करोड़ रुपए की राशि आवंटित की गई। ऐसा खासतौर पर अपने पूर्ववर्ती मधु दंडवते के नक्शेकदम पर रेल मंत्री जॉर्ज फर्नांडिस की कोंकण रेलवे लाइन के सपने को पूरा करने की इच्छा के कारण हुआ। वे दोनों ही कोंकण के रहनेवाले थे। जॉर्ज फर्नांडिस को 5 दिसंबर, 1989 को मंत्री पद मिला। श्रीधरन रेलवे बोर्ड में मेंबर इंजीनियरिंग और पदानुसार सचिव थे। रेलवे मंत्री के रूप में पदभार ग्रहण करने के कुछ हफ्तों के अंदर ही जॉर्ज फर्नांडिस ने रेलवे बोर्ड के सदस्यों से मुलाकात की। उस बैठक के दौरान उन्होंने ऐसी दो खर्चीली परियोजनाओं पर उत्साहपूर्वक बात की, जो उनके दिमाग में थीं। उन्होंने कहा कि वे उन पर लंबे समय से विचार कर रहे हैं और परियोजनाओं के प्रभारी उपक्रम के मंत्री होने के नाते वे उन्हें शीर्ष प्राथमिकता पर रखेंगे। फिर उन्होंने

उन परियोजनाओं के बारे में बताया। पहली परियोजना बिहार में गंडक नदी पर चिथोनी और बोगा को जोड़नेवाला एक रेलवे पुल था, जबकि दूसरी परियोजना मैंगलोर और बॉम्बे को जोड़नेवाला पश्चिमी तट रेखा के किनारे-किनारे एक ट्रैक का निर्माण था। उस समय कोंकण नाम प्रचलन में नहीं था। उस बैठक में फर्नांडिस ने उसे 'पश्चिमी-तट रेल लाइन' कहा। अपनी योजनाएँ बताने के बाद वे श्रीधरन की ओर रुख करके बोले, "बोर्ड सदस्य के रूप में यह देखना आपका कर्तव्य है कि दोनों परियोजनाएँ पूरी हों। जो भी करने की जरूरत है, तुरंत करें।" वे श्रीधरन में अपने आत्मविश्वास की सार्वजनिक घोषणा कर रहे थे।

उस सम्मेलन के दो दिन बाद श्रीधरन रेल मंत्री से फिर मिले। चिथोनी रेल-लिंक योजना की कमीशनिंग की जा चुकी थी। एकमात्र रुकावट काम शुरू करने के लिए पैसे का आवंटन न होना थी। पैसा चार अलग-अलग स्रोतों से आना था—रेलवे विभाग, केंद्रीय जल संसाधन मंत्रालय और बिहार तथा उत्तर प्रदेश राज्य। कोई भी पैसा देने से मना नहीं कर रहा था, पर परियोजना में फिर भी देरी की जा रही थी। रेलवे विभाग इस परियोजना में उत्साहित भागीदार नहीं था। उनका मानना था कि इसमें प्रयास करना व्यर्थ है। श्रीधरन याद करते हैं, "इस परियोजना को पूरा करने के लिए हमें दोनों राज्यों का पूरा सहयोग चाहिए था। उन्हें आकर्षित करने के लिए मंत्री को अपना प्रभाव दिखाना आवश्यक था।" श्रीधरन की उपस्थिति में फर्नांडिस ने बिहार में लालू प्रसाद यादव और उत्तर प्रदेश में मुलायम सिंह यादव को फोन किया। उन्होंने दोनों से सहयोग माँगते हुए इस परियोजना को कार्यान्वित करने की जरूरत को संक्षेप में समझाया। उस एक टेलीफोन से उन्होंने उन दोनों के सहयोग और वित्तीय आश्वासनों की पुष्टि कर दी थी। उन्होंने श्रीधरन को बताया, "बरबाद समय करने के लिए नहीं है। 7 जनवरी को हम परियोजना का उद्घाटन करेंगे। मैं शिलान्यास करूँगा।"

घर के कंप्यूटर पर

पुल बनाने के लिए इस नदी की चौड़ाई केवल 800 मीटर कम करनी होगी। अगर हम ऐसा करने के पूरे प्रयास भी करते हैं, तो भी गरीब ग्रामीणों को इससे न के बराबर फायदा होगा। यह गरीब इलाका अपनी विकास संबंधी आवश्यकताओं के लिए इस रेल लाइन का फायदा नहीं उठा सकेगा। मेरी राय है कि रेल पुल के पीछे सड़क यातायात के लिए एक अन्य पुल बनाया जाना चाहिए। श्रीधरन ने शायद मंत्रीजी को आश्वस्त कर दिया था, जैसाकि उन्होंने तुरंत बिहार और उत्तर प्रदेश के

मुख्यमंत्रियों को दुबारा फोन लगाया और उन्हें एक अतिरिक्त सड़क पुल, इसके लिए आवश्यक बजट और इन परियोजनाओं में क्रमशः इन राज्यों की भूमिकाओं के बारे में विस्तार से समझाया। फर्नांडिस की बातचीत से श्रीधरन को यही समझ आया कि सड़क हेतु पुल को भी योजना में शामिल किया जाएगा।

मंत्रीजी शिलान्यास के लिए उद्‍घाटन स्थल पहुँचे। वहाँ उपस्थित गण्यमान्य लोगों और वहाँ जमा उस क्षेत्र के निवासियों को संबोधित करते हुए बीच में ही उन्होंने घोषणा की कि इस परियोजना में सड़क परिवहन के लिए भी एक पुल शामिल होगा। इस घोषणा ने स्थानीय लोगों को बेहद आह्लादित करते हुए उन्हें उत्साह और उत्तेजना से भर दिंया। देश के सबसे दूरस्थ स्थानों में से एक, जहाँ आधारभूत सुविधाएँ भी नहीं थीं, बाहरी दुनिया से जुड़ने जा रहा था। रेल पुल वर्ष 2000 में पूरा हुआ, जबकि सड़क मार्गवाला पुल पूरा होने में कुछ और समय लगा।

उस दिन चिथोनी-बोगा सड़क पुल पर अपनी बात रखने के सिवाय श्रीधरन ने एक मुद्‍दा और उठाया। जैसे ही फर्नांडिस ने फोन पर मुख्यमंत्रियों के साथ अपनी बात पूरी की, श्रीधरन ने पश्चिमी-तटीय रेल लाइन का विषय उठा दिया। उन्होंने इस परियोजना को उस समय की व्यावहारिक जरूरत बताते हुए मंत्रीजी को इसके आँकड़े और गणित समझाए। फिर उन्होंने इस परियोजना के कुछ ऐसे पहलुओं के बारे में विस्तार से बताया, जिनके बारे में मंत्रीजी को विस्तृत रूप से तुरंत बताया जाना जरूरी था। श्रीधरन ने दावा किया कि कोंकण जैसे बड़े पैमाने की कोई परियोजना देश में अपनाई जा रही वित्त पोषण व्यवस्था का उपयोग करते हुए कभी पूरी नहीं की जा सकती। आमतौर पर रेलवे लाइनों के निर्माण के लिए केंद्र सरकार द्वारा आवंटित वार्षिक रेलवे बजट का उपयोग किए जाने की वित्त पोषण व्यवस्था थी, लेकिन इस मामले में इससे काम नहीं चलनेवाला था। हर साल देशभर की सभी रेलवे परियोजनाओं का बजट 250 से लेकर 300 करोड़ रुपए वार्षिक तक रहता था। उस समय बीस से पच्चीस परियोजनाएँ चल रही थीं। जब धन का आवंटन किया गया तो हर परियोजना को मुश्किल से 4-5 करोड़ रुपए मिले। इस दर के हिसाब से कोंकण लाइन का निर्माण-कार्य तुरंत शुरू करने पर भी उसे पूरा होने में बीस से तीस वर्ष लगते।

अगर यह परियोजना अच्छी गति से पूरी होती है तो देश को अप्रत्याशित फायदे होंगे, इस बात में कोई शक नहीं था। दो बेहद महत्त्वपूर्ण कदम उठाए जाने की आवश्यकता थी—पहला, परियोजना के लिए धन जुटाने का नया तरीका निकालना और दूसरा, निर्माण-कार्य को सिरे चढ़ाने के लिए एक विशेष प्रयोजन

संस्था (एस.पी.वी.) या स्वतंत्र निगम बनाना। चूँकि इस परियोजना के वित्तीय रूप से सफल होने की गारंटी थी, इसलिए इसके लिए बाजार से धन जुटाना इतना मुश्किल काम नहीं था। इस परियोजना की देख-रेख करनेवाली संस्था के लिए यह विवेकपूर्ण निर्णय होता कि वह इससे फायदा उठानेवाले चार प्रमुख राज्यों को वित्तीय भागीदारी की अनुमति दे। रेलवे विभाग मुख्य भूमिका में रह सकता था। श्रीधरन ने विस्तार से समझाया कि कैसे परियोजना के सामने आनेवाली हर संभावित बाधा को पार किया जा सकता है।

श्रीधरन की पूरी बात सुनने के बाद फर्नांडिस इस योजना पर तुरंत प्रधानमंत्री, योजना आयोग और वित्त मंत्रालय से उनकी सहमति के लिए चर्चा करने को तैयार हो गए। उन्होंने अड़तालीस घंटों के अंदर-अंदर काररवाई का आश्वासन दिया। श्रीधरन हैरान थे कि कहीं ये कोरी बातें न हों, पर उन्हें आश्चर्यमिश्रित प्रसन्नता हुई, जबकि उनकी अपेक्षाओं के विपरीत, फर्नांडिस ने जो कहा, उसे निभाया था; उन्होंने अत्यंत तत्परता दिखाई थी।

ठीक दो दिनों में श्रीधरन को दिल्ली बुलाया गया। लखनऊ से पहले ही राजधानी लौट चुके फर्नांडिस ने श्रीधरन से तुरंत उनसे मिलने को कहा। श्रीधरन के मिलने पर फर्नांडिस बहुत उत्तेजित दिखाई दिए। उन्होंने कहा कि हर चीज बिल्कुल वैसी ही आगे बढ़ाई जानी है, जैसी रूपरेखा श्रीधरन ने दी थी। वे योजना आयोग के उपाध्यक्ष रामकृष्ण हेगड़े और वित्तमंत्री मधु दंडवते से पहले ही मुलाकात कर चुके थे। फिर वे तीनों मिलकर प्रधानमंत्री वी.पी. सिंह से भी मिल चुके थे, जिन्होंने उन्हें इस परियोजना के साथ आगे बढ़ने की अनुमति दे दी थी। उनकी सहमति का अर्थ सरकार की सैद्धांतिक अनुमति था। अब प्रतीक्षा का समय खत्म हो चुका है और परियोजना पर काम शुरू करने का समय आ गया है, फर्नांडिस ने श्रीधरन को बताया।

फर्नांडिस ने पिछले दो दिन में परियोजना पर उनके द्वारा की गई व्यस्ततापूर्ण चर्चाओं के बारे में श्रीधरन को संक्षेप में बताया। हेगड़े भी कोंकण अंचल से थे और इस परियोजना को कार्यान्वित करने में उनकी और खुद फर्नांडिस की दिलचस्पी ने रेलमंत्री का काम आसान कर दिया था। अगला कदम योजना अयोग जैसे निकायों से अनुमोदन प्राप्त करना था। हालाँकि उसे पार करने से पहले यहाँ एक दूसरी बाधा थी, जो सबसे महत्त्वपूर्ण थी। अभी चारों राज्यों से सहयोग माँगना शेष था। फर्नांडिस और श्रीधरन दोनों ही जानते थे कि यह एक मुश्किल काम था। लेकिन वे आशावादी बने रहे। इस प्रकार 7 जनवरी, 1990 को श्रीधरन और फर्नांडिस के

बीच हुई वह बैठक भारत के सबसे रोमांचक और शानदार इंफ्रास्ट्रक्चर अभियान के इतिहास में मील का पत्थर बन गई।

महाराष्ट्र, जहाँ से रेलवे लाइन का मुख्य हिस्सा गुजरना था, वहाँ के मुख्यमंत्री शरद पवार थे। उन दिनों वे कांग्रेस पार्टी के अग्रणी नेता थे। वे केंद्र में शासन कर रही जनता पार्टी के विरोध में थे। उनका सहयोग मिलना इतना आसान नहीं माना जा सकता था। लेकिन पवार के केंद्र के साथ के राजनीतिक मतभेद इस मामले में कतई बाधा नहीं बने। जब फर्नांडिस ने मुख्यमंत्री को फोन किया, तब श्रीधरन उनके साथ ही थे। बिना ज्यादा झोल-झमेले के पवार ने तुरंत सहयोग का वायदा किया। अगला फोन गोवा के मुख्यमंत्री बरबोसा को किया गया। वे भी इस योजना के लिए आसानी से तैयार हो गए। अब केरल और कर्नाटक बचे थे। केरल में सी.पी.आई. (एम.) सरकार थी और कर्नाटक में कांग्रेस की। फर्नांडिस को उनसे सहमति मिलने को लेकर शंका थी। इस समय श्रीधरन ने यह जिम्मेदारी उन पर छोड़ने को कहा। श्रीधरन ने फर्नांडिस से कहा, ''राजनिष्ठा के कारण उनसे परियोजना में सहयोग पाना मुश्किल होगा। इसके बजाय, मैं आधिकारिक स्तर पर कुछ कदम उठाता हूँ।'' मंत्री ने उन्हें प्रोत्साहित करते हुए अपनी सहमति प्रदान कर दी।

श्रीधरन सीधे बंगलौर गए। वे राज्य के मुख्य सचिव और परिवहन सचिव से मिले। उन्होंने उच्च पदाधिकारियों को कोंकण परियोजना और उससे राज्य को होनेवाले लाभों के बारे में बताया। वे इसमें तुरंत दिलचस्पी दिखाते हुए उन्हें मुख्यमंत्री वीरेंद्र पाटील से मिलाने ले गए। अपने शीर्ष अधिकारियों को इस अभियान के बारे में उत्साहपूर्वक बात करते देखने पर वे भी इस परियोजना को लेकर उत्साहित हो गए। श्रीधरन के साथ आमने-सामने की बैठक में मुख्यमंत्री ने इस परियोजना को पूरे दिल से सहयोग देने का वायदा किया। श्रीधरन की आखिरी मंजिल त्रिवेंद्रम थी। यहाँ भी वे मुख्य सचिव और परिवहन सचिव से मिले। मुख्यमंत्री ई.के. नयनार थे। श्रीधरन को उन्हें और दोनों सचिवों को आश्वस्त करने में बहुत मशक्कत नहीं करनी पड़ी। हालाँकि केरल इस परियोजना से लाभान्वित होनेवाला था, पर राज्य में कोंकण लाइन एक इंच भर की भी नहीं होनी थी। लेकिन चूँकि रेलवे लाइन से केरल को ही सबसे ज्यादा फायदा होनेवाला था, उसे बीच में आकर अपनी भूमिका निभानी ही चाहिए थी, ऐसा केंद्र सरकार का विचार था। प्रथम दृष्ट्या, राज्य सरकार के इस परियोजना से बाहर रहने के अनेक कारण दिखाई देते थे, लेकिन कोंकण के संबंध में वामपंथी सरकार का दृष्टिकोण सहमतिवाला था और दरअसल सभी राज्यों में से केरल इस परियोजना पर आधिकारिक रूप से हस्ताक्षर

करनेवाला पहला राज्य रहा। जिस तरह से नयनार ने राज्य को इस परियोजना से होनेवाले लाभों को सामने रखा और इस पर त्वरित काररवाई की, उसने श्रीधरन के मन में उनके लिए अतिशय सम्मान भर दिया।

सभी चार राज्यों से सहयोग का वायदा पाकर श्रीधरन ने अपनी गतिविधियाँ तेज कर दीं। उन्होंने चारों राज्यों के मुख्यमंत्रियों की मुंबई में बैठक का संयोजन किया, जिसका उद्देश्य परियोजना के रास्ते में आनेवाली शेष बाधाओं को हटाना था। इस बैठक में रेलवे और राज्यों के बीच किए जानेवाले समझौते की रूपरेखा तैयार की गई। श्रीधरन समझौता तैयार करने में महाराष्ट्र के मुख्य सचिव डी.एम. सूक्तांकर के अमूल्य योगदान को याद करते हैं। इस मामले में उनके नेतृत्व ने राज यों की शंकाओं को दूर करने में मदद की; उन्होंने सौहार्दपूर्ण तरीके से सर्वसम्मति में अनेक गतिरोधों को खत्म करने के तरीके निकाले।

7 जनवरी की बैठक, जबकि श्रीधरन ने मंत्री से बात की थी, के महज बारह दिनों के बाद इस बड़े पैमाने की बहुराज्यीय परियोजना से जुड़ी संविदाएँ तैयार हो चुकी थीं। 19 जनवरी को फर्नांडिस की उपस्थिति में सभी चारों राज्यों के मुख्यमंत्रियों, उनके मुख्य सचिवों और रेलवे बोर्ड के सदस्यों के बीच दिल्ली के 'कर्नाटक भवन' में समझौते पर हस्ताक्षर किए गए। तब पहली बार हर किसी को लगा कि यह अभियान वास्तविक रूप से संभव था। इस बीच योजना आयोग ने भी इस परियोजना के लिए अपनी अनुमति दे दी थी।

यह श्रीधरन की सेवानिवृत्ति का वर्ष भी था, उनकी सेवानिवृत्ति 30 जून को निर्धारित थी। फर्नांडिस ने अपनी इच्छा जाहिर करते हुए कहा कि वे श्रीधरन को इस परियोजना की समाप्ति तक इसका प्रभार लेते देखना चाहते हैं। जहाँ तक श्रीधरन का सवाल था, कोंकण परियोजना उनके लिए एक बहुत बड़ी चुनौती और विशिष्ट अवसर, दोनों रहनेवाली थी। वे इसके साथ आनेवाले विशाल उत्तरदायित्व को भी अच्छी तरह समझते थे। श्रीधरन रेलवे की सुगम कार्यप्रणाली, कुशलता और उसकी दृढता के आदी थे। उन्हें अपने उच्च कौशल प्राप्त सहकर्मियों से भरपूर आजादी और सहयोग मिला था। कोंकण रेलवे इससे बहुत अलग रहनेवाला था। वे ऐसा देख सकते थे। निश्चित रूप से उन्हें ज्यादा शक्तियाँ और चुनाव की आजादी होगी, लेकिन उन्हें धन और श्रमशक्ति दोनों के लिए ही संघर्ष करना होगा। टीम में बाहर से उच्च योग्यता प्राप्त श्रमिक लाना कोई छोटा काम नहीं था। साथ ही, विभिन्न क्षेत्रों से आपत्तियों की संभावना और राजनीतिक और नौकरशाही के दबाव भी रहनेवाले थे। किसी भी तरह की सफलता सीधे उन पर थोपी जाएगी। किसी

और को दोष देने की कोई गुंजाइश नहीं होगी। सारा दारोमदार उन्हीं पर रहनेवाला था। पूछे गए हर सवाल का जवाब उन्हें देना होगा। श्रीधरन ने इस नए काम के सभी अच्छे-बुरे पक्षों के बारे में काफी सोच-विचार किया। अंत में उन्होंने जॉर्ज फर्नांडिस से कहा कि उन्होंने इस एक शर्त पर इस काम को अपने हाथ में लेने का फैसला किया है कि मंत्रीजी को इस बात की गारंटी देनी होगी कि इस अभियान की योजना बनाने या इसे सिरे चढ़ाने तक किसी प्रकार का कोई बाहरी हस्तक्षेप या प्रभाव नहीं होगा। इस अभियान में पूरी शक्तियाँ प्राप्त होनी चाहिए, राजनीतिक और प्रशासनिक, दोनों ही रूपों में। श्रीधरन ने मंत्री को बताया कि अगर ये शर्तें उन्हें स्वीकार हों तो वे इस अभियान का नेतृत्व खुशी-खुशी करने को तैयार हैं। फर्नांडिस को सोचने की जरूरत नहीं पड़ी। उन्हें श्रीधरन पर पूरा विश्वास था; उन्हें परियोजना की बागडोर सौंपना मूर्खतापूर्ण निर्णय हो ही नहीं सकता था; क्योंकि तब अभियान सफल होने की पूरी संभावना थी। फर्नांडिस ने श्रीधरन से कहा कि उन्हें हर वो आजादी होगी, जो वे चाहेंगे, बशर्ते वे परियोजना पर तुरंत काम शुरू करने को तैयार हों।

❑

11
दुर्गम इलाकों के पार

कोंकण की प्राचीन तट-रेखा, घने जंगल, बीहड़ पहाड़ और दुर्गम दलदल, ये सभी रेल की पटरियाँ बिछाए जाने के काम में बड़ी चुनौती पेश करते थे। यह तो बजाज कावासाकी बाइक्स नब्बे के दशक के युवाओं के सपनों की सवारी पर सवार बहादुर युवाओं का समूह ही था, जिसने भारत में पिछली सदी की सबसे बड़ी ढाँचागत परियोजना के लिए रेलों के अलाइनमेंट के मार्ग की रूपरेखा तैयार करते हुए कोंकण लाइन बिछाने में महत्त्वपूर्ण भूमिका निभाई थी।

जैसे ही श्रीधरन को कोंकण रेलवे कॉरपोरेशन का सी.एम.डी. नियुक्त किया गया, इस दुर्गम इलाके का नए सिरे से सर्वेक्षण करने का फैसला लिया गया। पर यह इतना आसान काम नहीं था, जितना कि लगता था। दरअसल यह काम अत्यंत खतरनाक था। इस रास्ते पर बहुत सी जगहें पूरी तरह से कटी हुई थीं। कोई भी वाहन कहीं नहीं जा सकता था। इस परिस्थिति में कावासाकी बाइक सवार वहाँ अपनी बाइकों पर गए। इंजीनियरिंग कॉलेज से निकले करीब 400 युवाओं ने कावासाकी की मदद से यह चुनौती स्वीकार की। जहाँ आम वाहन नहीं पहुँच सकते थे, वहाँ ये कावासाकी सवार बीहड़ और दूरस्थ स्थलों पर भूमि को समतल बनानेवाले उपकरणों और अन्य औजारों को ढोते हुए यह जोखिम उठा रहे थे।

ये कावासाकी बाइक्स दुर्गम इलाके में चलने के लिए खासतौर पर बनाई गई थीं। बाइक के लिए ईंधन और 100 रुपए का दैनिक भत्ता इस युवा बटालियन को काम पर लगाए रखने के लिए काफी था। इन बाइकीज ने, जैसाकि इन्हें पुकारा जाता था, इस काम को अपेक्षित समय से कहीं पहले पूरा कर लिया।

कोंकण रेलवे कॉरपोरेशन लिमिटेड (के.आर.सी.एल.) का पंजीकरण 19

जुलाई, 1990 को किया गया था। श्रीधरन की सेवानिवृत्ति से पहले सार्वजनिक उद्यम चयन बोर्ड (पी.ई.एस.बी.) ने उन्हें कोंकण रेलवे का नेतृत्व सौंप दिया था। रेल मंत्री ने केंद्रीय मंत्रियों की सहमति से उनकी नियुक्ति की घोषणा की। श्रीधरन ने 30 जुलाई को कार्यभार ग्रहण किया। कार्यभार ग्रहण करने के बाद उन्होंने पहला काम तुरंत एक नई रिपोर्ट तैयार करने का किया, हालाँकि दक्षिण रेलवे पहले ही एक रिपोर्ट प्रस्तुत कर चुका था। दक्षिण रेलवे के सर्वेक्षण पर आधारित अलाइनमेंट में अनेक कमियाँ थीं। इसमें अनेक सघन रिहाइशवाले स्थानों को भी सूचीबद्ध किया गया था, जिससे बचा जा सकता था। इसमें तकनीकी रूप से भी अनेक खामियाँ थीं। रेल मंत्रालय ने 1984 में दक्षिण तटवर्ती क्षेत्र में रेल परिवहन के लिए एक इंजीनियरिंग सर्वेक्षण का आदेश दिया था। मैंगलोर और मडगाँव के बीच 325 किलोमीटर की दूरी पर यह सर्वेक्षण 1985 में पूरा हुआ और इसकी सफलता शेष कोंकण को भी इसमें शामिल करने के लिए सर्वेक्षकों के लिए प्रेरणा बन गई। अंत में रिपोर्ट मंत्रालय में प्रस्तुत की गई। सर्वेक्षण की सीमाओं को इंगित करते हुए श्रीधरन ने एक नया सर्वेक्षण शुरू किया। जब से कोंकण रेलवे मार्ग पर फिर से काम करने की योजना पर चर्चाएँ शुरू होने लगी थीं, विभिन्न स्तरों पर अनेक अध्ययन और सर्वेक्षण किए गए थे। बॉम्बे और गोवा के बीच लाइन के लिए पहली बार अध्ययन सत्तर के दशक में कभी किया गया था। 1971-72 में दक्षिण रेलवे ने मैंगलोर और बॉम्बे के बीच एक लाइन के लिए अध्ययन किया था। दसगाँव और रत्नागिरी के बीच लाइन बिछाने के लिए 1975-77 में एक विस्तृत सर्वेक्षण किया गया था। 1984-85 का रेलवे सर्वेक्षण पहले किए गए सभी सर्वेक्षणों और अध्ययनों पर आधारित था।

श्रीधरन के निर्देशों पर के.आर.सी.एल. ने दो सर्वेक्षण किए, एक समुद्रतट पर और दूसरा आंतरिक क्षेत्र में। उसके आधार पर योजना में तकनीकी परिवर्तन किए गए, ताकि दोनों टर्मिनलों पर लाइनों को मौजूदा लाइनों से जोड़ा जा सके। इस प्रकार पिछले सर्वेक्षणों की कमियों को सुधारा गया और ज्यादा लोगों को स्वीकार्य एक नई योजना तैयार की गई। यह लाइन जिस क्षेत्र से होकर गुजरनी थी, वह दक्षिण से उत्तर तक, पश्चिमी घाटों से पूर्व तक और अरब सागर से पश्चिम तक विस्तृत थी। यह अत्यंत वैविध्यपूर्ण थी। घाटों से उद्गमवाली और पूर्व की तरफ बहनेवाली अनेक नदियाँ, नदियों के किनारे, दलदल और जंगल कोंकण को एक दुर्गम किला बनाते थे। घाटों की ढलुआँ पर्वत-शृंखलाओं और घने जंगलों तक पहुँचना मुश्किल था।

नया अलाइनमेंट महाराष्ट्र के रायगढ़, रत्नागिरी और सिंधुदुर्ग जिलों, गोवा के दक्षिणी और पश्चिमी जिलों और कर्नाटक के उत्तर और दक्षिण कन्नड़ जिलों से होकर गुजरता था। महाराष्ट्र के रोहा से शुरू होकर यह ट्रैक 70 किलोमीटर आगे पनवेल को पार कर और रायगढ़ जिले के मडगाँव-वीर सहित पाँच कस्बों को पार करके रत्नागिरी जिले के अलीबाग और मुरुद कस्बों में प्रवेश करता था। सत्रहवीं शताब्दी के मराठी योद्धा छत्रपति शिवाजी से संबंधित रहा रायगढ़ किला भावी रेल लाइन के बहुत पास स्थित था। रत्नागिरी में 210 किलोमीटर का यह भू-भाग सबसे दुर्गम था और के.आर.सी.एल. में हर किसी को इस पर बहुत मेहनत करनी पड़ी। अनेक नदी-नाले, पर्वत-श्रृंखलाएँ, वन और अनोखी मिट्टी विभिन्न चुनौतियाँ पेश करते रहे। यहाँ मुख्य कस्बे चिपलूण, खेड़ और संगमेश्वरम् थे। सिंधुदुर्ग जिले में कनकावली, कुदाल और सावंतवाड़ी कस्बे थे। गोवा ने, जिसकी आय का मुख्य स्रोत पर्यटन था, इस परियोजना में अनेक बार बाधाएँ प्रस्तुत कीं। कर्नाटक के उत्तर और दक्षिण कन्नड़ जिले तट के सहारे-सहारे बने हुए थे, जिनमें से दक्षिण कन्नड़ बहुत गहन बसावटवाला था। पश्चिमी घाटों की नदियाँ और वे पर्वत, जिनसे वे बहती थीं, दोनों ही बराबर चुनौतीपूर्ण थे। घाट समुद्रतल से 600 से 1,800 मीटर ऊँचे थे और दुर्लंघ्य लगते थे। भौगोलिक दृष्टि से यह देश में कहीं भी रेलवे लाइन बिछाने से रोकने की परिस्थितियाँ पैदा करता था, साफ तौर पर यही वजह थी कि इतने दशक तक यहाँ रेल लाइन नहीं बिछाई गई थी। नए सर्वेक्षण और अलाइनमेंट ने दरअसल रोहा और मैंगलोर के बीच 7 किलोमीटर की दूरी कम कर दी थी और इन अंतरालों को भरने के लिए और भी सुरंगें और पुल दिए थे। रेल द्वारा मैंगलोर से बॉम्बे की दूरी मूलत: 2,041 किलोमीटर थी; कोंकण ने 1,127 किलोमीटर की यात्रा बचाते हुए इस दूरी को 914 किलोमीटर कर दिया। अब मैंगलोर-अहमदाबाद मार्ग केवल 1,295 किलोमीटर रह गया था और मैंगलोर से दिल्ली रेलयात्रा 764 किलोमीटर कम हो गई थी। कोचीन की बॉम्बे से दूरी 514 किलोमीटर कम हो गई थी। बॉम्बे-मैंगलोर यात्रा में अब इकतालीस की जगह छब्बीस घंटे लगते। कोच्चि से बॉम्बे जानेवाले यात्रियों के बारह घंटे और बॉम्बे से गोवा जानेवाले यात्रियों के दस घंटे बचने तय थे।

परियोजना हेतु अपनी टीम बनाने के लिए श्रीधरन ने लोगों को खोजना शुरू कर दिया। के.आर.सी.एल. का मुख्यालय नवी मुंबई में था। श्रीधरन ने प्रौद्योगिकी के केंद्रों, जैसे भारतीय रेलवे, नेशनल हाइड्रोइलेक्ट्रिक पावर कॉरपोरेशन आदि से प्रौद्योगिकी एकत्र करने के काम के लिए विशेष रूप से समय लिया। के.आर.

सी.एल. के भरती विज्ञापनों को, जिनमें उनके साथ कॅरियर बनाने के लिए तकनीकी उम्मीदवारों को आमंत्रित किया गया था, अप्रत्याशित प्रतिक्रिया मिली। हालाँकि इस पूरी परियोजना में खूब खून-पसीना लगाकर काम करना तय था, लेकिन इसके केंद्र में श्रीधरन की उपस्थिति का आवेदकों के लिए अपना ही आकर्षण था। कोंकण रेलवे में कार्यभार ग्रहण करनेवाले इंजीनियर वी. आनंद याद करते हैं, कैसे उनकी पिछली नौकरी के पर्यवेक्षक ने उन्हें हतोत्साहित करते हुए उन्हें इस परियोजना में शामिल न होने की सलाह दी थी, जो भयंकर रूप से विफल हो सकता था। परंपरागत सोच को नजरअंदाज करते हुए आनंद ने इस परियोजना का हिस्सा बनने का फैसला किया, जो उन्हें रोमांचपूर्ण लगी। श्रीधरन ने उन्हें मेकैनिकल इंजीनियर और बाद में सतर्कता अधिकारी के रूप में काम पर रखा। चयन प्रक्रिया में श्रीधरन ने स्वयं आवेदनों की जाँच की। मापदंडों के रूप में केवल उपयुक्त योग्यताएँ, कौशल और पिछली नौकरी के अनुभव पर विचार किया गया।

संगठन में सी.एम.डी. से नीचे चारों राज्यों के मुख्य सचिव, वित्त, परियोजनाएँ और प्रौद्योगिकी निदेशक, रेलवे बोर्ड के प्रतिनिधि और प्रकार्यों, बजट, ट्रैफिक और योजना बनाने आदि कामों के लिए अतिरिक्त सदस्य थे। परियोजना में कुल 3,375 करोड़ रुपए की लागत आने का अनुमान था, जिसमें से 408 करोड़ रुपए रेलवे को वहन करने थे। महाराष्ट्र राज्य को 176 करोड़, गोवा और केरल में से प्रत्येक को 48 करोड़ रुपए और कर्नाटक को 120 करोड़ रुपए का खर्च वहन करना था। शेष राशि घरेलू वित्त बाजार से कर-योग्य और गैर कर-योग्य बॉण्ड्स के रूप में आनी थी।

श्रीधरन और उनकी टीम ने दुनिया में उपलब्ध सर्वश्रेष्ठ प्रौद्योगिकी का उपयोग करते हुए इस परियोजना को यथासंभव तेजी से पूरा करने का निर्णय लिया था। यह प्रौद्योगिकी के चुनाव के संबंध में लिया गया शायद पहला फैसला था। लक्ष्य ऐसे ट्रैक तैयार करने का था, जिन पर 160 किलोमीटर प्रति घंटा की रफ्तारवाली ट्रेन चल सके। लेकिन यह केवल ट्रैक्स ही सुनिश्चित नहीं कर सकते थे, बल्कि ट्रेन की गुणवत्ता भी तदनुरूप होनी आवश्यक थी। दरअसल कोंकण परियोजना के समय उस रफ्तार से चलनेवाली कोई ट्रेन देश में नहीं थी। तीव्र गतिवाले ट्रैक बनाने का फैसला भविष्य में तीव्रतर ट्रेनों की संभावना को ध्यान में रखते हुए लिया गया था। वर्तमान में कोंकण लाइन पर ट्रेनों की औसत गति 105 किलोमीटर प्रति घंटा है।

इस बीच इन परियोजनाओं की तैयारी बिना रुके चल रही थी। हर काम तेजी से किया जा रहा था। श्रीधरन कुछ ऐसे ठेकेदारों से मिले, जो मैंगलोर में

रेलवे विभाग के साथ काम कर रहे थे। उन्होंने उन्हें बताया कि के.आर.सी.एल. के कार्यालय में कागजी काररवाई पूरी होने में अभी दो महीने और लगेंगे, लेकिन उन्हें तुरंत काम पर लगना होगा। रेलवे इस तरह से काम करने के लिए नहीं जाना जाता था। पूरी संभावना थी कि इस पर लेखा संबंधी आपत्तियाँ उठतीं। लेकिन श्रीधरन के काम करने का तरीका और शैली जानने पर ठेकेदारों ने अपनी तरफ से उन पर पूरा विश्वास किया। उन्होंने अपने ठेकों की पुष्टि करनेवाले एक भी कागज के बिना ही पूरे चाव से काम शुरू कर दिया। अगर अब तक वे लाखों रुपए का व्यापार कर रहे थे तो इस बार उन्होंने करोड़ों रुपयों के आदेशवाली परियोजनाएँ हाथ में ली थीं, सिर्फ श्रीधरन पर अपने विश्वास के आधार पर अपना सबकुछ दाँव पर लगाते हुए।

महाराष्ट्र के मुख्यमंत्री शरद पवार ने 15 सितंबर, 1990 को निर्माण कार्य की नींव रखी। कोंकण परियोजना तब तक की भारत की सबसे मुश्किल रेल परियोजना थी। इसकी सबसे ज्यादा तुलना असम रेल लिंक से की जा सकती थी, जिसका निर्माण युद्ध स्तर पर किया गया था और फोकस उस रफ्तार पर था, जिसके साथ इसे पूरा किया जाना था। असम रेल लिंक परियोजना द्वारा देश के बँटवारे के बाद असम राज्य को मुख्यभूमि को जोड़ा जाना था, जो केवल रेल लिंक से ही संभव था। बँटवारे के कारण भारतीय रेलवे को बेहद नुकसान हुआ था। उत्तर-पूर्वी रेलवे की बंगाल-असम लाइन पाकिस्तान चली गई थी। दो बहुत महत्त्वपूर्ण वर्कशॉप्स भी यहाँ नहीं रही थीं। उत्तर भारत में रेल परिवहन का मुख्य केंद्र कराची हुआ करता था। इन नुकसानों की आंशिक भरपाई के लिए रणनीतिक दृष्टि से महत्त्वपूर्ण असम रेल लिंक को युद्ध स्तर पर बनाने की योजना थी। इस लक्ष्य को प्राप्त करने के लिए थल सेना के तकनीकी कौशल का भरपूर उपयोग किया गया। दो वर्षों के अंदर-अंदर 228 किलोमीटर ट्रैक बिछा दिया गया। यह अति महत्त्वपूर्ण परियोजना करनैल सिंह के नेतृत्व में पूरी की गई, जो बाद में रेलवे बोर्ड सदस्य बने। कोंकण में इस तरह की आपात् स्थिति या असम रेल लिंक परियोजना का ऐतिहासिक संदर्भ नहीं दिखाई दिया। यह परियोजना बिना किसी बाहरी प्रेरणा के, समय पर और गुणवत्ता के मानकों के अनुरूप पूरी हुई। इस बात की देश में बहुत सराहना हुई।

जब कोंकण परियोजना की मूलभूत तैयारियाँ पूरे जोर-शोर से चल रही थीं तभी राजनैतिक मोरचे पर ऐसी परिस्थितियाँ बन रही थीं, जिससे खुद यह परियोजना ही साँसत में पड़ सकती थी। केंद्र की जनता दल सरकार अक्तूबर, 1990 में गिर गई, जिससे इस परियोजना पर जल्द ही अंतिम साँसें लेने का खतरा मँडराने लगा।

यह पिछले एक हफ्ते में हुए घटनाक्रम के अनुरूप हुआ था। कोंकण परियोजना को अपने बच्चे की तरह पोषित कर रहे जॉर्ज फर्नांडिस अब रेल मंत्री नहीं रहे थे। यह बेचैनी और शंका बनी हुई थी कि अब यह परियोजना किस दिशा में जाएगी? जहाँ तक श्रीधरन का सवाल है, उनकी तो आत्मा कोंकण अभियान में बसी थी। उन्होंने इसे रेलवे के साथ काम करने के दौरान दशकों में जमा किए अपने अनुभवों और शिक्षाओं को देश के भले के लिए पेश करने के अवसर के रूप में देखा था। केंद्र में आए इस राजनैतिक तूफान ने सभी को परियोजना के भविष्य के संबंध में चिंता में डाल दिया था। श्रीधरन ने उम्मीद नहीं छोड़ी। अंत में परियोजना से जुड़ा कोई भी डर सच साबित नहीं हुआ। नई सरकार ने परियोजना को पूरी मदद देने की शपथ ली।

मजे की बात यह है कि नए रेल मंत्री जाफर शरीफ ने संसद् में तब यह घोषणा कर दी कि कोंकण परियोजना पाँच वर्ष में पूरी कर ली जाएगी, जबकि केवल शुरुआती सर्वेक्षण किए गए थे। इस परियोजना के कारण हुए भूमि अधिग्रहणों के चलते करीब 43,000 लोगों को पुनर्स्थापित किए जाने का अनुमान था। ऐसा होने के बाद ही श्रीधरन की टीम निर्माण कार्य शुरू करने के लिए भूमि को चिह्नित करने का काम शुरू कर सकती थी। इस दुर्गम इलाके के पार अभी सभी सुरंगें और पुल बनाए जाने का काम बाकी था, और वह भी अब केवल पाँच वर्ष में निपटाना था। संसद् में की गई इस इकतरफा घोषणा ने कोंकण टीम को बाध्य कर दिया था।

अंततः सेटैलाइट की मदद से अलाइनमेंट तैयार कर लिये गए थे। अगली बड़ी चुनौती वहाँ के निवासियों को परियोजना स्थलों से बाहर निकालना और भू-स्वामियों से आवश्यक भूमि का अधिग्रहण करने की थी। टीम के सदस्य परियोजना के लाभों के बारे में सकारात्मक रूप से बताते हुए उन 43,000 परिवारों के पास पहुँचे, जिनकी भूमि का अधिग्रहण किया जाना था। फिर उन्होंने प्रत्येक व्यक्ति से जुड़े उन विशिष्ट कारणों के बारे में पूछा, जो उन्हें अपनी जमीन से अलग होने से रोक रहे थे। उनसे यह वायदा करने में कोई कोर-कसर नहीं छोड़ी गई कि उनकी हर समस्या का शीघ्रता से निपटान किया जाएगा। क्षेत्र के निवासियों के बीच रहकर काम करने से टीम को उनका विश्वास जीतने में मदद मिली। लोगों से कहा गया कि हमें अपनी जमीन दीजिए और जहाँ चाहे वहाँ पुनर्स्थापित हो जाइए। नया घर बनाइए और उसके बनने तक किराए के घर में रहिए। जो भी खर्चा आएगा, कोंकण टीम डेढ़ साल के अंदर-अंदर उसकी भरपाई कर देगी। यहाँ तक कि गृहस्वामी अपने घरों को खुद गिराकर चाहे तो अपने साथ ले जा

सकते हैं। पुनर्वास नीति सरसरी तौर पर देखने पर भी बहुत उदार दिखाई पड़ती थी। इन सभी उपायों ने उस नकारात्मकता को मंद कर दिया, जो इस स्तर की विकास परियोजनाओं के लिए अप्रत्याशित विस्थापन झेल रहे लोगों में रहती है। जब गोवा में प्रतिरोध ज्यादा बढ़ा तो नई रेलवे लाइन के बारे में सकारात्मक संदेश फैलाने के लिए मोटरसाइकिल पर भेजे गए युवाओं को विरोधियों तक से सद्भाव मिला। टीम द्वारा की गई मेहनत ने आठ से नौ महीनों में ही अविश्वसनीय नतीजे देने शुरू कर दिए। के.आर.सी.एल. ने परियोजना के लिए आवश्यक हर जमीन का अधिग्रहण कर लिया था; हालाँकि अब मुकदमों की झड़ी लग गई थी। फिर भी ट्रैक बिछाने के लिए उसकी लंबाई की जमीन खोजने की पहली बाधा को पार करना अपने आप में एक शानदार उपलब्धि थी।

सामान्य परिस्थितियों में भूमि अधिग्रहण का अर्थ, खासकर आधारभूत विकास परियोजनाओं के लिए एक लंबी प्रक्रिया होती है, जिसमें काफी समय लगता है। राज्य सरकारों को भूमि अधिग्रहण में समय लगता। दिल्ली और मेट्रो परियोजनाओं में भूमि अधिग्रहण का काम तेजी से इसलिए पूरा नहीं हुआ कि राज्य सरकारों ने ज्यादा कोशिश की, बल्कि ऐसा श्रीधरन की पारदर्शी और प्रत्यक्ष संपर्क नीति के कारण हुआ, जिसने अपेक्षित नतीजे दिए। हालाँकि सरकारें 1984 के भूमि अधिग्रहण कानूनों का हवाला देते हुए बाधाएँ डालती रहीं, लेकिन श्रीधरन और उनके सहकर्मियों ने जटिल कानूनी चक्रव्यूह पर विजय पाने के लिए योजना बनाई थी। आलोचक कह सकते हैं कि उनकी योजनाएँ विवेकसम्मत नहीं थीं या उनके कुछ काम पूरी तरह से गैर-कानूनी थे। ऐसी संपत्ति पर निर्माण के लिए निविदाएँ आमंत्रित करना, जो अभी तकनीकी रूप से समुचित प्रक्रिया से मुक्त नहीं हुई थीं, कानून के दायरे से बाहर रहकर काम करना था। वहीं दूसरी तरफ समय की कद्र करनेवाले लोग इस बात पर सहमत होंगे कि हमेशा इंतजार करना मूर्खतापूर्ण ही होता है। लेकिन विशेष रुचिवाले समूह कानूनी तकनीकियों के प्रति श्रीधरन के दृष्टिकोण की आलोचना करते हुए उनके अभियान को अवरोधित कर सकते थे, जैसाकि हाल ही में हमने कोच्चि परियोजना के साथ देखा, जहाँ ऐसी ताकतों की कुटिलतापूर्ण मिलीभगत के कारण उन्हें रणनीतिक जीत मिली।

सन् 2011 तक केरल में सत्ता में रही वामपंथी सरकार चाहती थी कि श्रीधरन के नेतृत्ववाला डी.एम.आर.सी. कोच्चि के लिए मेट्रो का निर्माण करे। जब कांग्रेस सत्ता में लौटी तो राजनैतिक संतुलन और हितों में परिवर्तन होना तय था और श्रीधरन बिना इस पर कोई ध्यान दिए कोच्चि मेट्रो रेल लिमिटेड (के.एम.आर.एल.) के

औपचारिक रूप से समझौते पर हस्ताक्षर करने से पहले ही अलुवा में रेल यार्ड बनाने के लिए निविदा आमंत्रण प्रक्रिया को आगे बढ़ाते रहे। अभी तक भू-स्वामियों से जमीन अधिगृहीत नहीं की गई थी। के.एम.आर.एल. के प्रबंध निदेशक टॉम जोस ने इस काररवाई पर प्रश्न उठाते हुए और यह कहते हुए एक पत्र लिखा कि ये सभी गतिविधियाँ तुरंत रोकी जाएँ, जिससे पूरे तंत्र पर ही एकदम से विराम लग गया। विशेष हित-लाभों वाले समूह की चाल ने अनेक अप्रत्याशित घटनाओं की झड़ी लगा दी, जिसकी शुरुआत भूमि अधिग्रहण पर स्थानीय प्रतिरोध से हुई। ऐसा तब तक एक बार भी नहीं हुआ था। इसका असर ऐसा ही हुआ, जैसे किसी ने उस परियोजना पर इमरजेंसी ब्रेक लगा दिए हों, जो गति पकड़ने के लिए तैयार थी। इससे पहले कि डी.एम.आर.सी. इसी निविदा पर फिर से काम शुरू करती, इसमें दस महीने लग गए। ईमानदार और कुशल श्रमिकों के आगे नियम-पुस्तिका रखने से दस महीनों से भी ज्यादा का नुकसान हुआ, हासिल कुछ भी नहीं।

श्रीधरन ने भूमि अधिग्रहण प्रक्रिया के प्रति मानवीय दृष्टिकोण अपनाया था। वे जानते थे कि टकराव और कानूनी लड़ाइयों का अर्थ केवल बहुमूल्य समय का नुकसान होना था। वे आश्वस्त थे कि जिन लोगों को उनके घर और जमीन से वंचित किया जा रहा था, वे न्याय और सहानुभूति पाने के पूरे हकदार थे। सामान्य परिस्थितियों में भूमि अधिग्रहण की प्रक्रिया पूरी होने में लंबा समय लगेगा, लेकिन इसके कारण परियोजना में देरी नहीं की जा सकती थी। कोंकण टीम के पास समाधान यह था कि जमीन के मालिकों से राजस्व अधिकारियों की उपस्थिति में उन दस्तावेजों पर हस्ताक्षर करवा लिये जाएँ, जिसमें उन्होंने अपनी परिसंपत्तियों के हस्तांतरण की शपथ ली गई हो। यह दस्तावेज तैयार होते ही काम शुरू किया जा सकता था। कानूनी प्रक्रिया इसके साथ-साथ चल सकती थी। इस तरह से श्रीधरन और उनकी टीम अमूल्य समय बचा सकती थी। विस्थापित किए गए लोगों को मौजूदा बाजार दरों पर उनके घर और जमीन के लिए हर्जाना दिया गया। इसके अलावा उन्हें पुनर्स्थापित होने के लिए सहायता मिली। हर तरह के दबाव को नजरअंदाज करते हुए कोंकण टीम इन सबको परियोजना के बजट में रख सकती थी। काटे गए पेड़ों के लिए हर्जाना दिया गया, आम और कटहल के पेड़ों में से प्रत्येक के लिए 2,000 रुपए तय किए गए। तोड़े जा रहे घरों से खिड़की के फ्रेम, छत का सामान आदि को मुफ्त ले जाने देने की अनुमति दी गई। अलाइनमेंट के दौरान पूजास्थलों को जानबूझकर नहीं छेड़ा गया। पुनर्वास किए गए गरीब लोगों को पुनर्स्थापना सहायता के साथ ही भत्ते भी दिए गए।

परनम सुरंग की खुदाई के समय अमयवाडा के लोग सार्वजनिक कुएँ से पानी नहीं भर सके। कोंकण टीम ने उनके लिए दूसरा कुआँ खोद दिया। वीर के पास स्थित गाँव चपड़ी में एक और कुआँ खोदा गया। टीम ने महद के लोगों को कुएँ, पाइप, पुल और सड़कें उपहारस्वरूप दिए थे। ऐसा वाकया भी हुआ था, जहाँ श्मशान के पूरे एक हिस्से को ही दसगाँव ले जाना पड़ा था। यह श्मशान उस जगह पर था, जहाँ कल, सावित्री और नागेश्वरी नदियाँ मिलती थीं; यह पीढ़ियों से वहाँ था और इसे एक पवित्र स्थल माना जाता था, वहाँ के निवासियों के पूर्वज यहाँ चिरनिद्रा में लीन थे। लेकिन श्मशान को छोड़ते हुए ट्रैक बिछाना असंभव था और श्मशान को वहाँ से हटाने के बारे में भी सोचा तक नहीं जा सकता था। अंततः परियोजना अधिकारियों ने स्थानीय निवासियों से यह वायदा किया कि वे श्मशान के लिए दूसरी जगह खोज लेंगे। श्मशान भूमि पर जो कुछ भी थां, उसे नई जगह पर ले जाया जाएगा और वहाँ एक नई, पक्की सड़क बनाई जाएगी। जैसे ही ग्रामीणों ने अपनी सहमति दी, टीम कामं पर पहुँच गई। वह मृत लोगों के अवशेष और सभी स्मारक पत्थर तब तक हटाती रही, जब तक कि सँजोकर रखी गई चट्टान का आखिरी टुकड़ा तक नई श्मशान भूमि तक नहीं ले जाया गया। सारा खर्च के.आर.सी.एल. ने वहन किया।

इस परियोजना के लिए अधिगृहीत भूमि का कुल क्षेत्रफल 4,850 हेक्टेयर था। कुल मिलाकर 43,000 परिवारों को विस्थापित किया जाना था। घर और गृह-स्वामियों का हर्जाना करीब 144 करोड़ रुपए बनता था। भारत में विस्थापन और पुनर्वास के इतिहास और परंपरा और हमारी शिथिल कानूनी प्रणाली को देखते हुए इस स्तर पर भूमि अधिग्रहण करने में सौ वर्ष लग जाते। कोंकण टीम ने के.आर. सी.एल. की स्थापना के पहले वर्ष के अंदर-अंदर अपनी आवश्यकता की आधी से ज्यादा भूमि प्राप्त कर ली थी।

❑

12

दस सिद्धांत

दिल्ली मेट्रो के निर्माण के समय 'रिवर्स क्लॉक्स' के अनुसार काम करने की जिस पद्धति की बड़ी प्रशंसा हुई थी, दरअसल मूल रूप से उसकी शुरुआत श्रीधरन ने कोंकण परियोजना में की थी। पीछे की ओर चलनेवाली इन घड़ियों को एक सोचे-समझे निर्णय के तौर पर लाया गया था, ताकि निर्माण कार्य को पूर्व निर्धारित कार्यक्रम के अनुसार निपटाया जा सके। हर कार्यालय और परियोजना स्थल पर मौजूद ये घड़ियाँ हर गुजरते मिनट पर नजर रखते हुए सभी को उसके अनमोल होने का बोध कराती थीं। श्रीधरन इन घड़ियों को कोच्चि मेट्रो अभियान के लिए भी साथ ले गए थे। श्रीधरन से यह कहानी सुनना कि उन्हें ये उल्टी चलनेवाली घड़ियाँ कैसे मिलीं, दिलचस्प रहा। एक बार उनसे इतने शानदार नतीजे देनेवाली उनकी परियोजना प्रबंधन तकनीकों के बारे में एक प्रश्न पूछा गया कि क्या उन्होंने अन्य स्थानों की बड़ी परियोजनाओं में प्रयुक्त अन्य तकनीकों की नकल की थी? श्रीधरन ने जवाब दिया कि उनके द्वारा नकल की गई एकमात्र तकनीक 'रिवर्स क्लॉक्स' का विचार है और फिर उन्होंने इस आदत की शुरुआत के बारे में विस्तार से बताया। 1980 के दशक की शुरुआत में, लौह अयस्क के निर्यात में अप्रत्याशित वृद्धि के लिए कुद्रेमुख क्षेत्र में एक विशाल लौह अयस्क खदान में काम चल रहा था। प्रधानमंत्री इंदिरा गांधी के आदेश पर द्रुत गति से खुदाई का काम चल रहा था। विशिष्ट लक्ष्य दिए जाने पर प्रतिष्ठित इंजीनियर मुकुल चंद खन्ना ने साइट पर पीछे की ओर चलनेवाली घड़ी लगाने का फैसला किया। श्रीधरन को यह बात रेलवे में कार्य करने के दौरान पता चली थी। जब उन्होंने कोंकण परियोजना में काम करने के सरकारी आदेश को स्वीकार किया था, तब उन्होंने अपनी इस परियोजना के

लिए इस विचार को अपनाने का निश्चय किया था। दरअसल वे श्री खन्ना से मिलने और इस व्यवस्था और इसके फायदों पर चर्चा करने दिल्ली में उनके घर गए थे। खन्ना ने इस यंत्र की भरपूर प्रशंसा करते हुए इसकी प्रभावोत्पादकता का आश्वासन दिया था। इस तरह से सैकड़ों 'रिवर्स क्लॉक्स' कोंकण रेलवे के कार्यालयों और परियोजना स्थलों पर लाई गई थीं।

अगर हम कोंकण परियोजना के कार्यान्वयन का समग्र रूप में विश्लेषण करें तो इसमें सबसे ज्यादा कमाल की बात रेलवे इंफ्रास्ट्रक्चर के इस विश्वस्तरीय प्रतिमान का शीघ्रता से पूरा होना था। इस परियोजना से जुड़े पिछले प्रयासों पर योजना निर्माण के चरण में ही विराम लग जाने का कारण इसका स्पष्ट रूप से अव्यवहार्य होना था। एक के बाद एक हुए अनेक सर्वेक्षणों में यही अनुमान लगाया गया था कि इस परियोजना को पूर्ण होने में अनेक वर्ष लगेंगे, जोकि अपने आप में पीड़ादायक था। दक्षिण रेलवे की रिपोर्ट ने कम-से-कम दस वर्षों का अनुमान लगाया था। देश में अब तक की सभी बड़ी परियोजनाओं की कहानी कुछ ऐसा ही अनुमान देती थी। अगर हम असम रेल लिंक जैसी परियोजनाओं को अलग कर दें, जिन्हें विशेष परिस्थितियों में पूरा किया गया था, तो यह आराम से समझा जा सकता था कि कोंकण परियोजना का श्रेय श्रीधरन और उनकी टीम द्वारा पालन किए जा रहे परियोजना प्रबंधन के मुख्य सिद्धांतों को दिया जा सकता था। इससे पहले कि हम कोंकण रेलवे के रोमांचक निर्माण के बारे में विस्तार से जानें, हमें इस परियोजना में अपनाई गई कार्यप्रणाली की डिजाइन, मुख्य बातों और रणनीतियों के बारे में थोड़ा गहराई से समझना होगा।

आवंटित समय के अंदर-अंदर इस परियोजना को पूरा करने का एकमात्र तरीका ज्यादा-से-ज्यादा मेहनत करना था। श्रीधरन जानते थे कि इस समय सबसे बड़ी जरूरत परियोजना का द्रुत और पारदर्शी प्रबंधन था। उन्होंने उन मुश्किलों और कमियों से पार पाने के लिए पूरे सोच-विचार के साथ प्रयास किए थे, जिनका सामना उन्होंने रेलवे विभाग में अपने कार्यकाल के दौरान अलग-अलग मौकों पर किया था। टीम में हर किसी को बताया जाना था कि परियोजना में उसकी विशिष्ट भूमिका क्या है और उससे अपेक्षित काम को पूरा करने के लिए कितना समय बचा था। लक्ष्य-प्राप्ति के प्रयास के लिए हर सदस्य के लिए अपने कार्य को लेकर प्रतिबद्ध होना आवश्यक था। इस बात को दृष्टिगत रखते हुए श्रीधरन ने दस मुख्य बिंदुओं पर ध्यान केंद्रित करते हुए कुछ कॉरपोरेट निर्देश तैयार किए। इनमें से पहला पीछे की ओर चलनेवाली घड़ियों को स्थापित करना था। दरअसल, ये घड़ियाँ

कागजों में आवंटित वास्तविक समय के मुकाबले छोटे शेड्यूल प्रदर्शित करती थीं। इन घड़ियों की उपस्थिति टीम सदस्यों को समय बीतते जाने का अहसास करवाते हुए उन्हें बिना देरी किए उनके लक्ष्यों की ओर बढ़ने के लिए प्रेरित करती थी।

श्रीधरन ने शीर्ष प्रबंधन की छोटी लेकिन उच्च प्रकार्यों वाली एक टीम बनाई। के.आर.सी.एल. बोर्ड ने उसके प्रबंध निदेशक के हाथों में सर्वोच्च अधिकार दिए। श्रीधरन के पर्यवेक्षण के अंतर्गत अधिकारियों और तकनीकी कर्मचारियों का चयन करने के लिए कानूनी प्रक्रियाओं का सख्ती से पालन किया गया। उल्लेखनीय रूप से कोंकण परियोजना के लिए उनकी टीम के सदस्यों में जिन सबसे बड़ी योग्यताओं का होना आवश्यक था, वे थीं—चारित्रिक दृढता और ईमानदारी। शैक्षिक योग्यताओं और कार्यगत अनुभव के अलावा अपनी आधिकारिक क्षमता में हर उम्मीदवार के आचरण की भी सूक्ष्म समीक्षा की गई। प्रतिभा और अन्य योग्यताओं के पैमाने के अलावा अगर किसी उम्मीदवार की ईमानदारी पर अतीत में संदेह रहा हो तो उसे सीधे नजरअंदाज कर दिया जाएगा। नतीजतन, कोंकण परियोजना को श्रीधरन के नेतृत्व में एक छोटी और द्रुत गति से काम करनेवाली टीम मिली। टीम ने यह तय किया था कि वह निचले स्तरों की दैनिक गतिविधियों का सूक्ष्म प्रबंधन नहीं करेंगे। जिन लोगों को जिम्मेदारी सौंपी गई है, उन्हें उत्तरदायी बनाना पर्याप्त होगा। शीर्ष प्रबंधन ने अपना ध्यान सुरक्षा, डिजाइन, प्रबंधन, संविदा भुगतान और रणनीतिक दृष्टि से महत्त्वपूर्ण निर्णयों पर राय देने तक सीमित रखा। इसी तरह से प्रत्येक अंचल के मुख्य अभियंताओं को शक्तियाँ दी गईं। उनके अधीन कर्मचारियों को भी उनकी भूमिकाओं के सदृश शक्तियाँ दी गई थीं। इसके पीछे उद्देश्य कर्मचारियों को निर्णय लेने का अधिकार प्रदान करना और छोटे-मोटे मामलों में अपने वरिष्ठ अधिकारियों पर निर्भर रहने की संस्कृति से बचना था। अपनी दैनिक गतिविधियों के लिए कॉरपोरेट कार्यालय पर निर्भर नहीं रहने से कर्मचारियों को परियोजना को कहीं ज्यादा तेजी से आगे बढ़ाने में मदद मिली।

कोंकण रेलवे को तीन राज्यों में फैले सात राजस्व जिलों से गुजरना पड़ा था। श्रीधरन का अगला कदम सात अंचलों को सात जिले सौंपना था। वे महद, रत्नागिरि पूर्व, रत्नागिरि दक्षिण, कुदाल, पणजी, कारवाड़ और उडुपी थे। हर अंचल में उस क्षेत्र में परियोजना की प्रगति पर नजर बनाए रखने के लिए एक मुख्य अभियंता था। श्रीधरन ने 760 किलोमीटर की लाइन को 100-120 किलोमीटर के अंचलों में बाँटकर उन्हें शक्तियाँ हस्तांतरित कर दीं। इसके पीछे उनका बेहद साधारण तर्क था। हर जिले में जिला कलेक्टर पदनाम से एक राजस्व अधिकारी और कानून

प्रवर्तन के लिए एक पुलिस पर्यवेक्षक था। जिस भी व्यक्ति को अंचल आवंटित किया गया था, उसके पास हर समस्या का समाधान स्थानीय रूप से किया जा सकता था। इसका अन्य कारण यह था कि पाँच वर्षों में 100-120 किलोमीटर के विस्तारों को समांतर रूप से पूरा करना, उसी अवधि में 760 किलोमीटर के लक्ष्य को पूरा करने के मुकाबले ज्यादा संभव लक्ष्य लगता था। अपूर्वानुमानित समस्याओं को छोड़ दिया जाए तो यह परियोजना पाँच वर्ष की तय समय-सीमा में पूरी होने की राह पर थी।

एक अन्य मुख्य रणनीति सभी सात अंचलों को एक प्रभावशाली संचार ग्रिड से जोड़ने की थी। उन दिनों संचार इंफ्रास्ट्रक्चर इतना विकसित नहीं था। यहाँ तक कि मुख्य शहरों में भी ठीक-ठाक रूप से विश्वसनीय संचार प्रणाली नहीं थी, बेहतरीन की तो बात ही छोड़ दी जाए। प्रभावशाली संचार इस परियोजना की एक अनिवार्य आवश्यकता थी, इसलिए के.आर.सी.एल. ने दूरसंचार विभाग से एक लाइन किराए पर ले ली। सभी सात मुख्य अभियंताओं के कार्यालयों को जोड़ते हुए फोन और फैक्स लाइनें स्थापित की गईं। कंप्यूटर प्रणालियों का एक नेटवर्क स्थापित किया गया। अब मुख्य अभियंता हर वांछित और संबंधित जानकारी प्राप्त कर सकते थे तथा संदेशों को त्वरित और प्रभावशाली रूप से भेज एवं प्राप्त कर सकते थे।

इसके अलावा एक और कदम, जो श्रीधरन ने उठाया, वह था, इस परियोजना के लिए वित्तीय लेन-देनों की पुनर्संरचना। जहाँ तक भारतीय रेलवे का सवाल था, यह सबसे महत्त्वपूर्ण प्रक्रिया थी। रेलवे की सभी गतिविधियाँ वित्त विभाग पर निर्भर करती थीं, जिससे काम में बाधा आती थी और रेलवे के अनेक उद्यमों में नियमित देरी होती थी। हालाँकि रेलवे विभाग निर्णायक कार्यक्रमों के लिए युक्तिसंगत रूप से सक्षम था, लेकिन यह आलोचना कि उनके वित्त विभाग की दिलचस्पी जितनी गल्ला सँभालने में थी, उतनी अपनी परियोजनाओं को पूरा होते देखने में नहीं थी, एक स्थापित धारणा थी। रेलवे में अपने दशकों के अनुभव को दृष्टिगत रखते हुए श्रीधरन ने खुद से वायदा किया कि यह परंपरा उनके पर्यवेक्षण में शुरू हो रहे नए उद्यम में जड़ें नहीं जमाएगी। उन्होंने खुद को पूरी उठा-पटक के लिए तैयार कर लिया था, जोकि पहले से चली आ रही वित्तीय व्यवस्था में क्रांति के समान था। उन्होंने के.आर.सी.एल. के वित्त अधिकारियों को विशेष शक्तियाँ नहीं दी थीं, जैसाकि वे रेलवे विभाग में थे। दूसरी तरफ जिनके पास वास्तव में शक्तियाँ थीं, वे दूसरे विभागों में अफसर थे। निर्णय उन्हें लेना था। वित्त विभाग आवश्यकता होने पर ही उन्हें वित्तीय मामलों में सलाह दे सकता था। उसके अवांछित हस्तक्षेप

या प्रतिरोधी तर्क-वितर्क की गुंजाइश नहीं रखी गई थी। वे अपनी इस परियोजना में रेलवे विभाग से सर्वश्रेष्ठ वित्त अधिकारी लाए थे। जल्द ही ये ढाँचागत सुधार अत्यंत व्यावहारिक साबित हुए और इनमें उल्लेखनीय रूप से लाभदायक नतीजे मिले। यह भी देखा गया कि परियोजना के दौरान वित्त अधिकारियों और अन्य अधिकारियों के बीच किसी तरह का टकराव नहीं हुआ।

कोंकण टीम में आपसी विश्वास पर मिल-जुलकर काम करने पर बल दिया जाता था। ऐसी कार्य संस्कृति को बढ़ावा देने के लिए जहाँ भी संभव हो, वहाँ दिन-प्रतिदिन की गतिविधियों में कागजी काररवाई और फाइलों से बचा जाता था। हर सोमवार को श्रीधरन की उपस्थिति में परियोजना की प्रगति की समीक्षा की जाती थी। सभी विभाग प्रमुख इस बैठक में हिस्सा लेते थे। हर महीने की पहली बैठक में सभी इंजीनियर भी होते थे। इस बैठक में परियोजना समाप्ति से जुड़े सभी पहलुओं पर चर्चा की जाती थी। सभी विभाग प्रमुख परियोजना की प्रगति और कमियों की समीक्षा के लिए पिछले हफ्ते की योजना को देखते थे। एजेंडा का आखिरी मद आगामी सप्ताह के लिए योजना बनाना होता था। इन बैठकों के संबंध में दिलचस्प तथ्य यह था कि उनके कार्यवृत्त या लिये गए निर्णयों को कभी रिकॉर्ड नहीं किया जाता था। श्रीधरन ने अपने सुधारों के हिस्से के रूप में जान-बूझकर ऐसा न करने का फैसला किया था। वे इन व्यवस्थाओं को समय की बरबादी मात्र मानते थे। परियोजना में शामिल हर व्यक्ति को सटीक रूप से यह पता होता था कि प्रतिदिन उनके कार्यस्थल पर क्या चल रहा है। सबसे पहले तो उन्हें यह बताने की जरूरत ही नहीं होती थी कि उनसे क्या किए जाने की अपेक्षा है ? जो गतिविधियाँ पहले से चल रही हैं, उनका दस्तावेजीकरण करने में समय और संसाधन लगाने से क्या फायदा होगा ? श्रीधरन द्वारा निर्धारित नीतियों और व्यवस्थाओं के पीछे उनके औचित्य ने उनके लिए उनके सहकर्मियों का विश्वास जीता, स्वैच्छिक उत्तरदायित्व बढ़ाया, उन्हें कार्य के प्रति उत्साह से भरा और उन्हें आत्मविश्वास दिया। इन सबसे ऊपर, हर तरफ टीम-स्पिरिट देखने को मिलती थी।

इसके बाद जिस मद पर ध्यान केंद्रित किया गया, वह ठेकेदारों से जुड़ा था, जिन पर कोंकण में निर्माण कार्य की जिम्मेदारी थी। श्रीधरन और उनके सहकर्मी जानते थे कि इस प्रकृति की परियोजना बहुत हद तक ठेकेदारों के कार्य करने के तरीके पर निर्भर करती थी। कोंकण एक रेलवे परियोजना थी और यह कहने की आवश्यकता नहीं कि लोक निर्माण के कार्यों में खतरा हमेशा बना रहता है। खतरों का सामना करने और मुश्किलों पर विजय पाने में ठेकेदारों की भूमिका अत्यंत

महत्त्वपूर्ण रहनेवाली थी। इसलिए ठेका कार्यों के लिए उम्मीदवारों का चयन पूरी सावधानी से किया गया।

इस कार्य के लिए निविदा प्रस्तुत करने के लिए सभी ठेकेदारों को आमंत्रित नहीं किया गया। साथ ही श्रीधरन ने यह भी साबित किया, जो ठेकेदार अपना कौशल और दक्षता साबित कर चुके हैं, वे इस परियोजना से अवश्य जुड़ें। वेल्लाप्पल्ली कंस्ट्रक्शंस, चेरियन वार्के आदि ऐसे ही कुछ ठेकेदार थे। वेल्लाप्पल्ली से इस परियोजना में सहयोग करने के लिए निजी तौर पर कहा गया था। आमंत्रण भेजे जाने से पहले ही संभावनायुक्त ठेकेदारों की एक छोटी सूची तैयार कर ली गई थी। इस सूची के लिए ठेकेदारों के अब तक के कार्यों का लेखा-जोखा, काम करने के तरीके और क्षमताओं पर शोध किया गया था। अंततः इस सूची में से ही ठेकेदारों का चयन किया गया। समझौता-दस्तावेज में उदार शर्तें और अग्रिम भुगतान की व्यवस्था थी, जिन्हें ठेका कंपनियों ने तुरंत ही स्वीकार कर लिया। देश में शानदार रिकॉर्ड रखनेवाले ठेकेदारों, जैसे एफकॉन्स, एल. ऐंड टी., गैमन इंडिया आदि को निर्माण कार्य सौंपे गए।

यदि ठेकेदारों को समय पर भुगतान नहीं किया गया तो निर्माण कार्यों की प्रगति रुक जाएगी। साथ ही उन्हें समय पर और उचित निर्देश दिए जाने का महत्त्व था, जिसके बिना बेहतरीन से बेहतरीन ठेकेदार भी अच्छे नतीजे नहीं दे सकता था। ये वे सबक थे, जो श्रीधरन ने रेलवे में अपने तीन दशकों के कार्यकाल के दौरान सीखे थे। उन्होंने सुनिश्चित किया कि निर्णय समय पर लिये जाएँ, ताकि मुद्दा कितना भी जटिल क्यों न हो और आवश्यकता पड़ने पर भले ही स्वयं सी.एम.डी. को ही अपनी राय रखने न आना पड़े, ठेकेदार अपना काम बेझिझक होकर कर सकें। उनके सहकर्मी और ठेकेदार याद करते हैं कि कितने ही अवसरों पर स्वयं श्रीधरन निर्णय प्रक्रिया में सुविधा के लिए मीलों की दूरी तय करके आए। एक ही समय पर अनेक सुरंगें और पुल बन रहे थे और हर वक्त अनेक फैसलों और रायों पर चर्चा चलती रहती थी। सभी मोरचों पर काम करने के लिए बहुत बड़े पैमाने पर प्रयास किए जाने की आवश्यकता थी। ठेकेदारों से किया गया यह वायदा कि किसी भी निर्णय में अड़तालीस घंटे से ज्यादा नहीं लगेंगे, पत्थर की लकीर था।

आवश्यकता होने पर 'ऑन द स्पॉट' निर्णय भी लिये जाते थे। श्रीधरन द्वारा स्थापित व्यवस्था के नतीजतन मिलनेवाले त्वरित और स्पष्ट निर्देशों ने परियोजना की प्रगति को तीव्र बनाने में मदद की थी। 1970 से श्रीधरन के साथ काम करते रहे पी. श्रीराम ने कोंकण परियोजना के दौरान हुआ एक किस्सा बताया—एक

महत्त्वपूर्ण सुरंग का निर्माण चल रहा था और काम आगे बढ़ने के साथ ही मशीन एक विशाल चट्टान में फँस गई। श्रीराम ने सी.एम.डी. को इस स्थिति से अवगत करवाया, जोकि उस समय साइट पर ही मौजूद थे। श्रीराम ने कहा कि उस दिन का काम रोकने के अलावा और कोई विकल्प नहीं है, सिर्फ एक ही उपाय था कि चट्टान को हटाने के लिए एक अन्य सुरंग बनाई जाए। इस पर श्रीधरन ने कहा, 'तो फिर हम ऐसा ही करेंगे।' श्रीराम को यह स्पष्ट नहीं था कि वे दूसरी सुरंग पर कब काम शुरू कर सकते हैं। इसी वक्त! श्रीधरन ने इस अंदाज में कहा कि यह तो प्रश्न ही नहीं उठना चाहिए था। श्रीराम की शंका अतिरिक्त कार्य के लिए आवश्यक अनुमोदन और बजट से जुड़ी थी। उन्होंने यह बात श्रीधरन से कही, जिस पर उन्होंने कहा, 'यह कोई समस्या नहीं होनी चाहिए। इसकी चिंता मुझ पर छोड़ दो। काम को रोकना ज्यादा बुरी स्थिति होगी। समय कीमती है, देरी मत करो, काम शुरू करो।' और जैसे ही श्रीधरन ने अपनी बात पूरी की, मशीनें घनघनाते हुए अपने काम पर लग गईं। श्रीधरन के काम करने का यही तरीका है।

श्रीधरन ठेकेदारों को समय पर भुगतान करने को लेकर विशेष ध्यान रखते थे। बिलिंग प्रक्रिया में एक नए तरह का सौदा हुआ, जो रेलवे विभाग में अपनाई जानेवाली प्रक्रियाओं से बिल्कुल अलग था। ठेकेदारों द्वारा अपने कार्य को खुद मापते हुए बिल बनाना, उनके द्वारा किया गया एक नया सुधार था। ठेकेदारों को उनके द्वारा तैयार किए गए बिल राशि का कम-से-कम 75 प्रतिशत अड़तालीस घंटों के अंदर-अंदर मिल जाता था। शेष बिल का भुगतान निरीक्षणों के बाद एक हफ्ते में कर दिया जाता था। आमतौर पर निर्माण उद्योग में ठेकेदारों को 10-15 प्रतिशत अग्रिम भुगतान करने की परिपाटी थी। श्रीधरन की व्यवस्था के कारण न केवल ठेकेदारों को कभी भुगतान न किए जाने के बारे में चिंता करनी पड़ी, बल्कि उन्हें यह सुखद अनुभूति भी हुई कि इस ऐतिहासिक अभियान में उनकी भूमिका के लिए उनकी कद्र की जा रही है और उन पर पूरा विश्वास किया जा रहा है।

महीने में एक बार ठेकेदारों को बैठक के लिए आमंत्रित किया जाता था। इन बैठकों में श्रीधरन मौजूद रहते थे। जब बड़ी सुरंगें खोदनी होती या किसी निर्माण कार्य के लिए नवीनतम प्रौद्योगिकी प्रयुक्त करनी होती तो ये बैठकें खास तौर पर उपयोगी रहतीं, जिसमें ठेकेदारों की समस्याएँ और चिंताएँ सुनी जातीं और उनके समाधान निकाले जाते। इससे ठेकेदारों की कुशलता समग्र रूप में बढ़ती थी। शुरुआती चरणों में सीमेंट, लोहे की छड़ों और विस्फोटकों की बहुत खपत हुई। इन सामग्रियों को समय पर प्राप्त करना अकसर कानूनी रूप से मुश्किल कार्य होता

था। विस्फोटकों जैसा सामान सीधे कॉरपोरेशन द्वारा लाया जाता था। श्रीधरन और उनकी टीम ने कानून के सख्ती से पालन की नीति नहीं अपनाई थी। उनका लक्ष्य इस अभियान को समय-सीमा में पूरा करना था। यही वजह थी कि ठेकेदारों को कभी उन समस्याओं का सामना नहीं करना पड़ा, जिनसे उन्हें आमतौर पर सरकारी परियोजनाओं में जूझना पड़ता था। टीम उनकी समस्याओं को पूरी सावधानी से सुनती थी और जैसे ही वे उनकी बात से आश्वस्त हो जाती, पहली प्राथमिकता समस्या का सावधान करना होता था। उदाहरण के लिए, मुद्रास्फीति के बहुत ज यादा बढ़ जाने पर कुछ सुरंगों पर काम कर रहे ठेकेदारों के लिए भुगतान की जानेवाली राशि अपर्याप्त हो गई। उनके तर्कों से आश्वस्त होकर श्रीधरन उनकी दरों पर पुनर्विचार करने पर सहमत हो गए। हालाँकि कॉरपोरेशन के व्यापक हित में उन्होंने ठेकेदारों के साथ मोल-भाव किया। कुछ अवसरों पर उन्हें मौलिक संविदा में किए गए समझौतों से आगे बढ़ना पड़ा। लेकिन ऐसे किसी भी काभ ने किसी के मन में शक पैदा नहीं किया। इससे भी महत्त्वपूर्ण बात यह थी कि उनके द्वारा उठाए गए इन कदमों की, उस समय बनी परिस्थितियों के कारण अवहेलना की ही नहीं जा सकती थी।

पहले भी इस बात का उल्लेख किया गया है कि पटरियाँ बिछाने के लिए आवश्यक भूमि के बड़े हिस्से का के.आर.सी.एल. द्वारा पहले ही अधिग्रहण किया जा चुका था। अधिगृहीत भूमि पर निर्माण कार्य भी शुरू हो चुका था। हालाँकि ये गतिविधियाँ तेज गति से आगे बढ़ रही थीं, लेकिन मुख्य नियमों और विनियमों का हमेशा पालन किया जा रहा था। फिर भी यह प्रक्रिया रसूखदार स्रोतों के अवांछित दाँव-पेंचों से पूरी तरह से बची हुई नहीं थी। श्रीधरन ने उनका आगे रहकर सामना किया। जब एक वरिष्ठ अधिकारी ने कुछ ठेकेदारों की ओर से हस्तक्षेप करने का प्रयास किया, जिसकी नजरें लाइन के एक मुख्य हिस्से के ठेके पर थी, तो श्रीधरन ने समर्पण नहीं किया। उन्होंने उस काम के लिए निविदा आमंत्रित करने की सामान्य प्रक्रिया को अपनाया और सबसे कम बोली लगानेवाली कंपनी को ठेका दिया। यह उस वरिष्ठ अधिकारी को चुनौती देनेवाली बात थी। इससे ज्यादा दिलचस्प यह था कि के.आर.सी.एल. में भारतीय रेलवे का प्रतिनिधित्व करनेवाले रेलवे बोर्ड के निदेशक उस अधिकारी के समर्थन में थे, जिसने उनके समर्थन को भाँपते हुए अपनी चालाकी जारी रखी। उसका आकलन यह था कि यदि वह के.आर.सी.एल. बोर्ड के अधिकतर लोगों का समर्थन प्राप्त कर सका तो श्रीधरन का फैसला पलट दिया जाएगा। उसने बोर्ड में तीन और लोगों को नामित कर दिया, जो उसे समर्थन

दे सकते थे। वे दिए गए ठेके को रद्द करने और उसी काम के लिए निविदाएँ आमंत्रित करने की नई प्रक्रिया शुरू करने का प्रस्ताव बोर्ड के सामने रख सकते थे। इस शैतानी योजना को समझ लेने पर श्रीधरन बोर्ड बैठक से दूर रहे। जैसाकि वे समझ गए थे, सी.एम.डी. की अनुपस्थिति में बोर्ड ने दिए गए ठेके को रद्द करके नई निविदा आमंत्रित करने का फैसला किया।

श्रीधरन ने इस मामले को ऐसे ही नहीं छोड़ दिया। कंपनी कानून के अनुसार, सी.एम.डी. को उसकी अनुपस्थिति में बोर्ड द्वारा लिये गए किसी फैसले पर पुनर्विचार करने और आवश्यक होने पर उसे रद्द करने का विशेष अधिकार था। श्रीधरन ने इस प्रावधान का प्रयोग किया। उन्होंने एक बैठक बुलाकर यह घोषणा की कि उनकी अनुपस्थिति में लिये गए निर्णय को निरस्त किया जाता है। इसके बाद उन्होंने रेलवे मंत्रालय को एक पत्र भेजा, जिसमें लिखा था कि अगर निविदा को रद्द करने और निविदा आमंत्रित करने में मंत्रालय के हित अत्यंत महत्त्वपूर्ण हैं, तो वह यह बात आधिकारिक रूप से लिखित में सी.एम.डी. और बोर्ड को भेजे। यह उनकी तरफ से दिया गया बड़ा झटका था। कंपनी अधिनियम में इसका भी प्रावधान था। रेलवे बोर्ड सी.एम.डी. के निर्णय को नजरअंदाज करने और संकल्प को फिर से प्रतिष्ठित करने के लिए कह सकता था। इसे मानना सी.एम.डी. के लिए बाध्यकारी था। लेकिन एक समस्या थी। ऐसा निर्देश रेलमंत्री के हस्ताक्षर के साथ सीधे मंत्री द्वारा बोर्ड के पास आना चाहिए, इस प्रक्रिया को 'राष्ट्रपति निर्देश' कहा जाता है। मूल निविदा की प्रोसेसिंग पहले ही की जा चुकी थी। उसे रद्द करके नई निविदा आमंत्रित करने का अर्थ पैसे और समय, दोनों की बरबादी था। जब तक ऐसा, अपवाद मामलों में और वैध कारणों से नहीं किया जाता, तब तक लेखा परीक्षा के दौरान आपत्तियाँ आएँगी। के.आर.सी.एल. के सार्वजनिक क्षेत्र का संगठन होने के कारण श्रीधरन के कौशल ने इस खेल में उन्हें जीत दिलाई। उनके पत्र का मंत्रालय से कोई जवाब नहीं आया।

सितंबर 1994 में श्रीधरन ने के.आर.सी.एल. के सभी विभाग प्रमुखों को अपने कैबिन में बुलाया। मेकैनिकल विभाग के तत्कालीन प्रमुख आनंद याद करते हैं कि श्रीधरन ने ठेके की कहानी और हस्तक्षेप करने के मंत्री के प्रयास के बारे में कैसे बताया था। साथ ही उन्होंने स्पष्ट रूप से यह घोषणा भी की थी कि अगर परिस्थितियाँ और भी बिगड़ीं तो वे अपने पद से इस्तीफा देने में भी नहीं झिझकेंगे। सभी विभाग प्रमुखों ने श्रीधरन के प्रति अपना समर्थन व्यक्त किया। उन्होंने घोषणा की कि वे उनके निर्णय का साथ देंगे और यह भी घोषणा की कि अगर उन्हें जाना

पड़ा तो उनमें से कोई भी इस परियोजना में नहीं रहेगा। आखिरकार सबकुछ वैसा ही हुआ, जैसा श्रीधरन को उम्मीद थी। आनंद का विश्वास था कि राजनैतिक नेतृत्व किसी और दिशा में जा ही नहीं सकता था, न तो श्रीधरन जैसे जाने-माने प्रौद्योगिकीविद् को बाहर करना और न ही उनकी जगह किसी और को दे पाना आसान था। आनंद का कहना था कि इन तथ्यों के संबंध में आश्वस्त सरकार ऐसा कोई कदम नहीं उठा सकती थी, ये तो उसके लिए आत्मघाती साबित होता।

❑

13

नए ट्रैक, नई लाइन

अगर आप पूछें कि क्या 1991 के इराक-कुवैत युद्ध का कोंकण अभियान से कोई संबंध रहा है, तो जवाब होगा—हाँ। यह युद्ध तब हुआ, जबकि यह अभियान बहुत तेजी से आगे बढ़ने की स्थिति में आ चुका था। देश ईंधन की अब तक की सबसे ज्यादा कमी से जूझ रहा था। युद्ध के कारण देश में आई ईंधन की भारी कमी के कारण बहुत सी मुख्य परियोजनाओं का काम रुक गया था। ऐसे में कोंकण परियोजना का नहीं रुकना या उसकी प्रगति का धीमा तक नहीं पड़ना, एक असाधारण बात तो है ही, साथ ही यह इस बात का भी एक और उदाहरण है कि टीम ने इस ऐतिहासिक योजना के प्रचालन चरण में प्रवेश की कितनी अच्छी तैयारी की थी। सैकड़ों वाहनों को कोंकण परियोजना के निर्माण-स्थलों पर बार-बार आना-जाना होता था। उन्हें सुविधाजनक स्थानों पर ईंधन उपलब्ध करवाने के लिए पेट्रोल बैंकों में उचित मात्रा में ईंधन की खरीद पहले ही की जा चुकी थी। जब पूरी दुनिया अचानक हुए एक ऐसे युद्ध के प्रभाव से पीड़ित थी, जिसने अनेक परियोजनाओं का काम ठप कर दिया था, कोंकण परियोजना का काम सामान्य रूप से आगे बढ़ रहा था। ऐसा नहीं था कि कोंकण टीम के पास आनेवाले समय की भविष्यवाणी करने की कोई विशेष शक्तियाँ हों, बल्कि इसका श्रेय तो उनकी बनाई उस मूल योजना और कठोर परिश्रम को जाता है, जिसके कारण परियोजना के लिए ईंधन की भरपूर मात्रा सुनिश्चित हो सकी। यह उनकी दूरदर्शिता ही थी कि कोंकण का काम उस दौर के सबसे बड़े ईंधन संकट के दौरान भी बिना रुके जारी रह सका।

श्रीधरन और उनकी टीम परियोजना के प्रचालन चरण में पहुँच चुकी थी,

जिसके लिए उन्होंने बड़ी बारीकी से योजना बनाई और तैयारी की थी, जिसमें से एक के बारे में पहले ही विस्तार से बात की जा चुकी है। सुरंगों और पुलों तथा पुलियाओं की डिजाइन का काम पूरा होने तक निविदा शेड्यूल भी तैयार हो चुके थे। एशिया विकास बैंक और विश्व बैंक के मार्गदर्शन में अनुपूरक एजेंसियों की सूची का संकलन भी किया जा चुका था। सुरंगों और पुलों के निर्माण के लिए निविदाओं की स्वीकृति के बहत्तर घंटों के अंदर-अंदर अंतिम निर्णय लिये जा चुके थे। कंक्रीट के साढ़े दस लाख शहतीरों को समय पर उनकी साइटों पर पहुँचाने के लिए चिपलूण, कुदाल, मडगाँव और मुरुदेश्वर में चार संयंत्र स्थापित किए गए थे। निर्माण-स्थलों पर इस्पात और सीमेंट के पर्याप्त स्टॉक के लिए प्रावधान किए गए थे। इन सबसे ऊपर, उत्पादन की बेहतरीन गुणवत्ता सुनिश्चित करने के लिए अंतरराष्ट्रीय ख्याति की एक स्वतंत्र एजेंसी को कमीशंड किया गया था। पूरी सावधानी के साथ विस्तृत चिकित्सा और सतर्कता व्यवस्थाएँ उपलब्ध की गई थीं। परिणामस्वरूप अपने कठोर गुणवत्ता मानकों के लिए कोंकण परियोजना की अंतरराष्ट्रीय मंचों पर काफी प्रशंसा हुई। 'द सिविल इंजीनियर इंटरनेशनल' के जून, 1995 संस्करण में लेखक डेविड हॉवर्ड ने लिखा कि कोंकण परियोजना के साथ ही जहाँ एक रेलवे लाइन का सबसे बड़ा और रोमांचक निर्माण कार्य जारी था, एक देश के रूप में भारत रेलवे इंफ्रास्ट्रक्चर विकास के क्षेत्र में एक बड़ा मील का पत्थर पार कर चुका है।

श्रीधरन और उनके सहकर्मियों ने प्रशासनिक और प्रबंधकीय स्तरों पर स्वयं के द्वारा किए गए नवोन्मेषी सुधारों की सफलता को परियोजना सुपुर्दगी में भी दोहराया। उन्होंने अपने लक्ष्य की प्राप्ति के लिए देश-विदेश में उपलब्ध हर प्रौद्योगिकी और कौशल का उपयोग किया। शुरू से अंत तक नई लाइन के हर इंच पर पुल या सुरंग या पुलिया के रूप में नई-नई चुनौतियाँ सामने आती रहीं, लेकिन कोंकण टीम ने अपने पास उपलब्ध इंजीनियरिंग और प्रबंधन साधनों के विवेकसंगत तथा व्यावहारिक उपयोग से उन सभी पर विजय हासिल की। कोंकण रेलवे का 'लोगो' रेलवे ट्रैक्स के साथ एक सुरंग के अतिरिक्त और क्या हो सकता था, जो इसकी हार न मानने की भावना का प्रतीक था, क्योंकि सुरंगें इस परियोजना की सबसे कड़ी परीक्षा थीं। इस मार्ग में सुरंगों की बड़ी संख्या के कारण मूल रूप से 837 किलोमीटर के अनुमान वाले अलाइनमेंट को 27 किलोमीटर कम किया जा सका। अंतिम अलाइनमेंट में सुरंगों के नीचे ट्रैक की लंबाई 75 किलोमीटर बढ़ गई। बाद में कुछ गहरी पुलियों को सुरंगों में रूपांतरित करना पड़ा, जिससे सुरंगों

की अंतिम संख्या 92 और उनकी कुल लंबाई 84.8 किलोमीटर या मोटे तौर पर ट्रैक्स की कुल लंबाई की 11 प्रतिशत हो गई।

चट्टान गिरने और मिट्टी धँसने के हमेशा बने रहनेवाले खतरे के साथ ऊँचे-ऊँचे पहाड़ों को काटकर सुरंग बनाना कोई सामान्य बात नहीं थी। हर कदम पर दुर्घटना का खतरा बना रहता था। देश में उपलब्ध प्रौद्योगिकी और मशीनें इस विशाल काम के लिए पर्याप्त नहीं थीं। श्रीधरन और उनकी टीम ने इस अभियान के लिए उपयुक्त मशीनरी लाने के लिए दुनिया भर की यात्रा करने की तैयारी की। उप मुख्य मेकैनिकल इंजीनियर के नेतृत्व में विशेषज्ञों के एक पैनल ने कुछ देशों की यात्रा की और आपूर्तिकर्ता कंपनियों की सूची तैयार की, जिसमें से सुरंगों के लिए नवीनतम, विशिष्ट मशीनरी की आपूर्ति के लिए स्वीट्जरलैंड की 'एटलस कॉपको' का चयन किया गया। स्विस सरकार महँगी मशीनरी के आयात का शून्य ब्याज दर पर वित्त पोषण करती थी। उपकरणों को निर्माणस्थलों पर लाने में भी काफी प्रयास करना पड़ता था। उन्हें कमीशन करने के लिए स्वीडिश विशेषज्ञ भी साइट पर आए। के.आर.सी.एल. में मुख्य मेकैनिकल अभियंता वी. आनंद याद करते हैं कि कैसे अधिकारियों का एक बड़ा वर्ग नई प्रौद्योगिकी को लेकर शंकाग्रस्त था और जब तक ठेकेदारों ने इसका अच्छी तरह उपयोग करके नतीजे नहीं दिए, तब तक इससे डर ही बना रहा। सुरंगों पर काम बढ़ने के साथ ही वहाँ हवा और रोशनी की व्यवस्था भी अत्यंत प्रयत्नसाध्य काम रहा। के.आर.सी.एल. ने स्वयं के द्वारा लाए उपकरणों को ठेकेदारों को उपयोग के लिए बिना कोई पैसा लिये उधार दे दिया, लेकिन यह शर्त रखी गई कि काम समय पर पूरा होना चाहिए। समय-सीमा निकलने के बाद हर दिन हुई देरी को ठेकेदार द्वारा देय रेंटल बिल में जोड़ दिया जाएगा। उदार लगनेवाले ये प्रस्ताव ठेकेदारों के कहने पर नहीं दिए गए थे। चूँकि यह कार्य विशेष रूप से चुनौतीपूर्ण था, इसलिए श्रीधरन और उनकी टीम के लिए ठेकेदारों को उपयुक्त मशीनरी के प्रयोग की सिफारिश करना जरूरी था। के.आर. सी.एल. में विभाग प्रमुखों ने राज्य से किसी भी प्रकार के सहयोग के लिए सरकार में श्रीधरन के प्रभाव और संपर्क सूत्रों का उपयोग किया।

रत्नागिरि के पास स्थित करबूड़े सुरंग नेटवर्क की सबसे लंबी सुरंग थी। 6,506 मीटर लंबी यह सुरंग दरअसल उपमहाद्वीप की सबसे लंबी सुरंग थी। नाटूवाड़ी सुरंग 4,389 मीटर लंबी थी और तिके और बारडेवाड़ी सुरंगें क्रमशः 4,077 और 4,000 मीटर लंबी थीं। चट्टानी पहाड़ियों के मुकाबले धूल-मिट्टी में सुरंग खोदना ज्यादा खतरनाक था। ऐसे बीहड़ इलाके के लिए कोई उपकरण

या प्रौद्योगिकी तैयार नहीं की गई थी। महाराष्ट्र में बनाई जानेवाली परनम सुरंग, जोकि आखिरी सुरंग थी, ऐसे जोखिम वाले स्थान पर थी, जहाँ भौगोलिक रूप से बलुआ मिट्टी मिलती थी, जो पूरे निर्माण कार्य के दौरान झड़-झड़कर गिरती रही। जैसे ही थोड़ी सी खुदाई की जाती, ढीली मिट्टी खोदी गई सुरंग की पूरी लंबाई में झड़नी शुरू हो जाती और सुरंग ढह जाती। इसके खतरनाक निर्माण के दौरान दुर्घटनाओं में 20 श्रमिकों ने अपने प्राण गँवाए। मिट्टी-पानी के कारण अकसर धँसाव की स्थिति बन जाती, जिससे अनेक बार सुरंग निर्माण बाधित हुआ। सुरंग के 1.5 किलोमीटर के विस्तार का काम, जो 1992 में शुरू हुआ था, पाँच वर्षों में जाकर खत्म हुआ। परनम के अंतहीन परीक्षणों के कारण परियोजना को समग्र रूप से पूरा होने में पाँच महीने और लग गए। 2.5 किलोमीटर की परचुरी सुरंग का अलग ही किस्सा है। खुदाई होने पर पानी इतनी तेजी से निकलता था, जैसे किसी गहरे घाव से खून की धार बह निकली है। एनएच 17 पर बिंदूर सुरंग के कारण भू-स्खलन हुए थे, जिसके कारण सड़कों पर ट्रैफिक को सुरंग का काम पूरा होने तक रास्ता बदलना पड़ा था। भटकल, होनावर, पाड़ी, वर्ना, पुराना गोवा और सवरडे में स्थित सुरंगों सहित अनेक सुरंगों ने श्रमिकों के लिए अत्यंत खतरा पैदा कर दिया था। ऐसे झटकों के आगे हार न मानने और इनसे उबरने के लिए निरंतर नई से नई प्रौद्योगिकियों को अपनाने के कारण हर परिस्थिति में टीम को भविष्य में बेहतरी के विकल्प मिलते रहे।

कोंकण लाइन के लिए बने अनेक पुलों ने आकार के लिहाज से रिकॉर्ड तोड़े। रत्नागिरि की गुमनाम घाटी में, जहाँ अल्फांसो आम उगाए जाते थे, एशिया का सबसे लंबा पुल पनवेलनाडी पुल बना। इस ऊँचे ढाँचे के पश्चिम में 1.1 किलोमीटर की बनेवाड़ी सुरंग और दक्षिण में 4 किलोमीटर की तिके सुरंग थी। रत्नागिरि घाटी की लंबाई 500 मीटर से ज्यादा और इसकी चौड़ाई 50 से 64 मीटर तक थी। ऊँचे खंभों को स्लिप फॉर्म नामक प्रौद्योगिकी के उपयोग से दृढ बनाया गया। हालाँकि यह प्रौद्योगिकी देश में उपलब्ध थी, पर इसका पहली बार प्रयोग यहीं हुआ। यह पुल इस प्रौद्योगिकी के सटीक और कुशल प्रयोग के बिना नहीं बनाया जा सकता था। जर्मन एजेंसी के सक्षम पर्यवेक्षण में भारतीय परामर्शदाताओं ने इस कार्य का नेतृत्व किया। निर्माण कार्य समाप्त होने पर पनवेलनाडी पुल अपने उच्चतम स्तर पर कुतुब मीनार से केवल 4 मीटर छोटा था। इस पुल को 1995 में कंक्रीट से बने अतिविशिष्ट निर्माण के लिए 'अमेरिकन कंक्रीट इंस्टिट्यूट' की ओर से पुरस्कार मिला। इसे 'इंडियन इंस्टिट्यूट ऑफ ब्रिज इंजीनियर्स' से भी पुरस्कार मिला।

हमने कोंकण ट्रैक की क्षमता पर चर्चा की है, जिस पर 160 किलोमीटर प्रति घंटा तक की रफ्तारवाली रेलगाड़ियाँ चल सकती थीं। इस लक्ष्य की प्राप्ति के लिए अनेक आधुनिक प्रौद्योगिकियों को प्रयुक्त किया गया था। इनमें से एक इंक्रीमेंटल लॉञ्चिंग तकनीक थी। इस तकनीक का प्रयोग कोंकण परियोजना ने देश में पहली बार किया था। खाई पर बने विशाल पुलों को स्थापित करने के लिए इस नई प्रौद्योगिकी की आवश्यकता थी। हैरत में डाल देनेवाले अत्यंत ऊँचे स्तंभों के शीर्ष पर इन पुलों को सहारा देना और कसना असंभव था। इन स्तंभों पर पुलों को स्थापित करने के लिए एक नई तकनीक का पता लगाना आवश्यक था। कोंकण परियोजना के अभियंताओं द्वारा अपनाई गई इंक्रीमेंटल लॉञ्चिंग तकनीक में होल डेक बनाना और उन्हें किनारे-किनारे स्थापित करते हुए दूसरी तरफ तक ले जाना शामिल था। ढुलाई बक्से के शहतीरों की कल्पना कीजिए, जो करीब 12,500 टन के वजन के साथ इतनी ऊँचाई पर थे। ऐसा पहला डेक पनवेल में स्थापित किया जाना था। यह 420 मीटर लंबा था। श्रीधरन ने इस तकनीक का इस्तेमाल दिल्ली मेट्रो परियोजना में भी किया।

इसके अलावा ब्लास्ट-लेस ट्रैक निर्माण नामक दूसरी तकनीक का प्रयोग किया गया। इसका प्रयोग फ्रेम के सहारे के बिना ट्रैक को सुरक्षित रखने के लिए किया गया। श्रीधरन ने इसे सुरंगों के ट्रैक्स में परखा। जब यह स्पष्ट हो गया कि पटरियाँ बिछाने की सामान्य प्रक्रिया से काम नहीं चलेगा, तो श्रीधरन ने अपने अभियंताओं को यह तकनीक अपनाने के निर्देश दिए। बाद में इसे 'कोंकण अनुभव' से प्राप्त नवाचार के रूप में जाना गया। इस तकनीक का आकर्षण इस बात में था कि इसके प्रयोग से बाद में नियमित रख-रखाव की जरूर नहीं पड़ेगी। रेलवे की बोलचाल में 'टर्नआउट' का अर्थ वह बिंदु था, जहाँ रेलगाड़ी मुख्य पटरी को छोड़कर लूप लाइन में प्रवेश करती है। कोंकण रेलवे द्वारा 'स्पीड टर्नआउट' का प्रयोग प्रौद्योगिकी स्वीकृति के क्षेत्र में एक महत्त्वपूर्ण मोड़ साबित हुआ। अब रेलगाड़ियाँ इन 'टर्नआउट्स' से 50 किलोमीटर प्रति घंटा तक की रफ्तार से गुजर सकती थीं। दूसरी पटरियों पर टर्नआउट्स पर ज्यादा-से-ज्यादा 15 किलोमीटर प्रति घंटा की गति से गुजरा जा सकता था। तीन मेहराबों को छोड़कर हर पुल पर बैलेस्ट तकनीक का प्रयोग करते हुए पटरियाँ बिछाई गई थीं। इन मेहराबों में से दो गोवा में जुरारी नदी पर और तीसरा मंडोवी नदी पर था। चूँकि नदियों में जहाजों को इन पुलों के नीचे से गुजरना होता था, इसलिए ट्रैक्स के लिए स्टील के शहतीर स्थापित किए गए थे। यह एक नवाचारी कार्य था, जिसमें श्रीधरन का

अचूक अनुभव लगा था। देश में त्रिकोणाकृति के स्टील के शहतीरों का पहली बार प्रयोग किया गया था। शहतीरों की कुल लंबाई 125 मीटर थी। इसके अलावा देश में पहली बार स्टील के शहतीरों में टेफ्लॉन के बेयरिंग का प्रयोग किया गया था, जो घर्षण को उल्लेखनीय ढंग से कम करते थे। इन बेयरिंग्स को विशेष रूप से इस परियोजना के लिए डिजाइन किया गया था।

कोंकण परियोजना के सभी पुलों में सबसे लंबा शरवती नदी पर बना पुल था। समुद्र के पास होने के कारण पुल को बनाने के समय टीम को बहुत खतरों का सामना करना पड़ा। 2.06 किलोमीटर लंबा यह पुल बालू और खूब कीचड़ भरे एक प्राकृतिक दलदल पर बनाया जाना था, जो टीम के लिए मुश्किल कार्य था। नदी में 288 स्तंभों को 15 मीटर से 40 मीटर तक की गहराई में पुलाधारों पर स्थापित करना था। हर स्तंभ चार से छह पुलाधारों के शीर्ष पर खड़ा किया गया। परिपाटी के अनुसार ही पुलाधारों का निर्माण और कंक्रीट भरने का काम आधुनिक प्रौद्योगिकियों का प्रयोग करते हुए किया गया। एक बड़े बजरे और निष्कर्षक यंत्र की मदद से नदी के ऊपर बीस शहतीर स्थापित किए गए, जिनमें से प्रत्येक का वजन 400 टन था। कोंकण के निर्माण कार्य में मानवीय साहसिक कार्यों का अपना इतिहास है, लेकिन कोंकण लाइन से जुड़े हुए सम्मान पैदा करनेवाले ऐसे अनेक इंजीनियरी करिश्मे देखने को मिलते हैं, जो सौंदर्यशास्त्र की दृष्टि से भी चमत्कारपूर्ण हैं। बारडेवाडी, नंदी घाटी का आर्च ब्रिज, नाजुक दिखनेवाले स्तंभों पर टिका शास्त्री पुल, कनकावली और गोकर्ण के पुल कोंकण की उस महारथी टीम के बीसियों कारनामों में से कुछ हैं, जिसका नेतृत्व अपनी सर्वोच्च शक्तियों का प्रयोग करते हुए एक ऐसे प्रौद्योगिकीविद् ने किया, जिसने आनेवाली पीढ़ियों के लिए सँजोकर रखने योग्य शानदार कृति गढ़ी।

उन दिनों आमतौर पर रेलों की वेल्डिंग नहीं की जाती थी। ऐसा रेलगाड़ी के किनारे के संचरण और शोर को कम करने के लिए किया जाता था। कोंकण टीम ने गैस प्रेशर वेल्डिंग प्रौद्योगिकी का उपयोग देखा था, पर इसके देश में उपलब्ध न होने के कारण इस उपकरण का आयात किया गया। कुछ चयनित कुशल श्रमिकों को प्रशिक्षण के लिए जापान भेजा गया। गैस प्रेशर वेल्डिंग में यह सुविधा थी कि वेल्डिंग का काम निर्माण-स्थल पर ही किया जा सकता था। आमतौर पर वर्कशॉप में वेल्ड की जानेवाली लंबी रेलों को लाइन बिछाई जानेवाली जगह पर लाया जाता था। लेकिन कोंकण जैसे दुर्गम स्थल पर यह सामान्य प्रक्रिया संभव नहीं थी। आखिर में, लेकिन यह आकर्षण भी था कि निर्माण-स्थल पर वेल्डिंग से परंपरागत पद्धतियों के मुकाबले दो-तिहाई खर्चा कम हो जाता।

कोंकण रेलवे ऑप्टिक फाइबर संचार नेटवर्क का प्रयोग करनेवाला पहला रेलवे संगठन था। आधुनिकतम ऑप्टिक फाइबर प्रौद्योगिकी प्रयोग करने के श्रीधरन के फैसले को रेलवे के भीतर ही बहुत प्रतिरोध का सामना करना पड़ा। नब्बे के दशक में ऑप्टिक फाइबर का बहुत ज्यादा उपयोग नहीं होता था। तमाम विरोधों के बावजूद श्रीधरन अपनी योजना के साथ आगे बढ़े। यह विडंबना ही है कि अब समूचे भारतीय रेलवे में ऑप्टिक फाइबर कनेक्टिविटी है, लेकिन सबसे बड़ा ऑप्टिक फाइबर नेटवर्क आज भी कोंकण का है।

नदियों पर पुल बनाने के लिए कूप नींवों के निर्माण में भी पूरी सफलता के साथ नई प्रौद्योगिकी प्रयुक्त की गई। समुद्र के पास स्थित जुरारी और मंडोवी नदियों पर बने पुलों में भी गहरे पुलाधारों की जरूरत थी। यहाँ तक कि सामान्य नींव निर्माण भी संकुचित, वातानुकूलित पर्यावरण में किया जाता था, ताकि श्रमिक सुविधाजनक रूप से खुदाई करने के लिए संकुचित चैंबर्स में प्रवेश कर सकें। 45 मीटर भूमिगत कुएँ के अंदर काम करना अत्यंत जोखिम भरा काम था। कहने की आवश्यकता नहीं, यह भी देश में पहली बार किया जा रहा था।

सुरंगों में रोशनी की व्यवस्था करना भी एक और बड़ी चुनौती थी। जैसाकि हमने पहले देखा है, कोंकण लाइन के किनारे बनी कम-से-कम चार सुरंगें लंबाई में 3 किलोमीटर से ज्यादा थीं। उनमें से तीन 4 से 6.5 किलोमीटर के बीच थीं। इन सबमें वायु का संचार आवश्यक था। सुरंगों के अंदर रहनेवाले इंजनों से उठनेवाला धुआँ और धूल यात्रियों को नुकसान पहुँचा सकता था। इसे रोकने के लिए सुरंगों का हवादार होना आवश्यक था। लेकिन ऐसा संभव करनेवाली प्रौद्योगिकी भारत में उपलब्ध नहीं थी। ऐसा कार्य सामने आने पर, जिसे रेलवे ने कभी नहीं किया था, कोंकण टीम को इस बार भी एक नया हल खोजना पड़ा। समाधानों का पता लगाने और इस संबंध में अध्ययन करने के लिए विशेषज्ञों को विदेश भेजा गया। उन्होंने भारत लौटकर विश्वस्तरीय वेंटिलेशन प्रणाली स्थापित की। डी.एम.आर. सी. के अलावा कोंकण एक मात्र संगठन था, जिसके पास सुरंग में वेंटिलेशन प्रणाली के साथ पटरियाँ बिछाने का तकनीकी ज्ञान था। जब सीमा सड़क संगठन ने जम्मू-कश्मीर में सुरंग बनाई, तो उन्होंने वेंटिलेशन प्रणाली स्थापित करने में मदद के लिए कोंकण टीम की मदद ली। भारतीय रेलवे ने भी ऐसी अनेक परियोजनाओं में के.आर.सी.एल. से सहायता प्राप्त की।

कोंकण अभियान खतरनाक गति से आगे बढ़ता रहा। लेकिन इसे पाँच वर्ष की मूल समय-सीमा के दो साल बाद ही पूरा किया जा सका। कोंकण का उससे

पहली की किसी परियोजना से तुलना करने का प्रश्न ही नहीं उठता था। यदि मौलिक रूप से बनी योजनाओं को तय समय पर कार्यान्वित किया जाता तो यह अभियान इससे काफी पहले पूरा हो सकता था। दो वर्ष की देरी गोवा राज्य से गुजर रहे 105 किलोमीटर के विस्तार के कारण हुई। यहाँ लाइन का इतना भयानक विरोध हुआ कि कुछ समय के लिए अभियान पूरी तरह से बाधित हो गया और एक इंच लाइन का भी निर्माण नहीं हो पाया। इस परियोजना की एक मुख्य धारा में काम के रुक जाने का अभियान के अन्य भागों पर भी व्यापक असर पड़ा। यह श्रीधरन और उनके टीम सदस्यों के लिए बहुत बड़ी बाधा थी। वे और उनकी टीम अपने इर्द-गिर्द विवादों और काम रोकने की चालबाजियों के अनेक अंगार धधकते रहने के बाद भी पूरी दृढता और अटल इरादों के साथ मेहनत करते रहे, यह एक बड़ा सबक है।

इस अभियान के नौ महीने बरबाद हुए, प्रौद्योगिकी संबंधी किसी वजह से नहीं, बल्कि राजनीति के कारण। अब इस अभियान के नतीजों और लाभों को देख चुकने की सुविधाजनक स्थिति में आने के बाद कोई भी इस बात पर सहमत होगा कि इसे रोकनेवालों के विरोध और झगड़े व्यर्थ की मशक्कत थे। विरोध का मुख्य बिंदु आंदोलनकारियों की कोंकण रेलवे के मूल अलाइनमेंट को फिर से तैयार करने की माँग थी। इस विरोध में भयावह षड्यंत्र भी शामिल थे, जहाँ राजनीतिक, सामुदायिक और धार्मिक विशेष हित-लाभ समूह इस साँठ-गाँठ में शामिल हो गए थे। जोरदार वाद-विवादों का शोर थमने के बाद के.आर.सी.एल. द्वारा तैयार और गोवा सरकार द्वारा अनुमोदित मूल अलाइनमेंट पर निर्माण कार्य की अनुमति दे दी गई। बाद में अगर कुछ बचा तो सिर्फ अमूल्य समय और करदाताओं के 100 करोड़ रुपए खोने का बुरा अनुभव।

कोंकण लाइन के अलाइनमेंट को लेकर हो रहे विरोध 26 मार्च, 1993 को तब चरम पर पहुँच गए, जब प्रधानमंत्री ने परियोजना को गोवा में रोकने के निर्देश दे दिए। विरोध करनेवालों की कई माँगें थीं। इनमें से पहली, पर्यावरण सुरक्षा से जुड़ी थी, जिसके अलाइनमेंट के कारण खतरे में पड़ने के आरोप थे। चिंता का दूसरा कारण गोवा की विरासत और संस्कृति पर नई पटरियों से पड़ सकनेवाला संभावित प्रतिकूल प्रभाव था। इसके अलावा अलाइनमेंट गोवा के लोगों को विभाजित कर देगा। विरोध करनेवालों के अनुसार इसका समाधान पर्यावरणीय रूप से संवेदनशील क्षेत्रों और राज्य की कृषि-भूमि को अलग करते हुए अलाइमेंट को पुनः आरेखित करना था। एक अन्य सुझाव अलाइनमेंट को पहाड़ियों की तलहटियों की ओर पूर्वी

तरफ ले जाना था, ताकि ऊँचाईवाले क्षेत्रों के भावी विकास में मदद मिल सके। इन माँगों और विरोध करनेवाले स्रोतों का गहराई से विश्लेषण करने पर इसके पीछे कार्य कर रहे अनेक कारण समझ में आते हैं। विरोधों के पीछे काम करनेवाला सबसे बड़ा तत्त्व राजनीतिक था। गोवा में स्थानीय राजनीति उठा-पटक के दौर से गुजर रही थी और केंद्र सरकार से इसके संबंधों में गतिरोध चल रहा था। गोवा के विभिन्न क्षेत्रों में धार्मिक समूहों के बीच बिजली का असंतुलित वितरण, उनके प्रभावक्षेत्र और इन धड़ों के बीच चल रहे पुराने विवाद ने इस आग को और हवा दी।

गोवा में कोंकण लाइन का 105 किलोमीटर लंबा हिस्सा था। इसमें से 22 किलोमीटर के परनम-महिम और 29 किलोमीटर के बाल्ली-लॉलीम खंडों पर कोई विवाद नहीं था। सारा विवाद बाल्ली और महिम के 55 किलोमीटर वाले हिस्से से जुड़ा था। गोवा के अन्नागार के रूप में विख्यात उसका दक्षिणी क्षेत्र, प्रवासी पक्षियों का पसंदीदा अड्डा कारामबोलिम झील का दलदली क्षेत्र, जुरारी और मंडोवी नदियों के किनारों पर बने वर्षावन, कमबरजुआ नहर, चापोरा, तालपोना, गलजी बाग और तीराकोल तथा ओल्ड गोवा के सघन आबादीवाले इलाके, जैसे सालसित, मडगाँव और क्यूपम इस अलाइनमेंट में शामिल थे। 500 साल पुराने सेंट फ्रांसिस जेवियर चर्च की अलाइनमेंट से 1.5 किलोमीटर की नजदीकी पर काफी विरोध हुआ। जैसे यह सब काफी न हो, रियल एस्टेट व्यापार के विशेष हित-लाभोंवाले समूह भी विरोधी पार्टियों से जा मिले। रियल एस्टेट माफिया इस डर से लाइन का विरोध कर रहा था कि गोवा के तटों पर इसकी उपस्थिति कीमती समुद्र किनारे की भूमि की माँग और कीमतें घटा देगी।

❑

14

गोवा में अवरोधकों को पार करना

सन् 1993 में गोवा में अलाइनमेंट को लेकर विवाद बढ़ने के समय तक कोंकण रेल लाइन के दो खंडों को यात्री ट्रेनों के परिचालन के लिए खोला जा चुका था, रोहा-दसगाँव लाइन, जिसे कि अब 'वीर लाइन' कहा जाता है और मैंगलोर-उडुपी लाइन। इन लाइनों के आस-पास रहनेवाले स्थानीय लोगों ने इन लाइनों के उद्घाटनों का वैसे ही जश्न मनाया, जैसे वे उनके निजी आयोजन हों। वी. आनंद उन जश्नों में से एक को याद करते हैं, जहाँ कोंकण टीम के सदस्यों का धूम-धड़ाके के साथ ऐसा स्वागत किया गया, जैसे वे अंतरिक्ष-यात्री हों। लोग उनका इंतजार आरती, फूल मालाओं, विशेष वस्त्रों और मिठाइयों के साथ कर रहे थे। उन्होंने कोंकण दल पर फूलों की बौछार की और ट्रेन को स्पर्श करने पूरे उत्साह से आगे बढ़े। उन्हें विश्वास ही नहीं हो रहा था कि अब ट्रेन उन्हें इन दूर-दराज के इलाकों से बॉम्बे और दिल्ली तक ले जाएँगी। वहाँ जुटी भीड़ में से कुछ लोगों के तो यह कहते हुए आँसू ही छलक पड़े कि उन्होंने कभी नहीं सोचा था कि वे जीवन में कभी अपने क्षेत्र में ट्रेन चलते हुए देखेंगे। रोहा में उद्घाटन केंद्रीय रेलमंत्री और महाराष्ट्र के मुख्यमंत्री के आतिथ्य में हुआ तथा मैंगलोर-उडुपी लाइन का उद्घाटन प्रधानमंत्री नरसिम्हा राव और कर्नाटक के मुख्यमंत्री ने किया।

गोवा में चल रहे संघर्ष से कोंकण लाइन के अन्य क्षेत्रों में कार्य की प्रगति अवरोधित नहीं हुई। लेकिन इससे समग्र रूप में परियोजना पर अनिश्चितता के काले बादल छा गए। पर्यावरणविदों का तर्क था कि जुआरी और मंडोवी नदियों के किनारे के मैदानी क्षेत्र में स्थित 18,000 हेक्टेयर के परंपरागत चौड़े धान के खेत और उनकी प्राकृतिक उर्वरता इस क्षेत्र में ट्रेनों के आने से नष्ट हो जाएगी।

इस परियोजना के लिए अधिगृहीत भूमि में 2000 हेक्टेयर के धान के खेत जा चुके थे। 40,000 टन चावल का वार्षिक उत्पादन करनेवाले ये खेत सिंचाई के लिए मानसून और नदियों के ज्वारीय प्रवाह पर निर्भर थे। यह चिंता कि खेत की तरफ पानी का प्रवाह बाधित हो जाएगा और इससे मिट्टी की उर्वरता खत्म हो जाएगी, अपने आप में महत्त्वपूर्ण थी। इस कहानी का प्रचार करनेवाला अभियान जल्दी ही गहन हो गया। दिलचस्प तथ्य यह था कि गोवा की हर सरकार इस योजना को अनुमोदित करती रही थी। मपुसा, पणजी, मडगाँव और कानकोना में रेलवे विभाग द्वारा आरेखित अलाइनमेंट का 1988 में राज्य सरकार ने तब अनुमोदन कर दिया था, जब प्रताप सिंह राणा मुख्यमंत्री थे। विरोध झेल रहे अलाइनमेंट के शेष हिस्सों को डॉ. लुई बरबोसा के मंत्रालय ने 1990 में स्वीकृति दे दी थी। इस बीच मुख्यमंत्री रवि नाइक की सरकार ने अलाइनमेंट की फिर से जाँच की। स्थानीय प्रतिनिधियों के समावेशवाली इस समिति ने अलाइनमेंट में कुछ छोटे-मोटे परिवर्तन करते हुए उसमें सुधार किए। 1991 में कोंकण अलाइमेंट के आरेखण से पहले रेलमंत्री जाफर शरीफ ने दिल्ली में एक बैठक की थी। श्रीधरन ने उस बैठक में अलाइनमेंट में परिवर्तन करने पर आनेवाली मुश्किलों को उठाया था। अगर एक नए अलाइनमेंट पर काम किया जाता है तो परियोजना में सिर्फ इसी कारण से वर्षों की देरी हो जाएगी, क्योंकि इसका अर्थ 7.5 किलोमीटर लंबी सुरंगों सहित 19 किलोमीटर के अतिरिक्त ट्रैक की आवश्यकता होगी। लागत में 55 करोड़ रुपए बढ़ जाएँगे और नए सर्वेक्षणों, अध्ययनों और अनुमोदनों में होनेवाले समय के नुकसान को देखते हुए परियोजना के ऊपरी खर्चे 250 करोड़ रुपए से ज्यादा हो जाएँगे। मंत्रालय ने गोवा राज्य को यह कहते हुए एक ज्ञापन भेजा कि इन अतिरिक्त खर्चों की तथा अन्य राज्यों को यह स्पष्टीकरण देने की जिम्मेदारी भी गोवा पर होगी कि कोंकण परियोजना के गोवा खंड के निर्माण-कार्य में इतनी देरी क्यों हुई? यह ज्ञापन मिलने पर रवि नाइक सरकार ने यह निश्चय किया कि अलाइनमेंट को बदला नहीं जाएगा, बस सघन आबादीवाले बल्ली-मडगाँव क्षेत्र से गुजरनेवाले हिस्से में कुछ छोटे-मोटे बदलाव किए जाएँगे। मुख्यमंत्री का यह पत्र रेल मंत्रालय को 30 सितंबर, 1990 को भेजा गया। इसके अलावा भारतीय रेलवे ने अक्तूबर में गोवा की माँगों और प्रस्ताव की समीक्षा के लिए एक सदस्यीय समिति का गठन किया। यह सदस्य मैनुअल मेंजेस थे, जो स्वयं गोवा के रहनेवाले थे और कभी रेलवे बोर्ड के अध्यक्ष रह चुके थे। समिति की रिपोर्ट में सुझाए गए अन्य समायोजनों को अलाइनमेंट में जोड़ लिया गया। इन

सभी सुझावों को शामिल किए जाने के बाद भी परियोजना के प्रति काफी विरोध बना हुआ था, तब श्रीधरन ने सख्त रवैया अपनाया।

उन्होंने परियोजना कार्यान्वयन के दौरान आनेवाले भावी संकटों के प्रति भी बिल्कुल यही रवैया बनाए रखा। विकास परियोजनाओं पर उनके गहन विचार हमेशा यही रहे कि योजना निर्माण चरण में सुझावों और विचारों का अपना मूल्य है और उन्हें समुचित स्थान दिया जाना चाहिए। दुनिया भर के विकसित राष्ट्र यही दृष्टिकोण रखते हैं। वे ऐसी परियोजनाओं की योजना बनाने में लंबा समय लगाते हैं, खासकर इंफ्रास्ट्रक्चर विकास के मामले में, जैसे रेलवे लाइनों का अलाइनमेंट। इस दौरान जनता के सुझाव और विचार भी माँगे जाते हैं। अंतिम रूपरेखा तैयार हो जाने और निर्माण कार्य शुरू हो जाने पर कोई बदलाव नहीं किए जाता। चाहे जो बाधाएँ हों, परियोजना को कार्यान्वित किया ही जाता है। योजना में थोड़े भी बदलाव का अर्थ अप्रत्याशित रूप से लागत का बढ़ना और मूल्यवान समय का ऐसा नुकसान है, जिसकी भरपाई संभव नहीं। श्रीधरन का हमेशा से यही मानना रहा है कि परिवर्तनों की गुंजाइश रखना परियोजना को अपने वास्तविक लक्ष्य को प्राप्त करने से रोकता है। इसलिए उन्होंने कोंकण परियोजना और उसके बाद की सभी परियोजनाओं पर इस संबंध में समझौता न करनेवाला सख्त रवैया अपनाया।

गोवा परियोजना का एक अन्य विरोध 72 हैक्टेयर की कारमबोलिम झील से संबंधित था। यह झील आस-पास के खेतों में सिंचाई और एक प्रवासी पक्षी अभयारण्य में जल का माध्यम था। विरोधियों का कहना था कि यदि स्थलाकृति में किसी प्रकार का परिवर्तन किया जाता है तो यह क्षेत्र पर्यावरणीय दृष्टि से खतरे में पड़ जाएगा। तटीय राज्य गोवा में करीब बीस प्रकार के भिन्न-भिन्न जलीय पौधे उगते थे। शिकायत यह थी कि यह परियोजना ऐसे पौधोंवाली 197 हैक्टेयर भूमि को बहा देती, जिससे पारिस्थितिकीय संकट आ जाता। हालाँकि लाइन किसी वन संरक्षण स्थल से नहीं गुजरती थी, पर उस मोरचे पर भी शंकाएँ बनी हुई थीं। अफवाह के रूप में यह शंका भी फैलाई जा रही थी कि अपराधियों के लिए गोवा पहुँचना आसान हो जाएगा, जिससे इसकी अपराध दर में इजाफा होगा।

मुख्यमंत्री रवि नाइक और परिवहन मंत्री पांडुरंग राउत मौजूदा योजना के समर्थन में थे। अलाइनमेंट के खिलाफ राजनैतिक मोरचे पर पहला आक्षेप दक्षिण गोवा से सांसद और केंद्र सरकार में मंत्री एडवर्डो फलेरो की ओर से आया। जून 1991 में उन्होंने यह बयान दिया कि सलसित, क्यूपेम और मडगाँव के सघन आबादीवाले तटीय क्षेत्र इस परियोजना के लिए पर्याप्त भूमि नहीं दे सकेंगे। उन्होंने

कहा कि इसके बजाय लाइन को अपेक्षाकृत सुदूर क्षेत्रों में ले जाया जाना चाहिए। उप मुख्यमंत्री विल्फ्रेड डिसूजा इस तर्क के समर्थन में आगे आए। 'गोमांतक लोक पक्ष' नामक पर्यावरण समूह और दक्षिण गोवा का क्रिश्चियन चर्च की भी विरोधी धड़े में मुख्य भूमिका रही। विरोधी 'कोंकण रेलवे रिअलाइनमेंट एक्शन समिति' नामक बैनर के तले एकत्र हुए। परिस्थितियाँ तब और भी खराब हो गईं, जब उत्तरी गोवा के हिंदू समुदाय ने मौजूदा अलाइनमेंट को अपना समर्थन दिया, जिसका ईसाई समुदाय घोर विरोध कर रहा था। इस बीच अप्रैल 1992 में कारखाई समिति ने बॉम्बे उच्च न्यायालय की पणजी पीठ में एक याचिका दायर कर दी। अप्रैल के अंत में उच्च न्यायालय ने यह कहते हुए कि अलाइनमेंट के विरोध में दिए जा रहे सभी तर्क आधारहीन हैं, याचिका को नामंजूर कर दिया। न्यायालय ने यह टिप्पणी भी की कि सिर्फ 30 हेक्टेयर भूमि पर असहमति के कारण देश की ऐसी सबसे बड़ी रेलवे परियोजना को रोकना कतई स्वीकार्य नहीं है, जो पूरे देश के लिए लाभप्रद साबित होगी। न्यायालय के इस निर्णय के बाद गोवा की सरकार ने एक पंद्रह सदस्यीय समिति बनाई। समिति के आठ सदस्यों ने अपरिवर्तित अलाइनमेंट के पक्ष में अपना मत दिया।

अलाइनमेंट पर विरोध के कारण के.आर.सी.एल. टीम पर दबाव बढ़ने के बावजूद वह नहीं झुकी, बल्कि उसने अन्य स्थानों पर अपने कार्य की गति बढ़ा दी। श्रीधरन को गोवा के गतिरोध पर के.आर.सी.एल. के विचार स्पष्ट करने के लिए मीडिया में वक्तव्य देना पड़ा। मई 1992 में निगम ने गोवा में अपने अलाइनमेंट के विरोधी तर्कों का बिंदुवार खंडन करते हुए एक प्रेस विज्ञप्ति जारी की। इसमें यह तर्क दिया गया कि मौजूदा अलाइनमेंट हमेशा से ही गोवा के व्यापक हित में रहा है और अगर इसमें विरोधी समूह के कहे अनुसार परिवर्तन किया जाता है तो राज्य को 54 हेक्टेयर भूमि के बजाय 350 हेक्टेयर मूल्यवान वनभूमि से हाथ धोना पड़ेगा। इस बयान ने विरोधियों के खोखले दावों की पोल खोल दी।

श्रीधरन द्वारा मीडिया के माध्यम से किए गए इस हमले ने विरोध को वास्तविक रूप से भड़कानेवालों पर प्रत्यक्ष रूप से हमला नहीं किया, लेकिन उनके बयानों ने विवादों के संदर्भ और उनके पीछे काम कर रहे कारणों की स्पष्ट तसवीर खींच दी। उन्होंने लोगों को के.आर.सी.एल. के उन कुछ सद्भावनापूर्ण कार्यों से भी संक्षेप में अवगत करवाया, जिनसे गोवा को फायदा हुआ था। उन्होंने स्पष्ट किया कि के.आर.सी.एल. ने केवल 726 हेक्टेयर भूमि का अधिग्रहण किया था, जिसमें से 340 हेक्टेयर कृषि भूमि और 36 हेक्टेयर बिना आबादीवाली थी। पच्चीस परिवारों

का स्थान परिवर्तन हुआ था, जोकि विरोधियों के इस दावे के करीब भी नहीं था कि हजार परिवार विस्थापित होंगे। खेती के परंपरागत तरीकों को यथावत् बनाए रखने के लिए हर सावधानी बरती जाएगी। बल्ली और कानकोना के बीच की संरक्षित वनभूमि से गुजरनेवाली 7.2 किलोमीटर की लाइन को नहीं छेड़ा जाएगा, क्योंकि इस पर एक भूमिगत सुरंग के अलावा कोई निर्माण कार्य नहीं होगा। श्रीधरन ने लोगों से यह वादा किया कि जुआरी और मंडोवी नदियों पर पुल का निर्माण आधुनिकतम पर्यावरणीय शोधों के आधार पर वैज्ञानिक तरीके से किया जाएगा, ताकि पारिस्थितिकीय तंत्र को किसी तरह का नुकसान न हो। कोंकण योजना बनाते समय हर चरण पर आम लोगों से प्रत्यक्ष या सरकारी अभिकरणों द्वारा निर्देश और विचार माँगे गए। अलाइनमेंट का आरेखण भी इसी प्रक्रिया से किया गया था और सभी क्षेत्रों के शेयरधारकों के दस्तावेजीकृत आदेश से ही निर्माण कार्य शुरू किया गया था। श्रीधरन याद करते हैं कि इतने सब के बावजूद गोवा में लगी आग के कारण कोंकण टीम को लोगों के सामने आकर स्पष्टीकरण देना पड़ा।

के.आर.सी.एल. ने आम लोगों और विरोधियों के सामने परियोजना का गणित रखते हुए बताया कि हर दिन की देरी का अर्थ निगम के लिए रोज करीब 10 लाख रुपए का नुकसान है; अगर अलाइनमेंट को फिर से आरेखित किया जाता है तो 250 करोड़ रुपए और खर्च करने पड़ेंगे। श्रीधरन ने 1992 की पहली तिमाही तक गोवा खंड का निर्माण कार्य जारी रखा। के.आर.सी.एल. के अपने विचारों को सार्वजनिक करने के साथ ही आलइनमेंट का विरोध और समर्थन कर रहे समूह खुले तौर पर एक-दूसरे से टकराव में आ गए। एक ओर जहाँ ईसाई पादरियों का विरोध अति मुखर हो रहा था, वहीं दूसरी ओर पारिस्थितिकी विशेषज्ञ डॉ. माधव गाडगिल इस अलाइनमेंट की सार्वजनिक रूप से भर्त्सना कर रहे थे। डॉ. गाडगिल ने मौजूदा अलाइनमेंट और के.आर.सी.एल. के खिलाफ एक तरह के आरोप-पत्र जैसे एक खुले पत्र में यह दावा किया कि अलाइनमेंट को लेकर सवाल इतना बड़ा नहीं है, बल्कि इससे बड़ा सवाल कठोर वैज्ञानिक अध्ययनों पर आधारित एक ऐसी योजना को अपनाना है, जोकि पर्यावरण और गोवा के लोगों की रोजमर्रा की जिंदगी को नुकसान पहुँचाने की गारंटी नहीं देती। यह भाँपते हुए कि इस विवाद ने एक नया मोड़ ले लिया है, के.आर.सी.एल. को लग रहा था कि केंद्र सरकार किसी भी समय इस मामले में हस्तक्षेप कर सकती है। 26 मार्च, 1993 को शुक्रवार के दिन वही हुआ, जिसका कि कोंकण रेलवे को डर था। गोवा में निर्माण कार्य को तुरंत प्रभाव से रोक देने संबंधी प्रधानमंत्री का विशेष आदेश श्रीधरन के कार्यालय में पहुँचा।

गोवा में परियोजना को रोकने के बाद केंद्र ने जून 1993 में इससे जुड़े मुद्दों की समीक्षा के लिए जस्टिस ओझा को नियुक्त किया। मंत्री जाफर शरीफ ने ओझा समिति की रिपोर्ट को संसद् में पेश किया। इसमें लोगों की चिंताओं के निवारण की साधारण अनुशंसाएँ थीं, पर इस रिपोर्ट का निष्कर्ष भी यही था कि सुझाए गए विकल्पों में से कोंकण रेलवे का अलाइनमेंट ही सर्वश्रेष्ठ है। लेकिन रिपोर्ट में विशिष्ट हिदायतों को लेकर अतिरिक्त सुझाव दिए गए थे और परियोजना की समीक्षा के लिए एक योग्य निकाय के प्रावधान की बात कही गई थी। रिपोर्ट में दिए गए कुछ मुख्य सुझाव थे—जुआरी पुल और सड़कों के निर्माण से दिवार द्वीप पर पड़नेवाले पारिस्थितिकीय प्रभाव की समीक्षा करने के लिए एक विशेष निकाय का गठन; तेज ट्रेनों के चलने से संभावित ढाँचागत नुकसान से ऐतिहासिक महत्त्ववाले गिरजाघरों की सुरक्षा; सघन आबादीवाले क्षेत्रों से गुजरनेवाली पटरियों के चारों ओर सुरक्षा बाड़ लगाना और पैदल चलनेवालों के लिए पुलों का निर्माण।

ओझा समिति की रिपोर्ट के अनुपालन में 1993 के अंत में गोवा में निर्माण कार्य फिर से शुरू हुआ। श्रीधरन ने बाद में कहा कि इन विरोधों की वजह से निर्माण कार्यों में नौ महीनों का नुकसान हुआ था। हालाँकि इस परियोजना के अन्य खंडों में उल्लेखनीय प्रगति हुई थी। मार्च 1993 में टोकुर और उडुपी के बीच की 47 किलोमीटर लंबी लाइन को प्रचालन के लिए खोल दिया गया। इसी महीने पहली यात्री ट्रेन उडुपी-मैंगलोर मार्ग पर चली। जून में महाराष्ट्र में 47 किलोमीटर की रोहा-वीर लाइन भी शुरू हो गई।

इस परियोजना में दो वर्ष की देरी होने के कुछ अन्य कारण भी थे। करीब 2,000 करोड़ रुपए लागत अनुमानवाली इस परियोजना को अनेक मौकों पर समय से धन नहीं मिल सका, जिसके चलते इसका निर्माण कार्यक्रम डगमगा गया। एक-तिहाई बजट की जिम्मेदारी राज्य सरकारों पर थी। शेष धन कर-योग्य और गैर कर- योग्य बॉण्ड्स के रूप में घरेलू वित्तीय बाजार से इकट्ठा किया जाना था। यह कोई मुश्किल काम नहीं था। लेकिन देश में शेयर बाजार को हिला डालने वाले हर्षद मेहता कांड ने इन उम्मीदों पर पानी फेर दिया। बॉण्ड्स अपेक्षा से काफी कम कीमत पर बिके। निवेशकों को आकर्षित करने के लिए बॉण्ड्स पर छूट देनी पड़ी। ऐसे अप्रत्याशित झटकों के कारण समय और संसाधनों की बरबादी हुई और परिणामतः परियोजना में देरी हुई। एक अन्य कारण खुद श्रीधरन द्वारा अकसर ऐसे निर्माण कार्यों को निरस्त करना था, जिन्हें समर्थनकारी पर्याप्त भू-तकनीकी अध्ययनों के बिना ही जल्दबाजी में शुरू कर दिया गया था।

इस अभियान ने, जिसे अत्यंत कठिन कार्य कहना न्यूनोक्ति होगा, लगातार ऐसी बाधाओं का सामना किया था, जिनका वर्णन नहीं किया जा सकता। आगे रहते हुए चुनौतियों का सामना करने में परियोजना के अभियंताओं, श्रमिकों और कर्मचारियों का साहस उसे समाप्ति रेखा के पार पहुँचा सका। उन्होंने बहुत त्याग किए, कुछ ने तो आनेवाली पीढ़ियों के लिए प्रगति-पथ तैयार करने के लिए अपनी जान तक जोखिम में डाल दी। साइट पर काम कर रहे कुछ कर्मचारियों और श्रमिकों ने जिन खौफनाक पलों का सामना किया, उनके आगे परियोजना की वित्तीय, प्रौद्योगिकीय और कानूनी बाधाएँ बहुत छोटी और मामूली लगती हैं। ऐसे भी लोग थे, जिन्हें बियाबान में महीनों गुजारने पड़े, अपने प्रियजनों से दूर रहना पड़ा और खतरों से भरे इन कामों को बिना आराम किए करना पड़ा।

अनेक अवसरों पर पूरी तरह से अप्रत्याशित और कई बार खतरनाक परिस्थितियाँ अचानक पैदा हो जाने पर काम में बाधा आई, खासकर गोवा में सुरंग निर्माण के दौरान। जैसाकि हमने पहले देखा है, सुरंगों का काम पूरा होने में छह वर्ष लगे, जिससे कोंकण लाइन की कमीशनिंग में देरी हुई। महाराष्ट्र के महाद क्षेत्र में 1994 में आई बाढ़ कोंकण टीम के बहुत से लोगों के लिए अविस्मरणीय बन गई। उनके वाहन सबकुछ लील लेनेवाले कीचड़ में धँस गए थे। मजदूरों को साइट पर बहुत मुश्किल समय बिताना पड़ा। मृदा-स्खलन और मृत्यु से सिर्फ कुछ इंच दूर मजदूरों और इंजीनियरों को 4 जुलाई, 1997 को उक्शी में एक पहाड़ की चोटी से आखिरी समय पर बचाया गया। उस समय साइट पर करीब 200 लोग थे। कई वाहन और उपकरण धूल-मिट्टी में दब गए। 26 अगस्त, 1997 को परनम सुरंग का काम पूरा होने के सिर्फ तीन महीने पहले विशाल भू-स्खलन से सैकड़ों जानें सिर्फ इसलिए बचाई जा सकीं कि मजदूरों को साइट से समय पर निकाल लिया गया था।

मई 1998 तक जबकि 760 किलोमीटर की लाइन का काम पूरा हुआ, 265 किलोमीटर को पहले ही व्यापार के लिए खोला जा चुका था। अंत में कमीशनिंग किए गए हिस्से खेड से शरवती और परनम से गोवा थे, यह वह खंड था, जिसने टीम के लिए बहुत मुश्किलें खड़ी की थीं, इसे 1997 में पूरा किया गया। उडुपी-कानपुर लाइन कुछ पहले खोली गई थी।

इस अभियान के लिए 6 लाख टन सीमेंट, 80,000 टन लोहे, 2 लाख टन स्ट्रक्चरल स्टील और 1 लाख टन रेल की आवश्यकता थी। भूमि अधिग्रहण की लागत 144.8 करोड़ रुपए थी। निर्माण के लिए जमीन को तैयार करने की लागत 473.15 करोड़ रुपए, पुल निर्माण की लागत 332.11 करोड़ रुपए, सुरंगों पर 538

करोड़ रुपए, पटरियाँ बिछाने पर 488.65 करोड़ रुपए और रेलवे स्टेशनों पर 71.02 करोड़ रुपए का खर्च आया था।

कोंकण अभियान की सफलता से श्रीधरन को अंतरराष्ट्रीय ख्याति मिली थी। आजादी के बाद भारत में रेल, सड़क और सिंचाई के क्षेत्र में अनेक महँगी परियोजनाओं पर काम किया गया था। कोंकण अभियान अविश्वसनीय रूप से साहसिक कार्य था। मीडिया ने श्रीधरन को अतिमानव जैसा दर्जा दिया। कोंकण लाइन का निर्माण भावी परियोजनाओं के लिए एक टेक्स्टबुक मॉडल बन गया था। इन सभी जश्नों के बीच श्रीधरन ने हमेशा खुले तौर पर यह स्वीकार किया कि उन्हें के.आर.सी.एल. में, जो एक नई इकाई और रेलवे से उल्लेखनीय रूप से अलग संगठन था, पूरी आजादी और अधिकार मिले थे। कई बार उनके मार्ग में राजनीतिक और आधिकारिक समूहों ने बाधाएँ भी पैदा कीं, लेकिन श्रीधरन के पास उनका चुनौतियों के रूप में सामना करने के अलावा कोई विकल्प भी नहीं था। उनकी जिम्मेदारी इस अभियान के लिए धन की व्यवस्था करने से लेकर कार्यस्थलों की रोजमर्रा की समस्याएँ तक सुलझाने तक थी। अपने सहकर्मियों के विश्वास और सहयोग के बिना कोई भी उपलब्धि हासिल करना कतई संभव नहीं था। कोंकण अभियान को लेकर श्रीधरन का यही नजरिया है।

राष्ट्र का गौरव कही जानेवाली इस परियोजना के भी अपने आलोचक थे। इस परियोजना पर कुछ विवाद भी हुए, लेकिन यह सब श्रीधरन के के.आर.सी.एल. के सी.एम.डी. का पद छोड़ देने के बाद हुआ। अधिकतर आलोचना कोंकण प्रचालनों से मिलनेवाले ठंडे वित्तीय परिणामों को लेकर थी, जो इस परियोजना से सभी को रही अपेक्षाओं के विपरीत थी। इस लाइन की आर्थिक संभाव्यता पर दरअसल कोई प्रश्नचिह्न नहीं था, लेकिन रेलवे के कोंकण परियोजना से मुँह मोड़ लेने का एक बड़ा कारण इसके द्वारा कम ट्रैफिक पैदा करना था। कोंकण लाइन के बेहतर प्रयोग के लिए पूरक पटरियों की डबलिंग न किए जाने की भी आलोचना हुई। रेलवे ने इस लाइन की डबलिंग का वायदा किया था, लेकिन कोंकण लाइन के मूर्त रूप ले लेने के बाद वे लोग अपने वायदे से मुकर गए। ऐसी आलोचना को देखते हुए श्रीधरन कोंकण परियोजना के महत्त्व की रक्षा के लिए एक बार आगे आए और उनके तर्कों ने बहुत से विरोधियों की बोलती बंद कर दी।

❑

15

मेट्रो मैन

देश श्रीधरन को कभी न भूले, इसके लिए भारतीय रेलवे के साथ बिताया उनका साढ़े तीन दशक का समय और के.आर.सी.एल. में व्यतीत किए सात वर्ष पर्याप्त होने चाहिए। वे स्वीकार करते हैं कि कोंकण लाइन की आखिरी पटरी बिछाए जाने के बाद भी वे सेवानिवृत्ति के बारे में ज्यादा नहीं सोच रहे थे—पटरियों पर तैंतालीस वर्ष काम कर चुकने के बावजूद। इस समय तक वे अपनी आयु के पैंसठ वर्ष पार कर चुके थे। लेकिन इससे पहले कि उन्हें यह सोचने का मौका मिलता कि अब आगे क्या किया जाए, उन्हें डी.एम.आर.सी. की अध्यक्षता के लिए चुन लिया गया था। यह देश में आधुनिक मेट्रो रेल व्यवस्था के कार्यान्वयन का काम था। यह नया कार्यक्षेत्र उनके पिछले अभियानों से भिन्न था। नवयुगीन कोंकण अभियान के बाद भी उनकी पहचान एक अन्य परियोजना से जोड़कर देखी जानेवाली थी, जिसके लिए उन्हें 'मेट्रो मैन' की उपाधि दी जाएगी और वे भारत में मेट्रो व्यवस्था के जनक के रूप में जाने जाएँगे। दिल्ली मेट्रो परियोजना का कार्य उन्हें काफी अप्रत्याशित रूप में मिला।

कोंकण अभियान के बाद जब श्रीधरन कुछ आराम कर रहे थे, तभी दिल्ली मेट्रो की योजना ने गति पकड़ ली थी। कलकत्ता मेट्रो के संकटपूर्ण अनुभव के कारण दिल्ली मेट्रो पर विचार करने में ढाई दशक और लग गए। हमने देखा कि कलकत्ता मेट्रो के 16 किलोमीटर लंबे विस्तार को पूरा होने में बाईस वर्ष का समय लग गया, जिसकी कोई सफाई नहीं दी जा सकती, जिससे परियोजना लागत अनुमान से चौदह गुणा बढ़ गई। हालाँकि यह देश में मास रेपिड ट्रांजिट सिस्टम्स (एम.आर.टी.एस.) की पुरोधा और भावी व्यापक संभावनाओं की अग्रदूत थी।

समय पर प्रौद्योगिकी को उन्नत न किए जाने के कारण यह विचार स्थापित कर दिया था कि परियोजना अपने लक्ष्यों को पूर्ण करने में विफल हो गई है। परियोजना में मुख्य भूमिका निभानेवाले श्रीधरन ने इस नाकामयाबी का आकलन कर लिया था और खुले तौर पर अपनी राय व्यक्त की थी। जो भी हो, कलकत्ता मेट्रो के संकट से मिली सीख को दिल्ली में शुरुआत में ही परखा गया। रेलवे भी एक और आपदा नहीं चाहता था। इसके अलावा उपनगरीय रेल प्रणालियों से नियमित रूप से हो रहा राजस्व घाटा भी उन्हें किसी नए उद्यम की योजना बनाने से रोक रहा था। 1986 में केंद्रीय नगरीय मामले के मंत्रालय ने मेट्रो जैसी प्रणालियों को रेलवे से ले लिया था। रेलवे ने इस कदम का स्वागत किया।

राष्ट्रीय राजधानी में आबादी तेजी से बढ़ रही थी और शहर में वाहनों की तेजी से बढ़ती संख्या को देखते हुए मेट्रो प्रणाली में निवेश करने के अलावा इसके पास और कोई विकल्प नहीं था। मेट्रो प्रणाली केवल तभी काम कर सकती थी, जब शहर की आबादी दस लाख को पार कर ले। दिल्ली ने यह सीमा 1940 में ही पार कर ली थी। 1950 में इसकी आबादी बीस लाख से ज्यादा हो गई थी। भारत में वाहनों के अधिकतम घनत्व के साथ यह शहर दुनिया के सबसे ज्यादा प्रदूषित शहरों की सूची में अपना नाम दर्ज करवा चुका था। शहर के पारिस्थितिकी तंत्र में कुल प्रदूषण का दो-तिहाई अनुमानतः वाहन प्रदूषण के कारण था।

दिल्ली की जन-परिवहन व्यवस्था को आधुनिक बनाने का कोई भी समाधान रेल पर आधारित ही हो सकता था। कम-से-कम पैंतीस अध्ययनों ने एक ही सुझाव दिया था। इनमें से कोई भी किसी ठोस विचार की ओर नहीं ले जा सका था। ऐसा पहला अध्ययन 1957 में 'केंद्रीय सड़क शोध संस्थान' द्वारा किया गया था। इसके बाद होनेवाले सभी अध्ययनों ने शहर के लिए एक एम.आर.टी.एस. की सिफारिश की थी। केंद्र सरकार के सहयोग से राइट्स ने 1994 में एक और अध्ययन करके दिल्ली के मुख्य केंद्रों को जोड़नेवाले 55.3 किलोमीटर के एक मेट्रो नेटवर्क की अनुशंसा की। इसने परियोजना रिपोर्ट का विस्तृत प्रारूप भी तैयार किया। एच.डी. देवगौड़ा के नेतृत्व में सरकार ने योजना का अनुमोदन किया। 'जापान बैंक फॉर इंटरनेशनल कॉरपोरेशन' (जे.बी.आई.सी. अब जे.आई.सी.ए.) परियोजना के वित्त पोषण के लिए तैयार हो गया। 3 मई, 1995 को केंद्रीय मंत्रिमंडल ने परियोजना के लिए अनुमोदन दे दिया। दिल्ली सरकार और केंद्र सरकार की बराबर भागीदारी से डी.एम.आर.सी. बनी। इसके सोलह निदेशकों में से प्रत्येक पाँच संबंधित सरकारों के थे। इसके अलावा बोर्ड अध्यक्ष का पद केंद्र सरकार और प्रबंध निदेशक का

पद राज्य सरकार की झोली में गया। प्रबंध निदेशक पूरी तरह से डी.एम.आर.सी. को समर्पित होगा और इसके दिन-प्रतिदिन के प्रचालनों के लिए उत्तरदायी होगा।

डी.एम.आर.सी. के संस्थापक प्रबंध निदेशक के रूप में श्रीधरन की नियुक्ति अप्रत्याशित होने के साथ-साथ नाटकीय भी थी। अप्रैल 1997 तक डी.एम.आर.सी. के अधिकांश महत्त्वपूर्ण पद भरे जा चुके थे। सहायक कंपनी सचिव पी.के. गुप्ता कॉरपोरेशन में पदभार ग्रहण करनेवाले पहले कर्मचारी थे। सरोज रजवाड़े वित्तीय सलाहकार और डी.डी. पाहूजा मुख्य इलेक्ट्रिकल इंजीनियर बने। सबसे महत्त्वपूर्ण पद को भरने के लिए तलाश जारी थी; लेकिन एम.डी. जैसे पद के लिए कोई उपयुक्त उम्मीदवार नजर में नहीं था, जिसके पास बहुत शक्तियाँ होंगी और जिस उम्मीदवार के पास गहन अनुभव और तकनीकी कौशल हो। इतने समय तक इस पद को खाली रखने के लिए जापानी कंपनी डी.एम.आर.सी. से नाराज थी। उन्होंने इस परियोजना के लिए फरवरी में धन दिया था और यह चेतावनी दी थी कि अगर उन्हें अक्तूबर के अंत तक कोई एम.डी. नहीं मिला तो ऋण देने की प्रक्रिया रुक जाएगी। ऐसी परिस्थिति में इस पद पर एक उपयुक्त उम्मीदवार की नियुक्ति तुरंत की जाने की आवश्यकता थी।

श्रीधरन सबसे पहले दिल्ली मेट्रो से उस पैनल सदस्य के रूप में जुड़े, जिसे प्रबंध निदेशक खोजने का दायित्व सौंपा गया था। पूरी कहानी कुछ इस तरह से रही—सबसे पहले श्रीधरन की इस पद के लिए अनुशंसा की गई थी। गोवा सरकार के मुख्य सचिव रहे वरिष्ठ आई.ए.एस. अधिकारी पी.वी. जयकृष्णन ने, जो बाद में दिल्ली में पदस्थापित हो गए थे, श्रीधरन का नाम प्रस्तावित किया था। जयकृष्णन को कोंकण परियोजना में श्रीधरन के साथ काम करने का अनुभव रहा था और उनके काम करने का तरीका देखने के कारण उन्हें यह विश्वास हो चला था कि वही इस पद के लिए सर्वश्रेष्ठ उम्मीदवार हैं। जयकृष्णन के सहकर्मी भी इस सिफारिश से सहमत थे, लेकिन शुद्ध तकनीकी आधारों पर कुछ आपत्तियाँ थीं। श्रीधरन सात वर्ष पहले अट्ठावन साल की उम्र में रेलवे विभाग से सेवानिवृत्त हो चुके थे। अब वे पैंसठ के हो चुके थे। एक संवैधानिक कानून इस उम्र के किसी व्यक्ति को केंद्र सरकार के आंशिक स्वामित्ववाले किसी संगठन का नेतृत्व करने से रोकता था। इस प्रावधान के कारण श्रीधरन पर इस पद के लिए विचार किया जाना असंभव हो गया था। इसलिए उनसे एक योग्य व्यक्ति को इस पद पर भरती के लिए खोजने के काम में मदद करने को कहा गया। इस पैनल में दिल्ली के मुख्यमंत्री साहिब सिंह वर्मा, लेफ्टिनेंट गवर्नर

तेजेंद्र खन्ना और परिवहन मंत्री राजेंद्र गुप्ता शामिल थे। श्रीधरन भी उनके साथ इसका हिस्सा बने।

इस पैनल ने संभावनायुक्त उम्मीदवारों पर चर्चा करने के लिए कई बैठकें कीं, लेकिन कोई उपयुक्त उम्मीदवार नहीं मिल सका। अंत में इस पैनल ने और बैठक न करने का फैसला किया और इस पद के लिए श्रीधरन को उपयुक्त उम्मीदवार के रूप में अनुशंसित किया। निस्संदेह श्रीधरन को इस संगठन की अगुआई करनी चाहिए थी। किसी व्यक्ति को बाहर खोजना, जबकि वह पहले ही उपलब्ध और निगम की अध्यक्षता करने को तैयार हो, समय की बरबादी होता। शीर्ष प्रशासकों और नौकरशाहों वाले इस पैनल ने भी श्रीधरन की निथुक्ति को रोकनेवाली कानूनी बाध्यताओं को समझा था और वे उनके समाधान के लिए दृढ प्रतिज्ञ थे। श्रीधरन की एक ही शर्त थी कि वे परियोजना को अंजाम तक पहुँचाने और अपनी टीम चुनने में पूरी स्वतंत्रता चाहते हैं, जिसके लिए पैनल आसानी से सहमत हो गया। अब श्रीधरन के अलावा पैनल के अन्य सदस्य उम्र की समस्या से निपटने के उपाय सोचने लगे। यह खबर ऊपर तक पहुँच चुकी थी।

जैसे भी हो, पैनल को वह तरीका ढूँढ़ना था, जिससे श्रीधरन को इस पद पर नियुक्त किया जा सके। एक चिंता श्रीधरन के पैंसठ वर्ष के होने के कारण उनके स्वास्थ्य से भी जुड़ी थी। रेलवे विभाग से चिकित्सकों का एक समूह श्रीधरन के शारीरिक जाँच के लिए आया। चिकित्सकों ने उन्हें इस काम के लिए पूरी तरह से फिट घोषित किया। पहली बाधा पार की जा चुकी थी। दूसरी बाधा वह सेवा नियम था, जो सरकारी नियुक्तियों के लिए ऊपरी आयु-सीमा निर्धारित करता था। तत्कालीन कैबिनेट सचिव टी.एस.आर. सुब्रह्मनयम ने एक साहसिक फैसला लिया। उम्मीदवारी की प्रक्रिया आगे बढ़ानेवाली फाइल पर उन्होंने लिखा, 'अगर यह देश एक पचहत्तर वर्षीय व्यक्ति द्वारा शासित हो सकता है तो पैंसठ वर्ष के श्रीधरन डी.एम.आर.सी. जैसे संगठन को क्यों नहीं चला सकते?' उन्होंने श्रीधरन की उम्मीदवारी का पुरजोर समर्थन किया। उनका यह कदम अत्यंत अप्रत्याशित था। श्रीधरन की नियुक्ति से पहले इस उम्र के किसी सरकारी सेवक को ऐसे समकक्ष संस्थान में कभी नियुक्त नहीं किया गया था और तब से अब तक ऐसा कभी नहीं हुआ है! यह श्रीधरन की क्षमताओं में प्रशासन का विश्वास ही था, जिसने उन्हें श्रीधरन को नए उद्यम की बागडोर सौंपने के लिए यह असाधारण कदम उठाने को प्रेरित किया।

यह वर्ष 1997 का था और अक्तूबर का महीना चल रहा था। कोंकण रेलवे

में श्रीधरन की जिम्मेदारियाँ सफलतापूर्वक पूरी होने जा रही थीं। लेकिन 4 नवंबर से 15 दिसंबर के बीच वे बिना आराम किए मुंबई और दिल्ली के बीच लगातार आते-जाते रहे। जब तक पूरी टीम तैयार नहीं हो गई, वे पहले से काम पर रखे गए कर्मचारियों और के.आर.सी.एल. से की गई नई भर्तियों की सहायता से डी.एम.आर.सी. को चलाते रहे। कोंकण रेलवे में विशेष ड्यूटी पर अधिकारी रहे ए.के.पी. उन्नी भी डी.एम.आर.सी. चले गए थे।

अनेक समाचार-पत्रों द्वारा कोंकण की अविश्वसनीय कहानियों की खुलकर प्रशंसा करने के साथ ही श्रीधरन मीडिया के अत्यंत प्यारे और पसंदीदा व्यक्तित्व बन गए थे। निश्चित रूप से केरल में उनके मलयाली कोण के बारे में खूब बढ़ा-चढ़ाकर लिखा गया था। राज्य की समाचार पत्रिकाएँ उस कोंकण परियोजना की हर सफलता का जश्न मनाते हुए अखबारों के पन्ने इसकी खबरों से रँगे रखती थी, जिसका नेतृत्व केरल के सपूत श्रीधरन कर रहे थे। जब डी.एम.आर.सी. के नेतृत्व के लिए श्रीधरन को नियुक्त किया गया तो इस खबर का जश्न मनानेवालों में न सिर्फ स्थानीय मीडिया बल्कि राष्ट्रीय मीडिया भी शामिल था।

श्रीधरन ने नया पदभार आधिकारिक रूप से 4 नवंबर, 1997 से ग्रहण किया। शुरू-शुरू में डी.एम.आर.सी. के पास कामकाज करने के लिए अपनी इमारत तक नहीं थी। दो कमरे, जिनमें से एक केंद्रीय शहरी मामले मंत्रालय और दूसरा रेल भवन द्वारा दिया गया था, इसके अस्थायी कार्यालय थे। मंत्रालय वाले कमरे में पाहुजा, गुप्ता और रजवाड़े, जबकि रेल भवन में कोंकण रेलवे के पंजीकृत कार्यालय में श्रीधरन और उन्नी बैठते थे। डी.एम.आर.सी. का शुरुआती शोध कार्य यहीं से शुरू हुआ। जल्द ही लोदी रोड के पास प्रगति विहार हॉस्टल की इमारत में एक कार्यालय स्थपित किया गया। शुरुआती दिनों में हॉस्टल में पर्याप्त सुविधाएँ नहीं थीं, जिसमें शॉप को चलाने के लिए बिजली और पानी भी शामिल थे। इन सब असुविधाओं के बावजूद मेट्रो की योजना बनाने का पूरा काम शिड्यूल के अनुसार किया गया। कार्यालय के विस्तार के लिए इमारत की तीन मंजिलों को बाद में लीज पर लेकर फर्निश करवाया गया।

श्रीधरन का अगला प्रयास अपनी टीम खड़ी करने का था। वे रेलवे से अनेक कौशलप्राप्त कर्मचारियों को अस्थायी भूमिकाओं में लाए। श्रीधरन ने लोगों को काम पर रखने की प्रक्रिया खुद अपनी निगरानी में की। हर उम्मीदवार का साक्षात्कार खुद लेकर उनकी क्षमताओं के संबंध में अपने मूल्यांकन के आधार पर उनकी भरती की। 1998 के अंत तक उन्होंने करीब सौ कर्मचारियों की भरती कर ली

थी, जिनमें से सभी अठारह से तीस वर्ष के बीच थे। अनुभवी भर्तियों में से सत्तर प्रतिशत रेलवे विभाग से की गई थी। सख्त चयन प्रक्रिया की आलोचना भी हुई। भरती प्रक्रिया धीमी मुख्यत: सभी अपेक्षित पहलुओं के लिए उम्मीदवारों की जाँच में लगनेवाले समय के कारण रही, लेकिन कुछ लोगों ने इसे खुद परियोजना में होनेवाली निश्चित देरी के संकेत के रूप में देखा। लेकिन भरती प्रक्रिया पूरी होते ही श्रीधरन ने जिस बिजली की तेजी से काम किया, उसने साबित कर दिया कि ये चिंताएँ अटकलों से ज्यादा कुछ नहीं थीं।

हालाँकि श्रीधरन से वायदा किया गया था कि डी.एम.आर.सी. के प्रचालनों में किसी का कोई दखल नहीं रहेगा, लेकिन बाद में उन्होंने बताया कि ऐसा हमेशा नहीं हुआ था। शुरू-शुरू में नियुक्तियों, संविदाओं और भूमि-अधिग्रहण आदि कार्यों को प्रभावित करने के निरंतर प्रयास किए गए, लेकिन श्रीधरन निहित स्वार्थों के प्रति समर्पण न करने के परिणामों की चिंता किए बगैर हर बार अपनी धारणाओं और फैसलों पर अडिग रहे।

डी.एम.आर.सी. में किसी कर्मचारी के बने रहने के लिए नैतिक मूल्य और ईमानदारी उतने ही अनिवार्य गुण थे, जितना कि उनका व्यावसायिक कौशल। श्रीधरन के अनुसार डी.एम.आर.सी. में ईमानदार होने का अर्थ सिर्फ शाब्दिक नहीं था। पेशेवर ईमानदारी ही पर्याप्त नहीं थी, कर्मचारियों को आमतौर पर भी ईमानदार होना जरूरी था, ताकि हर कोई उनमें यह खासियत तुरंत देख सके। इसी कारण चयन प्रक्रिया बहुत लंबी खिंची थी, जिसमें कर्मचारियों की जाँच ईमानदारी और काबिलीयत, दोनों लिहाजों से की गई थी। नए भरती होनेवालों को नौ-सूत्रीय आचार संहितावाले एक दस्तावेज पर हस्ताक्षर करके नैतिकता और नैतिक मूल्यों के प्रति अपनी प्रतिबद्धता की घोषणा करनी होती थी। इनमें से कुछ बिंदु इस प्रकार थे—संगठन का हिस्सा रहते हुए नकद या किसी अन्य रूप में अनुचित लाभ न कमाएँ, निजी फायदों या उन्नति के लिए षड्यंत्र न रचें या लॉबिंग न करें, निजी स्वार्थों के लिए पद का दुरुपयोग न करें, नौकरी के दौरान किसी अन्य व्यापार में संलग्न न रहें, व्यभिचार जैसी किसी अनैतिक गतिविधि में संलग्न न रहें, भ्रष्टाचार के उन्मूलन में मदद करें आदि।

हालाँकि डी.एम.आर.सी. में तकनीकी कर्मचारियों की भरती देशभर से की गई थी, लेकिन वास्तव में उन्हें मेट्रो प्रणालियों की पर्याप्त जानकारी नहीं थी। श्रीधरन अपनी टीम के किसी भी इंजीनियर से अपेक्षाओं में कोई समझौता नहीं करते थे। वे यह स्वीकार करने को तैयार नहीं थे कि उसका कौशल विश्वस्तरीय से जरा भी

कम हो। वे उन्हें याद दिलाते रहते थे कि एक तकनीशियन की चिंता सिर्फ वेतन के चेक या हित-लाभों तक या प्रसिद्धि पाने अथवा पदक्रम में ऊपर चढ़ते रहने तक ही सीमित नहीं होनी चाहिए। अपने सहकर्मियों और पर्यवेक्षकों का सम्मान और उनसे मान्यता पाने का एकमात्र तरीका अपने काम का गहन ज्ञान और कौशल प्राप्त करना तथा उन्हें बदलते वक्त के साथ सुधारते रहना और अनुकूलित करते रहना है। पद और पदोन्नतियाँ खुद-ब-खुद उन तक आ जाएँगी।

देश ने अपनी पहली मेट्रो व्यवस्था कलकत्ता में शुरू की थी। लेकिन दिल्ली परियोजना की योजना बनाए जाने तक मेट्रो प्रौद्योगिकी कल्पनातीत रूप से आगे बढ़ चुकी थी। इसे सीखने का एकमात्र तरीका विदेश जाकर इसके बारे में जानना था, जहाँ नवीनतम प्रौद्योगिकी के साथ मेट्रो ट्रेन का निर्माण किया गया था। नई भरती किए गए इंजीनियर्स को बीस सदस्योंवाली दो टीमों में बाँट दिया गया। इंजीनियर्स के इन दो समूहों को, जिनमें कि दूरसंचार, सिग्नलिंग और इलेक्ट्रिकल शाखाओंवाले इंजीनियर शामिल थे, मेट्रो प्रणालियों वाले आठ देशों में भेजा गया। यह 1998 की बात है। एक समूह दक्षिण एशियाई देश और जापान गया, तो दूसरा समूह यूरोप गया। बीस दिन के इस यात्रा कार्यक्रम का एकमात्र लक्ष्य मेट्रो प्रणालियों के सभी पहलुओं को जानना और समझना था। ऐसी यात्राओं में आमतौर पर की जानेवाली खरीदारी, घूमने-फिरने आदि को पूरी तरह से हतोत्साहित किया गया। कुछ देशों में तो दौरा करनेवाले इंजीनियर्स ने केवल कुछ घंटे ही गुजारे। हवाई अड्डे पर उतरते ही वे देश के मेट्रो नेटवर्क को देखने आगे बढ़ते और उसकी कॉरपोरेट व्यवस्था का भी अध्ययन करने की कोशिश करते, उसके उत्पादन केंद्रों का दौरा करते और देश में इस उद्योग के विशेषज्ञों के साथ बैठकें निर्धारित करते। अपना काम पूरा हो जाने के साथ ही टीम अपनी अगली मंजिल के लिए निकल पड़ती। रेलवे से आनेवाले इंजीनियर्स के लिए यह एक नया और तरो-ताजा करनेवाला अनुभव था। इंजीनियर्स ने तीन से चार महीने तक विदेशी परामर्शदात्री फर्मों से भी प्रशिक्षण लिया। दिल्ली मेट्रो की नियमित अंतरराष्ट्रीय परामर्शदात्री फर्मों ने 'पेसिफिक कंसल्टेंट्स इंटरनेशनल' (पी.सी.आई.), 'पारसंस ब्रिंकरहॉफ इंटरनेशनल' (पी.बी.आई.) और 'जापान रेलवे तकनीकी सेवा' (जे.ए.आर.टी.एस.) ने इंजीनियर्स को चार से पाँच महीने के प्रशिक्षण सत्र दिए। यह डी.एम.आर.सी. के युवा इंजीनियरों के लिए यूरोप और संयुक्त राज्य अमेरिका में प्रयुक्त प्रौद्योगिकियों को सीखने का एक महान् अवसर था। आजकल भारत में इंजीनियरों के लिए प्रशिक्षण सुविधाएँ हैं। 2002 में डी.एम.आर.सी. ने शास्त्री पार्क में इंजीनियर्स के लिए एक

'मेट्रो प्रौद्योगिकी प्रशिक्षण केंद्र' बनाया था। रेलवे विभाग से प्रतिनियुक्ति पर आए पेशेवर कनिष्ठ अभियंताओं को प्रशिक्षण देते हैं, जिन्हें बाद में तीन महीने के और प्रशिक्षण के लिए हांगकांग भेजा जाता है। डी.एम.आर.सी. संस्थान दक्षिण एशिया में अपनी तरह का इकलौता संस्थान था।

चूँकि इस परियोजना की योजना बनाने और इसे पूरा करने का काम तेजी से करना था, प्रशासनिक ढाँचा के.आर.सी.एल. की तरह ही जान-बूझकर छोटा रखा गया था। सर्वोच्च शक्तियाँ प्रबंध निदेशक के पास होने के कारण निदेशकों का दस सदस्यीय बोर्ड डी.एम.आर.सी. की दिन-प्रतिदिन की गतिविधियों में दखल नहीं देता था। परंपरागत प्रबंधन तरीके को बदलकर श्रीधरन के लंबे अनुभव और उनकी अपनी बुद्धिमत्ता तथा दूरदर्शिता आधारित नीतियों पर आधारित कार्यपद्धति से बदल दिया गया था। हर अधिकारी के पास अनेक जिम्मेदारियाँ और काम थे, उसे जटिल मुद्दों को सुलझाना था और अपने अधीनस्थों को निर्देश देने थे। हर मामले में प्राथमिकता हमेशा शीघ्र निर्णय करने की रहती थी। किसी भी मुद्दे के उठने के दिन ही उस पर निर्णय लेने पर सख्ती से जोर दिया जाता था। अधिकारियों को हल करने के लिए समस्याओं के साथ-साथ बिना आलस समाधान फरमान भी दिया जाता था। विभाग प्रमुखों द्वारा ली जानेवाली साप्ताहिक बैठकों में परियोजना की योजना और प्रगति की समीक्षा की जाती थी। कोंकण की तरह ही डी.एम.आर.सी. के शीर्ष अधिकारियों तक की उपस्थितिवाली बैठकों का भी कार्यवृत्त नहीं रखा जाता था। वे पिछले हफ्ते की प्रगति की समीक्षा करके और मौजूदा हफ्ते के लक्ष्य और शिड्यूल निर्धारित करके बैठक खत्म कर देते। हर महीने मध्य स्तरीय प्रबंधकों की भी एक और बैठक होती। इस प्रकार प्रबंधन परियोजना के काम में हर सदस्य की भागीदारी सुनिश्चित कर सका।

श्रीधरन कार्यपालक स्तर के हर अधिकारी को भरती के समय स्वामी विद्या प्रकाशानंद की व्याख्या वाली 'भगवद्गीता' की प्रति भेंट किया करते थे। स्वामीजी का संबंध आंध्र प्रदेश में कलाहस्ती के श्री शुकब्रह्म आश्रम से है। यह उपहार इसे दिए जानेवालों तक निस्संदेह यह संदेश पहुँचा देता था कि श्रीधरन की उनसे क्या अपेक्षा है। और यह डी.एम.आर.सी. में प्रेरणा का अनंत स्रोत बन गया था। श्रीधरन अपने संगठन में किसी धर्म-विशेष के समर्थन में गीता नहीं बाँटते थे। वे गीता को डी.एम.आर.सी. के प्रचालनों के लिए प्रबंधन पद्धतियों के मूल दस्तावेज के रूप में सँजोते थे। खुद को जीवंत बनाए रखने के तरीके खोजते हुए समाज के लाभ के लिए कर्म करने का संदेश देने का इससे बेहतर कोई तरीका नहीं था।

यह उपहार अपने पाठकों को सभी समस्याओं को एक तरफ रखते हुए खुद को कर्तव्यरत करने का संदेश देता था। सोमवार को विभाग प्रमुखों की बैठक के दौरान श्लोकों का उच्चारण और प्रवचन आम परिपाटी थी। श्रीधरन अपने स्कूल के दिनों से ही इन पर विश्वास करते थे और लोगों में ऐसे नैतिक मूल्य स्थापित करने की जरूरत पर जोर देते थे।

❑

16
लंबी छलाँग

जिस समय दिल्ली मेट्रो का काम चल रहा था, उस समय दुनिया भर में मेट्रो प्रणालियाँ कितनी लंबी छलाँग लगा चुकी थीं, इसकी झलक पाना दिलचस्प होगा। लंदन में भूमिगत सुरंग के साथ ही 1863 में आई मेट्रो क्रांति बीसवीं शताब्दी की शुरुआत से दुनिया में फैल गई थी। विकसित देशों ने नई-नई प्रौद्योगिकियों का आविष्कार कर लिया था और अपने सभी मुख्य शहरों में मेट्रो प्रणालियों को कार्यान्वित कर दिया था। जनवरी 2013 में लंदन में जब मेट्रो की 150वीं वर्षगाँठ मनाई गई, तब तक दुनिया भर के 180 शहर मेट्रो यातायात प्रणाली को अपना चुके थे। अन्य पचास देशों में नई मेट्रो ट्रेनों का काम शुरू हो चुका था। उपलब्ध आँकड़े दरशाते हैं कि वर्तमान में दुनिया भर के करीब 7,000 स्टेशन और 8,000 किलोमीटर मेट्रो ट्रैक हैं। हालाँकि मेट्रो प्रणाली यूरोप में विकसित हुई थी, लेकिन मेट्रो प्रौद्योगिकी के क्षेत्र में लंबे डग भरनेवाले देश एशियाई थे, जिनका नेतृत्व जापान कर रहा था और जहाँ सबसे उन्नत ट्रैक थे। सबसे ज्यादा स्टेशनों और सबसे लंबे ट्रैक के साथ दुनिया का सबसे बड़ा मेट्रो नेटवर्क न्यूयॉर्क सिटी सबवे था। यह 468 स्टेशनों के साथ 338 किलोमीटर लंबा था। क्षमता के लिहाज से यह दुनिया में सातवाँ स्थान रखता है। सिओल मेट्रो ने अपनी साफ-सफाई, आधुनिक सुविधाओं और समयबद्ध प्रचालनों के लिए प्रतिष्ठा पाई थी। सुविधाओं की बात करें तो अचंभित करनेवाली ऐसी सुविधाओं की सूची थी—स्वचालित प्लेटफॉर्म गेट, सभी दरवाजों पर डिजिटल साइनेज, गूगल मैप्स के साथ टच-स्क्रीन, अंग्रेजी और स्थानीय भाषा में घोषणाएँ, संपर्करहित स्मार्टकार्ड टिकट व्यवस्था, इ-मनी अंतरण आदि। यात्री-संख्या के लिहाज से इसका स्थान टोक्यो मेट्रो के एकदम

बाद आता था। इसके अलावा बीजिंग और मॉस्को की मेट्रो प्रणालियों का भी खूब प्रयोग होता था। टोक्यो मेट्रो में लगभग 300 स्टेशन थे और प्रतिदिन 80 लाख यात्री इसमें यात्रा करते थे। पूरी तरह से सरकार द्वारा संचालित मॉस्को मेट्रो में रोज 70 लाख लोग यात्रा करते हैं। यहाँ बारह लाइनों पर 312 किलोमीटर पटरियाँ हैं और हर डेढ़ मिनट में ट्रेनें चलती हैं। प्रतिदिन यात्रा करनेवालों की संख्या के लिहाज से चीन की बीजिंग मेट्रो प्रथम स्थान पर है, मार्च 2013 तक इसकी यात्री-संख्या एक करोड़ को पार कर चुकी थी। चीन तेज गति से सेवाओं को विकसित करते हुए पहले दर्जे का मेट्रो देश बन गया। वर्ष 2015 तक चीन का उद्देश्य अपनी लाइनों को सत्रह से बढ़ाकर उन्नीस और ट्रैक की कुल लंबाई बढ़ाकर 700 किलोमीटर तक करने का था। डी.एम.आर.सी. की स्थापना के समय दुनिया भर में मेट्रो प्रणालियों की स्थिति और भावी योजनाओं की यह स्थूल तसवीर थी।

सन् 1998 में मेट्रो प्रणाली की योजना बनाने का काम शुरू करने के लिए एक सामान्य परामशदात्री फर्म, जो अंततः तीन फर्मों का संघ रहा, को काम पर रखने की आवश्यकता थी। छह निविदाएँ आमंत्रित की गईं। डी.एम.आर.सी. ने वित्तीय और तकनीकी मानकों के लिए उनकी समीक्षा की। संघ में जगह बनानेवाले परामर्शदाता पी.सी.आई., पी.बी.आई. और जे.ए.आर.टी.एस. रहे। संघ में पी.सी.आई. की मुख्य परामर्शदाता के रूप में नियुक्ति की इस आधार पर आलोचना की गई कि उनके जे.बी.आई.सी. के, जो दिल्ली परियोजना का ऋणदाता था, इन-हाउस परामर्शदाता होने के कारण उनकी नियुक्ति में हितों का संघर्ष था। इस स्थिति को डी.एम.आर. सी. के अपने फैसलों में पारदर्शी न रह पाने के रूप में देखा गया। अफवाह ने जोर पकड़ा और उसे नजरअंदाज करना संभव नहीं रहा। तब सरकार ने चयन-प्रक्रिया की समीक्षा करने का फैसला किया। डी.एम.आर.सी. ने अपना पक्ष रखते हुए परामर्श सेवा प्रदाता के चयन में अपनाई गई प्रक्रियाओं के बारे में बताया। यह स्पष्ट हो गया कि कोई बेईमानी नहीं की गई थी और नियुक्ति पूरी तरह से योग्यता के आधार पर की गई थी और इस तरह अफवाहों को विराम मिला। इस मुद्दे पर एक पार्श्व टिप्पणी यह रही कि एक दैनिक समाचार-पत्र, जो लगातार डी.एम.आर.सी. को बदनाम करनेवाली खबरें छाप रहा था, उसने बाद में अपनी गलती स्वीकार करते हुए सार्वजनिक रूप से माफी माँगी थी।

परियोजना के पहले चरण में तीन खंड शामिल थे। पहली 8.3 किलोमीटर की रेड लाइन थी, जो दिलशाद गार्डन से शुरू होकर रिठाला तक जानी थी। इसे पूर्व-पश्चिमबद्ध शहादरा-तीस हजारी लाइन भी कहा जाता था। ट्रैक का अधिकांश

हिस्सा सड़क के 10 मीटर ऊपर बने एक पुल के सहारे गुजरता था। इस पुल का निर्माण, जो शास्त्री पार्क और कश्मीरी गेट स्टेशन के बीच यमुना नदी के ऊपर से गुजरता है, नीचे रोजमर्रा का ट्रैफिक बने रहने के साथ ही किया जाना था। रेड लाइन के विस्तार के साथ ही और तीस हजारी-इंद्रलोक, इंद्रलोक-रिठाला और शहादरा-दिलशाद गार्डन खंड उसकी परिसीमा में आए, यह लाइन बढ़कर 25.09 किलोमीटर की हो गई।

दूसरे खंड येलो लाइन का पहला चरण विश्वविद्यालय और कश्मीरी गेट को जोड़ता था और 11 किलोमीटर लंबा था। यह मेट्रो का ऐसा पहला ट्रैक भी था, जो किसी सुरंग से गुजरता था। विस्तृत 44.65 किलोमीटर के इस खंड में गुड़गाँव, हरियाणा के हुडा सिटी सेंटर और उत्तर में जहाँगीरपुरी के बीच 34 स्टेशन हैं। लाइन के दोनों सिरे ऊँचे उठे हुए ट्रैक्स पर चलने के लिए डिजाइन किए गए थे, जबकि सघन आबादीवाले इलाकों से गुजरनेवाले बीच के हिस्से में सुरंगें थीं। तीसरा खंड ब्लू लाइन भी मेट्रो को शहर से बाहर ले जाने के लिए डिजाइन किया गया था। यह पश्चिम में द्वारका उपनगर से पूर्व में नोएडा तक है। इसमें से आधा ऊपर उठे हुए ट्रैक्स, जबकि आधा भूमिगत था। 60 किलोमीटर की यह लाइन यमुना को पार कर इंद्रप्रस्थ और यमुना बैंक स्टेशन को जोड़ती है। मौजूदा रेलवे पुल के ऊपर झूलता पुल ब्लू लाइन परियोजना के भाग के रूप में निर्मित किया गया था।

निश्चित रूप से यह योजना और डिजाइन विवादों के बिना मूर्त रूप नहीं ले सकते थे। जैसे ही डी.एम.आर.सी. ने हर खंड के लिए योजना बनाई, सभी हिस्सों से अनेक परिवर्तनों की फरमाइशें आने लगीं। दिल्ली सरकार ने हर मोड़ पर इन योजनाओं में अनेक सुधारों की माँग की थी। उन पर पीछे से ऐसा करने का दबाव था। डी.एम.आर.सी. ने केंद्र सरकार को कई प्रस्तुतियाँ दीं। सुझावों और सिफारिशों की समीक्षा करने और उन्हें अनुकूल रूप से अपनाने में समय बीतता चला गया। बहुत से पर्यवेक्षकों को तर्कसंगत रूप से ऐसा लगता था कि दिल्ली मेट्रो सिर्फ एक पेपर पर रहनेवाली परियोजना है।

इस बीच डी.एम.आर.सी. ने एक महत्त्वपूर्ण रणनीतिक कदम उठाया। उन्होंने दुगुनी तेजी के साथ शहादरा-तीस हजारी लाइन का निर्माण कार्य शुरू कर दिया, जिसमें परिवर्तन करने के ज्यादा अनुरोध नहीं मिले। डी.एम.आर.सी. के खिलाफ यह अभियान कि वह बस एक और सफेद हाथी साबित होनेवाला था, पहले से ही चल रहा था। ऐसी शंकाओं के निवारण के लिए डी.एम.आर.सी. पूरी गति से काम में जुट गया, उसने शहादरा-तीस हजारी खंड के विस्तृत सर्वेक्षण किए

व निविदाओं और भूमि-अधिग्रहण के लिए आमंत्रण जारी किए। इस इलाके के इंफ्रास्ट्रक्चर, जैसे पानी के पाइप, बिजली और टेलीफोन लाइनों को फिर से ठीक करने का काम चल रहा था। स्थानीय ट्रैफिक मार्गों को भी फिर से अलाइन किया गया। आम जनता के साथ सामंजस्य और संपर्क के प्रयास काफी पहले ही शुरू हो चुके थे। डी.एम.आर.सी. के अधिकारियों के अलावा पुलिस अधिकारियों, जल विभाग के अधिकारियों और अन्य सरकारी कार्यालयों के प्रतिनिधियों ने आम लोगों के साथ बातचीत करने के लिए डी.एम.आर.सी. के खुले मंचों में भाग लिया था। इस प्रक्रिया से परियोजना के कार्यान्वयन चरण में जाने पर डी.एम.आर.सी. को आम लोगों की मुश्किलों और शिकायतों को समय रहते समझने में मदद मिली। प्रभावित लोगों से प्रत्यक्ष बातचीत के ऐसे करीब 500 कार्यक्रम आयोजित किए गए थे। निर्माण कार्य के कारण बाद में उन्होंने जिन समस्याओं का सामना किया, वे अपेक्षाकृत रूप से छोटी थीं और उन्हें इन बैठकों के बिना भी आसानी से सुलझाया जा सकता था। लेकिन यह संभावना हमेशा बनी रही कि शुरू में नजरअंदाज की गई कोई छोटी सी समस्या भी बाद में अराजक रूप ले सकती थी और एक बड़ा संकट बन सकती थी। इस स्थिति को रोकना था।

डी.एम.आर.सी. ने बंद रास्तों, टूटी बाड़ों और पानी के पाइपों, काटी गई बिजली की लाइनों आदि की शिकायतों का पूरी तत्परता से निपटान किया। मेट्रो कॉरपोरेशन शिकायतों के निपटान में मदद शिकायतकर्ताओं का मार्गदर्शन करके या उनकी मदद के लिए परियोजना के बजट से पैसा काम में लेकर करता था। यह सब दिल्ली के लोगों के लिए एक सुखद अनुभव था। इससे पहले तक इलाके की किसी भी परियोजना में शहरवासियों से सलाह नहीं ली गई थी, यहाँ तक कि उनकी शंकाओं या समस्याओं तक पर कभी विचार नहीं किया गया था।

परियोजना के पहले चरण में बहुत ज्यादा व्यक्तिगत जमीन की जरूरत नहीं थी। फिर भी श्रीधरन ने कोंकणवाला दृष्टिकोण ही अपनाया। पहले कदम के रूप में कानूनी रास्ता अपनाने के बजाय डी.एम.आर.सी. अधिकारियों ने भूमि या गृह स्वामियों से उनकी जरूरतों के बारे में जानने के लिए सीधे मुलाकात की। उन्होंने उन्हें बताया कि अलाइनमेंट नहीं बदला जाएगा, लेकिन परिचिह्नित स्थानों को जल्द-से-जल्द खाली करवाने में मदद के लिए भूमि या गृहस्वामी उपयुक्त मुआवजे या पुनर्वास के हकदार हैं। यहाँ यह जानना महत्त्वपूर्ण है कि दिल्ली सरकार ने अलाइनमेंट के अंतिम प्रारूप पर डटे रहने में डी.एम.आर.सी. का पूरा समर्थन किया। अलाइनमेंट का आखिरी हिस्सा तीस हजारी में ऐसी इमारतों से होकर

गुजरना था, जहाँ वकीलों के कार्यालय थे। वकीलों ने भूमि अधिग्रहण कार्यक्रम में रुकावट डालते हुए इसका प्रतिरोध किया और पूरे शोर-शराबे के साथ मुख्यमंत्री शीला दीक्षित से मिलने की माँग की। लेकिन उन्होंने अलाइनमेंट नहीं बदलने का डी.एम.आर.सी. का फैसला ही दोहराया। इसे महीनों सोच-विचार करने के बाद तैयार किया गया था और इस पर काम शुरू हो जाने के बाद इसे बदलना विवेकसंगत नहीं होता। लेकिन सरकार ने आंदोलनकारियों को यह आश्वासन दिया था कि निर्माण कार्य से उनके कामकाज में कोई रुकावट नहीं आएगी। इस आश्वासन से अपेक्षित नतीजे मिले।

परियोजना क्षेत्र में विभिन्न धार्मिक स्थलों के होने से भी एक बड़ी समस्या खड़ी हो गई थी। डी.एम.आर.सी. ने अपने पैसे का उपयोग करते हुए अनेक प्रार्थना स्थलों का स्थान परिवर्तन किया था। शहादरा में निर्माण-कार्य चलने के समय डी.एम.आर.सी. ने एक मंदिर और उसके देवी-देवता को दिल्ली में स्थापित किया था और मूर्तियों के लिए एक बिल्कुल नई जगह बनाई थी। शहादरा में करीब 300 छोटे व्यवसायी भी थे, जिन्हें विस्थापित किया गया था। उन्हें इसी उद्देश्य से बनाई गई दुकानों में बसाया गया, जो उनके मूल स्थान से ज्यादा दूर नहीं थीं। हालाँकि यह कदम उठाने का दायित्व सरकार का था, लेकिन सरकार के ढीले तौर-तरीकों और रवैये को समझते हुए डी.एम.आर.सी. खुद बीच में आया और मैत्रीपूर्ण समझौतों के लिए खुद व्यापारियों से मिला।

शहादरा-तीस हजारी लाइन का काम चलने के दौरान जापानी द्वारा दिया जानेवाला धन नहीं मिल सका था। परियोजना की वित्तपोषण योजना के अनुसार राज्य और केंद्र सरकारों में से प्रत्येक को परियोजना की कुल लागत का 15 प्रतिशत देना था, जबकि अधिकांश निवेश करीब 60 प्रतिशत जापानी ऋणदाता द्वारा किया जाना था। बाकी का पैसा पूरक व्यापार केंद्रों और विज्ञापन से प्राप्त होनेवाले राजस्व से जुटाना था। देरी होने की लागत प्रतिदिन 2.3 करोड़ रुपए थी। इस बीच भारत में पोखरण में हुए नाभिकीय परीक्षणों को अंतरराष्ट्रीय रूप से राजनीतिक स्तर पर अस्वीकृत और नापसंद किया गया था, इसलिए जापान से मिलनेवाले ऋण पर संदेह के बादल गहरा गए। परियोजना संबंधी वित्तीय निर्णय लेने का अंतिम अधिकार रखनेवाले श्रीधरन निर्माण चरण को शुरू करने के अपने शिड्यूल व अपने इस आंतरिक विश्वास के साथ बढ़ते रहे कि जापान से ऋण अवश्य मिलेगा। निश्चित रूप से यह एक साहसिक कदम था, लेकिन अब तक ऐसे साहसिक निर्णय श्रीधरन की पहचान बन गए थे। वे सही समय पर सख्त निर्णय

लेने की अपनी नीति पर अडिग रहे। निर्णय सही होगा या गलत, इससे कोई फर्क नहीं पड़ता, फैसला लेना ज्यादा महत्त्वपूर्ण है। अनेक बार श्रीधरन अपने अधीनस्थों के सामने आ रही अत्यधिक जटिल परिस्थितियों में उलझ पड़ते, ताकि वे लोग समय पर निर्णय ले सकें। शाहदरा-तीसहजारी लाइन के विकास के दौरान श्रीधरन के कार्यस्थल का दौरा करने पर डी.एम.आर.सी. के कुछ करोड़ रुपयों की बचत हो जाती। प्रारंभिक योजना शहादरा और सीलमपुर के बीच एक मेहराबदार ट्रैक बनाने की थी। लेकिन जब श्रीधरन साइट पर गए तो उन्होंने पाया कि ट्रैक के लिए एक पुल पर रास्ता बनाना ज्यादा सस्ता और बेहतर होगा। बाद में डी.एम.आर.सी. द्वारा किए गए परिकलन में पाया गया कि मेहराबदार ट्रैक का निर्माण नहीं करने के फैसले से करोड़ों रुपयों की बचत हुई थी।

ठेका कितना भी बड़ा क्यों न हो, निविदा प्रक्रिया, ठेकेदारों का चयन और ठेके प्रदान करना प्रबंध निदेशक की शक्तियों में आता है। इससे गतिविधियाँ तेजी से आगे बढ़ती रहीं। ऐसे भी उदाहरण थे, जब कुछ सबसे महत्त्वपूर्ण ठेकों को महज तीन हफ्तों के समय में प्रदान किया गया था। श्रीधरन ज्यादा कीमतवाले सभी ठेकों की समीक्षा करते थे, तेजी से निर्णय लेते थे और बोर्ड को विवरण पेश करते थे। उनके फैसलों पर कभी सवाल नहीं उठाया गया या संदेह नहीं किया गया। सार्वजनिक क्षेत्र के अन्य सभी उद्यमों की तरह ही सार्वजनिक छानबीन और नियमित लेखा परीक्षाएँ डी.एम.आर.सी. पर भी प्रयोज्य थीं। कॉरपोरेशन कानूनी रूप से नियंत्रक और महालेखा परीक्षक (सी.ए.जी.), केंद्रीय सतर्कता आयोग (सी.वी.सी.) और संसदीय समितियों द्वारा समीक्षाधीन था।

मेट्रो जैसी नई योजना लाना स्वाभाविक रूप से सभी प्रकार की अवरोधक धोखाधड़ियों को आकर्षित करता। शुरुआती चरणों से ही परियोजना पर काम कर रहा कानूनी विभाग उनसे अलग से निपट सका और इससे परियोजना के सुगम कार्यान्वयन के लिए माहौल बना। भूमि अधिग्रहण, कर्मचारी विवाद, कर-समस्याएँ और ठेका विवाद संबंधी सैकड़ों कानूनी मुद्दे पहले ही न्यायालयों में जमा हो चुके थे। उनके प्रबंधन के लिए बनाए गए विधि विभाग ने अनेक मामलों को डी.एम.आर.सी. के पक्ष में जीत लिया था। श्रीधरन ने कानूनी काररवाइयों पर पूरा ध्यान दिया था। वे सभी महत्त्वपूर्ण मामलों की जानकारी रखते थे। वे कानूनी गुत्थियों और न्यायालयों के प्रतिकूल आदेशों से होनेवाले पैसे और समय के नुकसान को लेकर लगातार चिंतित रहते थे।

दिल्ली मीडिया द्वारा इस परियोजना को दिए गए समर्थन ने भी एक मायने में

इसकी सफलता में योग दिया। डी.एम.आर.सी. ने जान-बूझकर मीडिया के साथ सौहार्दपूर्ण संबंध स्थापित किए; उन्हें पूरे निर्माणकाल में बनाए रखा और इसी उद्देश्य के लिए उसने शुरू में ही एक उत्साही और प्रतिबद्ध जनसंपर्क टीम भी बना ली थी। परियोजना का निर्माण कार्य चलने के दौरान हर मोड़ पर ऐसी घटनाएँ हुई थीं, जो लोकमत को डी.एम.आर.सी. के विरुद्ध कर सकती थीं। त्रासद घटनाएँ घटित होने पर जहाँ कई मौकों पर लोगों की जानें भी गईं, मीडिया ने नकारात्मक प्रतिक्रिया नहीं दी। देश के नागरिकों के बीच इस परियोजना को लेकर सद्भावना स्थापित करने पर जनसंपर्क विभाग ने नुक्कड़ नाटक सहित कई कार्यक्रम आयोजित किए।

डी.एम.आर.सी. के साथ बुरा अनुभव देनेवाली कई घटनाएँ हुईं। भूमि अधिग्रहण प्रक्रिया के लिए साइट पर पहुँचनेवाले इंजीनियर और उनके सहकर्मियों को अकसर ऐसी अनियंत्रित भीड़ का सामना करना पड़ता, जो उन्हें जान से मार डालने की धमकियाँ देती और उन पर पत्थर फेंकती। एक बार खैबर दर्रे पर अनियंत्रित भीड़ ने डी.एम.आर.सी. की टीम के साथ दुर्व्यवहार किया। इंजीनियर और अन्य कर्मचारियों को एक कमरे में तालाबंद करके जिंदा जला डालने की धमकी दी गई। गुस्साई भीड़ की माँग अपनी जमीन से अलाइनमेंट हटाने की थी। बाद में उप मुख्य अभियंता (भूमि) बने दलजीत सिंह पर एक बार नुकीली चट्टानें फेंकी गईं। चोरबाजार, तिलक नगर और बुलवर्ड रोड पर भी डी.एम.आर.सी. अभियंताओं और अन्य कर्मचारियों को ऐसे ही दुर्व्यवहार का सामना करना पड़ा था। ऐसी अनेक घटनाएँ हुई थीं। अगणित कानूनी समस्याएँ, अड़ियल नौकरशाह व राजनीतिक समूहों की अवरोधक युक्तियाँ और तकनीकी घपलेबाजियाँ भी प्रत्याशित ही थीं।

दो वर्षों के अंदर-अंदर पहले चरण की दूसरी लाइन पर काम शुरू हो चुका था। 13.7 किलोमीटर की भूमिगत सुरंग इस लाइन पर थी। सुरंगवाले ट्रैक्स की लागत ऊँचाईवाले ट्रैक्स से ज्यादा आती थी। लेकिन डी.एम.आर.सी. की पसंद सुरंगवाले ट्रैक्स थीं, क्योंकि यह यात्रियों के लिए रुकावट पैदा नहीं करती थीं या राष्ट्रीय राजधानी में अन्य दैनिक गतिविधियों को प्रभावित नहीं करती थीं। मेट्रो के पहले दो चरणों में 48.06 किलोमीटर की भूमिगत सुरंगें और 31 स्टेशन थे। तीसरे चरण में 41.044 किलोमीटर की सुरंगें और 28 स्टेशन थे। चोर बाजार क्षेत्र में पूरी तरह से सुरंग से होकर गुजरनेवाले ट्रैक्स को 25 मीटर की गहराई पर बनाना पड़ा। पुरानी दिल्ली स्थित नई सड़क में एक अन्य सुरंग के निर्माण में भी कुछ समस्या आई। लेकिन समय पर हुए हस्तक्षेपों के कारण समस्याएँ सुलझना सुनिश्चित हो सका। ठेकेदारों ने यहाँ सुरंग बनाने के लिए परंपरागत तकनीकें प्रयुक्त की थीं।

उन्हें जमीन के नीचे बनी बड़ी चट्टानों से मशीनों का नुकसान होने पर कई बार काम रोकना पड़ा था और इससे देरी हो रही थी। अनेक बार समय-सीमा बढ़ाए जाने के बावजूद ठेकेदार काम खत्म नहीं कर सके। अंततः डी.एम.आर.सी. ने हस्तक्षेप करते हुए उन्हें उस आधुनिक प्रौद्योगिकी का उपयोग करने के निर्देश दिए, जिसका प्रयोग ऑस्ट्रेलिया में सुरंगें बनाने के लिए किया था। इससे चोरबाजार क्षेत्र में स्थित मुगलकाल की ऐतिहासिक इमारतों को खतरे में डाले बिना इस क्षेत्र में सुरंग का काम पूरा होना सुनिश्चित हुआ।

दिल्ली शहर में निर्माण गतिविधियाँ करना बहुत मुश्किल काम था। रोज ट्रैफिक की बाढ़ के अलावा, सटी हुई इमारतें, आड़ी-तिरछी सड़कें, पानी के पाइप, बिजली और केबल की लाइनें नई-नई समस्याओं को जन्म देती थीं और हर कदम पर इंजीनियर्स को नई चुनौती का सामना करना पड़ता। लेकिन इन सबसे बड़ी समस्या थी—उन गुस्साए लोगों और संगठनों द्वारा पैदा की जानेवाली रुकावटें और आंदोलन, जो परियोजना के खिलाफ न्यायालय चले गए थे। सिर्फ अलाइनमेंट के खिलाफ ही करीब 400 मामले दायर किए गए थे और इन मुकदमेबाजी को इन्हें रोकने के लिए 2002 में पारित किए गए दिल्ली मेट्रो रेलवे (प्रचालन और अनुरक्षण) कानून के बाद ही विराम मिल सका। कानून ने डी.एम.आर.सी. को स्थानीय प्रशासनिक कार्यालयों के अवरोधक कार्यों का अतिक्रमण करने की शक्तियाँ दीं और निम्नतर न्यायालयों को डी.एम.आर.सी. के प्रतिकूल फैसले सुनाने से प्रतिबंधित किया। पटरियों के लिए रास्ता बनाने हेतु शहर के करीब 30,000 पेड़ों को काटना पड़ा। डी.एम.आर.सी. ने इस परियोजना के कारण गिराए गए हर पेड़ की एवज में दस पेड़ लगाने का संकल्प लिया। उन्होंने पूरी ईमानदारी के साथ सुनिश्चित किया कि इस योजना का पूरा पालन किया जाए। फिर भी स्थानीय सरकारी कार्यालयों ने उन पेड़ों को गिराए जाने को पर्यावरण को नुकसान की बात कहते हुए कार्य में बाधाएँ डालीं, जिन्हें काटा जाना अपरिहार्य था। एक पेड़ काटने पर डी.एम.आर.सी. को अनेक सरकारी कार्यालयों के अनेक चक्कर काटने पड़े। हर इंच की प्रगति का अर्थ अनेक सरकारी एजेंसियों द्वारा अविश्वसनीय संख्या में अनुमोदन दस्तावेज का पारित किया जाना था। ऐसे अनुमोदन देने की शक्तियों वाली कुछ एजेंसियाँ शहरी कला आयोग, केंद्रीय विस्टा आयोग, दिल्ली विकास प्राधिकरण, नई दिल्ली नगर परिषद्, नगर निगम, भारतीय पुरातत्त्व सर्वेक्षण विभाग, वन विभाग, अग्निशमन विभाग, महानगर टेलीफोन निगम, दिल्ली जल बोर्ड, बी.एस.ई.एस. और एन.डी. पी.एल. (बिजली) थीं।

के.आर.सी.एल. में ठेकेदारों के प्रति अपनाई गई संवेदना और उदारता की नीति को दिल्ली में अपनाया गया, जिसके बदले में वे इस परियोजना को समय पर पूरा करने के डी.एम.आर.सी. के लक्ष्य के प्रति वफादार रहे। दरअसल परियोजना में ठेकेदारों को बराबरी के भागीदारों का दर्जा दिया गया था। उनके बिलों को समय पर मंजूर करने पर हमेशा ज़ोर दिया जाता था। वित्त विभाग बिल मिलने के तीन-चार दिनों के अंदर ही उन्हें प्रोसेस कर देता था। अगर बिल के किसी मद विशेष के बारे में कोई प्रश्न होता, तो भी यह उम्मीद की जाती थी कि संतोषजनक स्पष्टीकरण मिलने तक ठेकेदारों को उस मद के अलावा बाकी का भुगतान कर दिया जाए। हर विवाद को एक हफ्ते के अंदर-अंदर सुलझाया जाना अनिवार्य था। समय पर बिल भुगतान के जान-बूझकर किए गए इन प्रयासों से न केवल धन की कमी के कारण परियोजना के काम में देरी होना टलता था, बल्कि श्रीधरन को इस बात का भी पूरा भरोसा था कि जो लोग समय पर भुगतान किए जाने के योग्य थे, उन्हें ढिलाई से भुगतान करने पर भ्रष्टाचार होगा और अनुचित रिश्ते तथा लेनदेन होंगे। परियोजना के ठेकेदारों के लिए अपनी जेब से कुछ भी भुगतान करना ठीक नहीं था। यही कारण था कि शीर्ष प्रबंधन ठेकेदारों से उन्हें देय बिलों के बारे में पूछा करता था। वित्त और प्रचालन विभागों के बीच एक स्वस्थ रिश्ता बना हुआ था। वित्त विभाग के उच्च अधिकारियों को उन बैठकों में भी बुलाया जाता था, जहाँ एजेंडा अधिकतर तकनीकी होता था। इस प्रकार वित्त विशेषज्ञों को परियोजना की वित्तीय सीमाओं पर नजर बनाए रखते हुए उसकी वास्तविक तसवीर और परियोजना की स्थिति का अंदाजा होता था।

यहाँ यह जानना भी आवश्यक है कि कलकत्ता मेट्रो में आई समस्याएँ कभी दिल्ली में नहीं आईं। श्रीधरन अतीत की गलतियों को न दोहराने को लेकर बहुत सचेत रहते थे। पटरियाँ बनाने के मुश्किल कार्य के लिए जब एक सड़क को बंद किया गया तो टीम ने पहले यह सुनिश्चित किया कि ट्रैफिक के लिए एक वैकल्पिक सड़क खुली हो। काटे गए हर पेड़ के एवज में दस पेड़ रोपे गए। कार्यस्थल पर पानी के पाइप और बिजली की लाइनें बिछाने के बाद शहर के लोगों को इस परियोजना पर विश्वास बढ़ा। हर दिन की मजदूरी के बाद कार्यस्थल पर बिखरी धूल और कीचड़ को साफ किया जाता था। बिल्कुल नई तकनीकें और उपकरण प्रयुक्त किए गए। इनमें से कोई उपाय न किए जाने पर भी दिल्ली मेट्रो के मूर्त होने की पूरी संभावना थी। परंपरागत विचार हमेशा से यही रहा था कि वृहद् स्तर की विकास परियोजनाएँ सरकारी दान होती थीं और उनसे होनेवाली असुविधाओं

और समस्याओं को आम लोगों को इसी भावना के साथ झेलना पड़ता था। लेकिन दिल्ली मेट्रो आम लोगों को अलग-थलग रखकर की जा रही कोई गतिविधि नहीं थी। इसलिए चूँकि इन सब उपायों के बिना भी यह परियोजना संभव हो सकती थी, लेकिन फर्क इस बात में था कि श्रीधरन आम आदमी को इस विशाल योजना का हिस्सा बनाने पर जोर देते थे और उसे इस परियोजना से होनेवाले लाभों के बारे में स्पष्टता से बताना चाहते थे। लेकिन जैसाकि परियोजना की समय-सीमा का संक्षिप्त सर्वेक्षण स्पष्ट करता है, इनमें से कुछ भी आसानी से प्राप्त नहीं हुआ।

इस अभियान के पहले चरण के शुरू होने पर पिछली बार कोंकण परियोजना के दौरान दिखाई दी उल्टी घड़ियाँ डी.एम.आर.सी. के कार्यालय में भी दिखने लगीं, उन्हें सभी शेयरधारकों की टेबल पर और कार्यस्थलों पर लगाया गया। समय पर परियोजना को समाप्त कर लेने में इन उल्टी घड़ियों ने उद्देश्य और प्रेरणा का तुरंत संचार किया। हमेशा की तरह ही परियोजना की योजना में कार्यों की समाप्ति के वास्तविक समय के मुकाबले कम समय दरशाया गया था। परियोजना की प्रगति पर नजर रखने और योजनाबद्ध कार्यों को करने के लिए 'प्रिमवेरा प्रोजेक्ट प्लानर 3.0' नामक एक सॉफ्टवेयर एप्लिकेशन का प्रयोग किया गया। अमेरिकी सॉफ्टवेयर कंपनी 'प्रिमवेरा' अपने भारतीय साझेदार, के.जी.एल. के माध्यम से यह सॉफ्टवेयर उपलब्ध करवाती थी। यह सॉफ्टवेयर देरी और पैसे की बरबादी रोकने के लिए परियोजना के समग्र और मिनट-मिनट स्तर की महत्त्वपूर्ण जानकारी और आगामी कार्यों के लिए पूर्व योजनाएँ तथा शिड्यूल बनाने के लिए प्रदान करती थी। यह सिस्टम, जो किसी परिस्थिति में परियोजना को रोक देने पर पैसे और समय की होनेवाली बरबादी की चेतावनी देता था और परियोजना की निगरानी करता था, परियोजना की योजना बनाने में काफी मददगार रहा। इसके कारण परियोजना दृढता और स्पष्टता के साथ उसी सुगमता के साथ आगे बढ़ती रही, जैसे अच्छी तरह से तेल दी गई मशीन चलती है।

❑

17

पी.पी.पी. और कुछ झगड़े

श्रीधरन द्वारा रचे अभियांत्रिकी करिश्मे की खबर ने देशभर में खलबली मचा दी थी और वे भारतवासियों के लिए 'सुपरमैन' बन गए थे। डी.एम.आर.सी. में सफल निजी फर्मों के समकक्ष रही कार्य संस्कृति और संगठन के नैतिक मूल्यों की अंतरराष्ट्रीय मंचों पर भी चर्चा होने लगी थी। विदेशी प्रबंधन संस्थानों तक ने अपने पाठ्यक्रमों में श्रीधरन की प्रबंधन शैली को शामिल कर लिया था। जनता और मीडिया ने न केवल श्रीधरन के काम करने के कुशल एवं विशिष्ट तरीके को बल्कि उनके द्वारा कार्यालय में स्थापित दिनचर्या को भी ध्यानपूर्वक देखा-समझा था। यह एक ऐसे देश में हो रहा था, जिसका मूल इंफ्रास्ट्रक्चर परियोजनाओं से जुड़ा इतिहास भ्रष्टाचार के किस्सों से भरा हुआ था। श्रीधरन की शैली अपने अधीनस्थों पर रोब जमाने और हुक्म चलाने वाली नहीं थी। उनकी सामान्य दिनचर्या भी कार्य करने के उनके विशिष्ट तरीके के बारे में बताती थी। वे आमतौर पर सुबह 8.30 से 8.45 के बीच कार्यालय पहुँच जाते थे। कार्यालय में उनका समय हमेशा पूरी तरह से कार्यालय संबंधी कर्तव्यों के प्रति समर्पित रहता था। उन्हें अनेक बैठकों में भाग लेना होता था और श्रीधरन सुनिश्चित करते थे कि वे समय पर शुरू हों। वे शाम 5.30 से 6.30 बजे तक कार्यालय में रहते थे। डी.एम.आर.सी. में आज भी यही रुटीन रहता है। श्रीधरन के अनुसार, अगर कोई व्यक्ति निजी काम करने में समय नहीं बिताता तो कार्यालय में बिताए गए आठ घंटे दिनभर के काम सफलतापूर्वक निपटाने के लिए पर्याप्त हैं। मेट्रो में परियोजना कार्यान्वयन के समय सर्दी-बुखार, सिरदर्द आदि जैसे छोटे-मोटे स्वास्थ्य कारणों से किसी ने अवकाश नहीं लिया था। हर व्यक्ति इस बात का विशेष ध्यान रखता था कि किसी रिश्तेदार की मृत्यु होने जैसी परिस्थिति में भी कभी दो दिन की छुट्टी एक साथ न ले। शनिवार के दिन

श्रीधरन स्वयं निर्माण साइटों पर जाकर कार्य की प्रगति देखते थे और वहाँ कोई समस्या होने पर उसका समाधान करते थे। चूँकि पूरा जोर समस्याओं की पहचान करते हुए उनका समाधान करने पर होता था, इसलिए अभियंता और अन्य श्रमिक जानते थे कि श्रीधरन के ये दौरे ऐसे पर्यवेक्षण नहीं थे, जिनके बारे में चिंता की जाए, बल्कि यह तो श्रीधरन को उनके टीमवर्क में शामिल करने का बहुप्रतीक्षित और सुनहरा अवसर थे। साइट पर उनकी उपस्थिति उनके सहकर्मियों और श्रमिकों को परस्पर सहयोग के साथ काम करने की भावना से भर देती थी।

डी.एम.आर.सी. के शुरुआती दिनों में श्रीधरन के पास मेट्रो परियोजना के अतिरिक्त और किसी काम के लिए वक्त नहीं था। उन्होंने 2003 से ही आध्यात्मिक गतिविधियों के लिए धीरे-धीरे समय निकालना शुरू कर दिया था। हालाँकि वे उपनिषदों और गीता के नियमित पाठक थे, लेकिन दिल्ली में स्वामी भूमानंद तीर्थ के ज्ञानयज्ञ में संयोगवश भाग लेना उनके जीवन की एक महत्त्वपूर्ण घटना बन गई। स्वामीजी के दिल्ली में होने पर श्रीधरन अपनी पत्नी के साथ उनके प्रवचन सुनने जरूर जाते। स्वामीजी से गीता, योग वसिष्ठ, रामायण, पुराणों और उपनिषदों के आख्यान सुनने पर वे और भी ज्यादा प्रेरित महसूस करने लगे। यहाँ तक कि फिर से केरल जाकर बसने पर भी वे शहर में स्थित स्वामीजी के आश्रम पर नियमित रूप से जाते रहे और टेलीविजन पर उनके प्रवचन सुनते रहे।

मेट्रो के पहले चरण का काम आगे बढ़ने के साथ ही जान-बूझकर खड़े किए गए एक विवाद से अभियान की चूलें हिलने का खतरा पैदा हो गया। यह विवाद बढ़कर उस हद तक जा पहुँचा, जहाँ श्रीधरन को परियोजना में बने रहने के अपने फैसले पर पुनर्विचार करना पड़ा। एक तरफ रेलवे बोर्ड और दूसरी तरफ डी.एम.आर.सी.-दिल्ली सरकार के बीच विवाद काफी बढ़ गया और डेढ़ वर्ष से भी ज्यादा बीत जाने पर भी कोई सहमति बनती नजर नहीं आ रही थी। विवाद का विषय मेट्रो के लिए गेज का चुनाव करना था। अंत में श्रीधरन की दलीलों को नजरअंदाज करते हुए बोर्ड और केंद्र सरकार की पसंद को टीम पर थोप दिया गया। लेकिन जल्द ही इस बात की पोल खुल गई कि यह फैसला एक गलत सलाह पर लिया गया था।

भारतीय रेलवे विभाग की नीति के अनुसार भारत में इसके पूरे नेटवर्क में ब्रॉड गेज का उपयोग किया जा रहा था। श्रीधरन ने दावा किया कि दुनिया भर में मेट्रो में स्टैंडर्ड गेज का प्रयोग किया जाता है और दिल्ली में भी यही अपनाना चाहिए। मेट्रो का काम चलने के दौरान ही यह झगड़ा काफी बढ़ गया। रेलवे के पास सिर्फ मेट्रो के लिए अलग से गेज बनाने के विचार को अस्वीकृत करने के

अपने कारण थे। उनकी पहली आपत्ति यह थी कि श्रीधरन की यह माँग रेलवे की नीति से सीधा संघर्ष थी। मेट्रो जैसी कम अवधि की सेवाओं के लिए गेज परिवर्तन की कोई आवश्यकता नहीं थी। अगर लंबी दूरीवाली लाइनों और मेट्रो जैसी कम अवधि की सेवाओं, दोनों के लिए समान गेज होगा तो मेट्रो दोनों नेटवर्क्स का इस्तेमाल कर सकेगी। जैसाकि नाम से ही स्पष्ट है, ब्रॉड गेज स्टैंडर्ड गेज से ज्यादा चौड़ा और सुरक्षित था। परियोजना की रिपोर्ट कहती थी कि ट्रैक ब्रॉड गेज होगा। जब रेलवे विभाग द्वारा रिपोर्ट का अनुमोदन किया गया था, तब श्रीधरन बोर्ड में मेंबर इंजीनियरिंग थे और उन्होंने बिना एक भी शब्द कहे इस रिपोर्ट पर हस्ताक्षर कर दिए थे। डी.एम.आर.सी. में प्रबंध निदेशक बनने के बाद ही उन्होंने रेलवे विभाग का ध्यान इस मुद्दे की ओर खींचा, जिसकी रेलवे बोर्ड ने फिर से समीक्षा की और यह निष्कर्ष निकाला कि इस मुद्दे को पहले ही निपटाया जा चुका है।

श्रीधरन के इस विचार के पीछे उनकी यह इच्छा निहित थी कि भारत में मेट्रो प्रौद्योगिकी पूरी दुनिया में प्रचलित प्रौद्योगिकी के अनुरूप बनी रहे। विश्व भर में मेट्रो प्रौद्योगिकी लगभग हर दिन विकसित हो रही थी। श्रीधरन का मानना था कि अगर हमें खुद को इस उद्योग में हो रहे नवीनतम विकास से अद्यतित रखना है तो हमें तत्कालीन डिजाइन और प्रौद्योगिकी का प्रयोग करना ही होगा। पूरी दुनिया में मेट्रो स्टैंडर्ड गेज पर चलती थी। अगर हम इस काम के लिए ब्रॉड गेज को अपनाते हैं तो जिन ट्रेनों का आयात हम मेट्रो के लिए करेंगे, उनमें ब्रॉड गेज ट्रैक्स पर चलने के लिए अनुकूल फिटिंग आदि करनी पड़ेगी, जोकि अमूल्य समय और पैसे की निश्चित रूप से बरबादी होगी। श्रीधरन की माँग थी कि रेलवे विभाग उपयुक्त और तर्कसंगत निर्णय ले। विवाद के अनियंत्रित हो जाने पर केंद्रीय कैबिनेट ने हस्तक्षेप करते हुए इस मामले का अध्ययन करने के लिए गृहमंत्री लालकृष्ण आडवाणी के नेतृत्व में एक मंत्रालयी समिति बनाई। संभावना है कि रेलवे बोर्ड के प्रभाव में शीर्ष मंत्रियों की इस समिति ने मेट्रो के लिए ब्रॉड गेज के पक्ष में निर्णय लिया।

जिस दिन मंत्रियों के फैसले की घोषणा की गई, श्रीधरन ने इस्तीफा देने की तैयारी कर ली। लेकिन दिल्ली के लेफ्टिनेंट गवर्नर विजय कपूर ने उन्हें परियोजना में बने रहने को तैयार कर लिया। श्रीधरन उन्हें मना नहीं कर पाए। बाद में उन्होंने सोचा कि वे इन चुनावों को करने की स्थिति में नहीं थे और उनका काम केवल उन्हें सौंपे गए अभियान को पूरा करना था, जो दिल्ली की एक अत्यंत महत्त्वपूर्ण परियोजना थी। जैसे ही मंत्रियों का फरमान आया, दिल्ली की मुख्यमंत्री शीला दीक्षित ने प्रधानमंत्री अटल बिहारी वाजपेयी को पत्र लिखकर इस फैसले पर फिर

से विचार करने को कहा। पत्र में अड़ियल रवैये के लिए रेलवे बोर्ड की भर्त्सना की गई थी। मुख्यमंत्री ने स्पष्ट कर दिया कि केंद्र और राज्य सरकारों द्वारा संपन्न की जा रही परियोजना में रेलवे बोर्ड की कोई भूमिका नहीं है; दरअसल उन लोगों ने स्टैंडर्ड गेज के संबंध में अपने ही अज्ञान की पोल खोली है और रेलवे बोर्ड के निरर्थक सुरक्षा प्रमाण-पत्र के बिना ही दिल्ली में मेट्रो बहुत अच्छी तरह से काम कर सकती थी। इन सबके बावजूद प्रधानमंत्री इस मुद्दे पर फिर से विचार करने के लिए आश्वस्त नहीं हुए। इस संबंध में और वाद-विवाद न हो, इसलिए अध्यक्ष आर.एन. मल्होत्रा ने घोषणा की कि बोर्ड और केंद्र सरकार ने फैसला कर लिया है और अब इस मामले पर फिर से विचार नहीं किया जाएगा। 2001 में सचिवों की केंद्रीय अधिकार प्राप्त समिति की बैठक होने पर डी.एम.आर.सी. ने अपनी बात उसके सामने रखी, लेकिन वहाँ भी उसे नजरअंदाज कर दिया गया। रेलवे मंत्रालय ने यह स्पष्ट करते हुए एक प्रेस विज्ञप्ति जारी की कि इस मामले पर फिर से चर्चा नहीं की जाएगी। प्रेस विज्ञप्ति में विशेष रूप से यह दावा किया गया था कि डी.एम.आर.सी. और इस प्रकार श्रीधरन के तर्क खोखले थे और रेलवे बोर्ड ने देश और जनता के हित में सही फैसला लिया है।

मेट्रो का पहला चरण शुरू से लेकर आखिरी तक ब्रॉड गेज पर था। डी.एम.आर.सी. ने ब्रॉड गेज के चुनाव के कारण होनेवाली किसी भी देरी को टालने के लिए काफी मेहनत की। कैबिनेट के फैसले के तुरंत बाद उच्च कौशल प्राप्त अभियंताओं की एक टीम दक्षिण कोरिया स्थित रोटम कंपनी रवाना हुई, जिसके साथ मेट्रो ट्रैंस प्रदान करने का समझौता हुआ था। इन अभियंताओं ने मूल रूप से स्टैंडर्ड गेज के लिए बनाई गई ट्रैंस को फिर से डिजाइन करने का अनुरोध किया, ताकि वे ब्रॉड गेज के आयामों में फिट हो सकें। इस समूह को करीब चार महीने तक इसी कंपनी के साथ रहना था।

अंततः गेज को लेकर हुए विवाद के कारण पहले चरण की प्रगति की गति धीमी नहीं पड़ी। श्रीधरन ने बताया कि किस प्रकार टीम ने इस आघात को सहज तौर पर स्वीकार करते हुए अपना काम जारी रखा था। लेकिन दूसरा चरण शुरू होने का समय आने तक केंद्र सरकार और रेलवे बोर्ड ने अपने विचार और अपना अड़ियल रवैया, दोनों बदल लिये थे। अब उन्हें श्रीधरन का फैसला सही नजर आने लगा था। नतीजतन दिल्ली मेट्रो के दूसरे चरण का काम इंद्रलोक-मुंडका और केंद्रीय सचिवालय-बदरपुर लाइनों पर स्टैंडर्ड गेज में हुआ। एयरपोर्ट मेट्रो समग्र रूप में स्टैंडर्ड गेज में तैयार हुई। मार्च 2009 में रोटम कंपनी द्वारा विशिष्ट

रूप से स्टैंडर्ड गेज के लिए बनाई गई पहली ट्रेन दिल्ली लाई गई। तीसरे चरण का काम भी पूरी तरह से स्टैंडर्ड गेज में किया गया। बाद में श्रीधरन ने टिप्पणी की थी कि ब्रॉड गेज अपनाने का फैसला उनके पचास वर्ष के कॅरियर में उन्हें मिला सबसे बड़ा आघात था। उस खराब फैसले के प्रतिकूल नतीजों को निष्फल करने के लिए डी.एम.आर.सी. ने जो लचीलापन अपनाया था और जितनी मेहनत की थी, केवल उसी के कारण समय और संसाधनों के अतार्किक नुकसान को रोका जा सका था। खुद समय ने साबित कर दिया है कि देशभर में कहीं भी भावी मेट्रो के लिए स्टैंडर्ड गेज ही सही विकल्प है। बंगलौर, चेन्नई और कोच्चि में बनाई जा रही नई मेट्रो स्टैंडर्ड गेज में ही तैयार की जाएँगी।

दिल्ली में आधुनिक मेट्रो का निर्माण दुनिया भर में उपलब्ध सर्वश्रेष्ठ प्रौद्योगिकियों का उपयोग करके किया गया था। डी.एम.आर.सी. को सभी लाइनों का काम पूरा करने के लिए दस वर्ष दिए गए थे। लेकिन कॉरपोरेशन ने इस परियोजना को कॉरपोरेट लक्ष्य घोषित करते हुए इसे पूरा करने के लिए खुद को केवल सात वर्ष का समय दिया था। नतीजतन पहला चरण 2002 में पूरा कर लिया गया, जिसका प्रधानमंत्री अटल बिहारी वाजपेयी द्वारा 24 दिसंबर को उद्घाटन किया गया। मार्ग की हर बाधा को पार कर, यहाँ तक कि इस स्तर की परियोजनाओं में अकसर अपनी भूमिका निभानेवाले मर्फी के नियम पर भी विजय पाकर देश में आधुनिक मेट्रो ट्रैक पर पहली ट्रेन चली, जिसमें प्रधानमंत्री ने यात्रा की। मर्फी के नियम का यहाँ उस परिस्थिति को देखते हुए संदर्भ दिया गया है, जब उद्घाटन में एक अप्रत्याशित समस्या खड़ी हो गई थी और डी.एम.आर.सी. की तैयारी से इस संकट को रोका जा सका। उद्घाटन कार्यक्रम में प्रयुक्त ट्रेन के रिठाला से रवाना होने से पहले डी.एम.आर.सी. ने इस पहले सफर की सुगमता सुनिश्चित करने के लिए हर चीज की जाँच कर ली थी और हर संभावित समस्या के लिए व्यवस्था कर दी थी। सबकुछ बिल्कुल ठीक लग रहा था। इलेक्ट्रिक लाइनों और स्रोतों की बारंबार जाँच की गई थी। खुदा-न-खास्ता सब-स्टेशन से अगर बिज़ली की आपूर्ति में कोई रुकावट आती तो बैकअप की व्यवस्था थी, सबकुछ तैयार था। टीम के किसी-न-किसी सदस्य ने तो अपने मन में यह जरूर सोचा होगा—जो भी हो, मर्फी का नियम मानवीय उत्कृष्टता और पूरे प्रयत्नों से तैयार मस्तिष्क को भी विफल कर देता है। प्रधानमंत्री सहित यात्री ट्रेन में बैठ चुके थे। उद्घाटन करनेवाला पहला सफर सुबह 10.20 पर शुरू हुआ। ट्रेन के पटरियों पर चलना शुरू होते ही बिजली का कनेक्शन चला गया और इससे पहले कि यात्रियों को कुछ पता चल

पाता, ट्रेन फिर से चलने लगी। डी.एम.आर.सी. ने इस घटना को मर्फी के नियम की विफलता कहा।

अक्तूबर 2006 में ब्लू लाइन के द्वारका-बाराखंभा कॉरिडोर के निर्माण के साथ ही पहले चरण का काम खत्म हो गया। इस चरण में तीन खंड थे और इसके लिए 10,000 करोड़ रुपए की आवश्यकता थी। 59 स्टेशनों और 65.11 किलोमीटर की लंबाई के ट्रैक्स के साथ, जिसमें से 13.01 किलोमीटर सुरंगों और 52.10 किलोमीटर ऊपर उठे हुए ट्रैक्स पर थे, इस चरण के दस वर्ष में तैयार होने का अनुमान था, लेकिन डी.एम.आर.सी. ने इसे केवल सात वर्ष और तीन महीनों में ही बनाकर दिखा दिया।

दूसरे चरण की समय-सीमा इस प्रकार रखी गई थी कि वह राष्ट्रमंडल खेलों से पहले तैयार हो जाए। इसमें 124.63 किलोमीटर कुल लंबाई की ग्रीन, वॉयलेट और एयरपोर्ट एक्सप्रेस लाइन थी, जिसमें उन्यासी स्टेशन थे। ग्रीन लाइन के पहले खंड में इंद्रलोक-मुंडका और कीर्ति नगर-अशोक पार्क लाइनें आती थीं और इसका काम जून 2008 में पूरा हुआ था। दूसरे चरण का काम दरअसल साढ़े चार साल के बहुत कम समय में ही पूरा हो गया था। अगस्त 2011 में दूसरे चरण का काम पूरा होने के समय अभी दिल्ली मेट्रो को 190 किलोमीटर और आगे विस्तृत किया जाना था। दुनिया की सर्वश्रेष्ठ समझे जानेवाली टोक्यो मेट्रो दिल्ली मेट्रो से केवल 2 किलोमीटर लंबी थी, जिसका समग्र ट्रैक लंबाई 2,021 तक 400 किलोमीटर को पार कर लेगी।

दूसरे चरण से जुड़ी एक महत्त्वपूर्ण घटना जमरूदपुर में हुई दुर्घटना थी, जिसने श्रीधरन को इस्तीफा देने पर मजबूर कर दिया। यह दुर्घटना 12 जुलाई, 2009 को रविवार की सुबह निर्माण साइट पर हुई और इसने डी.एम.आर.सी. को, जिसका ग्यारह वर्ष से अब तक दुर्घटना का न के बराबर रिकॉर्ड था, इस त्रासदी की व्यापकता और इस संबंध में डी.एम.आर.सी. द्वारा लापरवाही बरतने के आरोपों के कारण अत्यंत दबाव में ला दिया। इस परियोजना के पहले और दूसरे चरणों में विभिन्न साइटों पर करीब सौ श्रमिकों ने अपनी जान गँवाई थी। इनमें से कोई भी मौत किसी बड़ी दुर्घटना के कारण नहीं हुई थी। 2008 में लक्ष्मी नगर में जरूर एक बड़ी दुर्घटना हुई थी, जिसमें दो जानें गई थीं। लेकिन जमरूदपुर में हुई त्रासदी इतनी गंभीर थी कि उसका स्पष्टीकरण नहीं दिया जा सकता था। यहाँ विशालकाय लॉञ्चर्स ने नीचे साइट पर गिरकर पूरे क्षेत्र को हिला दिया था और तुरंत ही सात लोगों की जान ले ली थी। राष्ट्रीय मीडिया ने देशभर में इस त्रासद खबर

का प्रसारण किया। डी.एम.आर.सी. तुरंत हरकत में आया और इस परियोजना के संबंध में लोगों के डर को शांत करने के लिए आवश्यक हर विवरण देने की दृष्टि से प्रेस को संबोधित किया। डी.एम.आर.सी. का यह विचार था कि मीडिया ने उत्तरदायी तरीके से काम किया और इस त्रासदी पर बिना किसी पूर्वग्रह के निष्पक्ष रूप से रिपोर्टिंग की थी।

उसी दिन श्रीधरन ने डी.एम.आर.सी. कार्यालय में बुलाई गई प्रेस कॉन्फ्रेंस में दिल्ली के लगभग सभी मीडिया प्रतिष्ठानों का प्रतिनिधित्व कर रहे पत्रकारों की बड़ी फौज के सामने प्रबंध निदेशक के पद से इस्तीफे की घोषणा कर दी। उन्होंने स्पष्ट किया कि उन्होंने अपना इस्तीफा दिल्ली की मुख्यमंत्री को भेज दिया है। उन्होंने इस दुर्घटना और इसमें गई जानों की नैतिक जिम्मेदारी ली थी। एक साल पहले लक्ष्मी नगर में हुई दुर्घटना ने इस परियोजना के लिए कड़े सुरक्षा उपायों और पर्यवेक्षणों के कार्यान्वयन की आवश्यकता पर जोर दिया था। इस कार्य के लिए एक स्वतंत्र एजेंसी को ठेका दिया गया था। श्रीधरन का कहना था कि दुबारा दुर्घटना होने से लोगों का डी.एम.आर.सी. में जमे विश्वास को धक्का पहुँचा था। ऐसी परिस्थितियों में जिम्मेदारी को स्वीकार करते हुए अपने पद से इस्तीफा देना ही उचित था।

यह पता लगाने में ज्यादा समय नहीं लगा कि जमरूदपुर में मेट्रो के लिए बनाए गए एक कंक्रीट के खंभे में आई एक दरार से यह दुर्घटना हुई थी। दरअसल श्रीधरन को इस दरार के बारे में मार्च में पता चला था और उन्होंने इसकी सुरक्षा सुनिश्चित करने के लिए इसके पर्यवेक्षण के विशिष्ट निर्देश दिए थे, लेकिन विशेषज्ञ इंजीनियर्स ने उन्हें यह सलाह दी थी कि यह दरार सतही है और इससे खंभे के टूटकर गिरने का कोई खतरा नहीं है। उन्होंने ऊपर से स्तंभ पर पूरा भार रखकर फिर से परीक्षण करने का सुझाव दिया था। स्पष्ट रूप से उनके सुझावों को नहीं माना गया था। जब 500 टन के एक शहतीर को स्तंभ के शीर्ष पर चढ़ाया गया था, तब भी श्रीधरन ने श्रमिकों को उसे नीचे उतारने और नुकसान को ठीक करने के लिए उपयुक्त कदम उठाने के निर्देश दिए थे। श्रीधरन याद करते हैं कि चूँकि उनके निर्देशों का पालन नहीं किया गया था और यह दुर्घटना का सहज स्पष्टीकरण था, इसलिए पूरी जिम्मेदारी उन पर थी और वे इस्तीफा देने को तैयार थे।

उनके द्वारा इस्तीफा दे देने की तुरंत प्रतिक्रिया हुई थी। उन पर इस परियोजना में बने रहने का काफी दबाव था, उन्हें इसमें बने रहने के लिए कहनेवालों में मुख्यमंत्री शीला दीक्षित, केंद्रीय शहरी विकास मंत्री जयपाल रेड्डी और राहुल गांधी

भी थे। इन सभी का अनुरोध था कि वे इस परियोजना के साथ कम-से-कम दूसरे चरण का काम खत्म होने तक बने रहें, जिसका आखिरी खंड एयरपोर्ट एक्सप्रेस लाइन था। अंततः श्रीधरन ने उनके इस दबाव के आगे आत्मसमर्पण कर दिया। खुद श्रीधरन के परिवार में इस इस्तीफे को लेकर मिश्रित प्रतिक्रिया रही थी। यह घोषणा करने के तुरंत बाद वे अपने कार्यालय गए, जहाँ उन्हें राधा का फोन आया। उन्होंने राधा को इस दुर्भाग्यपूर्ण परिस्थिति के बारे में बताया। उन्होंने भी इस बात पर जोर दिया कि श्रीधरन इस परियोजना को बीच में नहीं छोड़ें और उन्होंने जो काम हाथ में लिया है, उसे पूरा करना चाहिए। दूसरी तरफ उनके बच्चों ने श्रीधरन के फैसले का समर्थन करते हुए कहा कि अब उन्हें आराम से सेवानिवृत्त जीवन व्यतीत करना चाहिए।

श्रीधरन मेट्रो परियोजना के लिए प्राइवेट-पब्लिक भागीदारी (पी.पी.पी.) मार्ग के हमेशा विरोध में रहे थे। दिल्ली मेट्रो की एयरपोर्ट एक्सप्रेस लाइन देश की पहली पी.पी.पी. मेट्रो लाइन थी। प्रसिद्ध निजी कंपनी रिलायंस इंफ्रा 22.7 किलोमीटर की एयरपोर्ट एक्सप्रेस लाइन के निर्माण और प्रचालन कार्य में डी.एम.आर.सी. के साथ पी.पी.पी. भागीदार के रूप में कार्य कर रही थी। पी.पी.पी. प्रतिमान पर श्रीधरन के विचार सही साबित हुए। जल्दी ही इस समझौते में कड़वाहट आ गई।

रिलायंस इंफ्रा ने एयरपोर्ट एक्सप्रेस लाइन के लिए हाई स्पीड रेल कॉरिडोर के निर्माण और प्रचालन हेतु दिल्ली मेट्रो के दूसरे चरण के लिए डी.एम.आर.सी. के साथ समझौता किया था। तकनीकी सहयोग प्रदान करने के अलावा डी.एम.आर.सी. ने इस लाइन के लिए भी पटरियों का निर्माण किया था। रिलायंस इंफ्रा को नई दिल्ली हवाई अड्डे को शहर के केंद्रों से जोड़नेवाली लाइन के प्रचालन अधिकार दिए गए थे। इस लाइन ने फरवरी 2011 में कार्य करना शुरू किया था। जल्द ही डी.एम.आर.सी. और कंपनी के बीच संबंध बहुत खराब हो गए और उनमें असहमति इस हद तक बढ़ गई कि प्रचालनों को शुरू होने के एक वर्ष के अंदर-अंदर ही समाप्त करना पड़ा। यह शटडाउन 7 जुलाई, 2011 को लागू किया गया। अनुबंध के अनुसार रिलायंस इंफ्रा ने इस परियोजना को तीस साल के लिए लिया था। कंपनी का कहना था कि उसने इतना बड़ा कदम महँगी मरम्मत के कारण हुए भारी नुकसान और सामान्य रख-रखाव की लागत बहुत ज्यादा होने के कारण उठाया। श्रीधरन ने रिलायंस इंफ्रा को बताया कि अगर वे समझौते का सम्मान नहीं करते और तुरंत प्रचालन शुरू नहीं करते तो उन्हें इसके परिणाम भुगतने होंगे, जैसे कि जुरमाना और डी.एम.आर.सी. द्वारा संभावित रूप से उनसे प्रचालन ले लेना।

श्रीधरन का कहना था, 'रिलायंस इंफ्रा ट्रैक्स का काम समय-सीमा के अनुसार पूरा नहीं कर सका। जिस लाइन के मूल रूप से राष्ट्रमंडल खेलों के शुरू होने से पहले प्रचालन में आने की आशा थी, उसे पूरा करने में और पाँच महीने लग गए।' इसके बावजूद वे ट्रेनों को इच्छित गति के हिसाब से नहीं चला पाए। ऐसा भी नहीं लगता था कि वे परफॉर्मेंस या कुशलता बढ़ाने का कोई प्रयास तक कर रहे हैं। रेलगाड़ियाँ भी डी.एम.आर.सी. के मापदंडों के अनुरूप नहीं थीं। डी.एम.आर. सी. ने समझौते से बच निकलने के रिलायंस इंफ्रा के प्रयासों को अस्वीकार कर दिया। बच निकलने के सारे रास्ते बंद हो जाने पर रिलायंस इंफ्रा को लाइन फिर से खोलने पर मजबूर होना पड़ा। लाइन 22 जनवरी, 2013 को खोली गई, लेकिन उसकी परफॉर्मेंस अब भी समझौते की शर्तों पर खरी नहीं उतरती थी। रेलगाड़ियाँ निर्धारित गति से काफी कम गति से चल रही थीं। इससे इस लाइन पर यात्रियों की संख्या में कमी आई, जहाँ पर टिकटों के अपेक्षाकृत रूप से अधिक महँगे होने के बावजूद काफी यात्री मिलते थे। लोग देख पा रहे थे कि जब अन्य मेट्रो लाइनें अच्छा काम कर रही हैं, मेट्रो का पी.पी.पी. प्रयोग, जिससे बहुत उम्मीदें थीं, बुरी तरह से विफल हुआ और इसने श्रीधरन की शंकाओं को सही साबित किया।

मेट्रो जैसी सार्वजनिक परियोजनाओं में निजी भागीदारी की व्यवहार्यता को लेकर श्रीधरन के विचार हमेशा से ही स्पष्ट रहे हैं। देश में मेट्रो परियोजनाओं का सबसे ज्यादा अनुभव रखनेवाले व्यक्ति के रूप में श्रीधरन के अडिग विचार कई बार विवादों और गरमा-गरम बहसों का कारण बने थे।

वे अपने इस विचार पर कायम थे कि सरकार को हजारों करोड़ रुपए के निवेशवाली परियोजनाओं की वित्तीय जिम्मेदारी स्वयं लेनी चाहिए। उनका कहना था कि आमतौर पर ये परियोजनाएँ कम समय में लाभ नहीं कमा पाती हैं। निजी निवेशकों को प्रोत्साहन देने के लिए सरकारों को जबरन बड़ी छूट देनी होगी। आमतौर पर निवेशक निवेशों पर तुरंत रिटर्न के बदले मुख्य सार्वजनिक अचल संपत्ति और करों में कमी की आशा करते हैं। यह दीर्घावधि में घातक साबित होता है, जैसाकि सरकार के राजस्व स्रोत इस सौदेबाजी में खाली हो जाते हैं। मेट्रो से सार्वजनिक क्षेत्र में प्रचालन और वित्तीय रूप से आम आदमी की पहुँच में होने की उम्मीद की जाती है। लाभ आधारित कंपनियाँ यात्री किराया बढ़ाए बिना इस क्षेत्र में प्रचालन नहीं कर पाएँगी। श्रीधरन ने 2008 में पी.पी.पी. के खिलाफ अपने तर्कों को स्पष्ट करते हुए योजना आयोग के उपाध्यक्ष मोंटेक सिंह अहलुवालिया को पत्र लिखा। बाद में शहरी परिवहन और नियोजन काररवाई समिति के अध्यक्ष के

रूप में श्रीधरन ने केंद्र सरकार को लिखित में अपने विचारों से अवगत करवाया। उन्होंने उनका ध्यान इस तथ्य की ओर खींचा कि दुनिया भर की 90 प्रतिशत मेट्रो सार्वजनिक स्वामित्व के तहत चल रही थीं। लंदन, बैंकॉक और मलेशिया में पी.पी. पी. परियोजनाएँ विफल हो गई थीं। कई उदाहरण देते हुए उन्होंने साबित किया कि दुनिया में कहीं भी निजी स्वामित्ववाली कोई मेट्रो कंपनी कभी भी सफलतापूर्वक नहीं चल सकी है।

देश की सबसे बड़ी पी.पी.पी. मेट्रो परियोजना के रूप में हैदराबाद मेट्रो को लेकर पहले ही काफी उत्साह और उत्तेजना का माहौल था। इस विवाद की खराब परिणिति ने एक बार फिर इस मुद्दे पर श्रीधरन के विवेकसंगत दृष्टिकोण को ही उद्घाटित किया था। डी.एम.आर.सी. को हैदराबाद में 771 किलोमीटर की मेट्रो के निर्माण के लिए परामर्शदाता के रूप में नियुक्त किया गया था, जिसे छह चरणों में बनाया जाना था। पहले चरण के, जिसे 12,132 करोड़ रुपए के अनुमानित निवेश पर 2014 तक पूरा किया जाना था, निर्माण और प्रचालन का ठेका 'सत्यम कंपनी' समूह की सहयोगी संस्था 'मेटास इंफ्रा' को दिया गया। श्रीधरन ने महसूस किया कि पी.पी.पी. अवधारणा पर आधारित यह परियोजना, जिसे अत्यंत धूमधाम के साथ शुरू किया गया था, शुरू से ही गलत रास्ते पर जा रही थी। उन्होंने पारदर्शिता के अभाव के लिए इस कार्यक्रम की खुली निंदा की। उन्होंने कहा कि यह सार्वजनिक धन को बेईमानी के साथ निकालने का तरीका मात्र है और इससे आम आदमी को कोई फायदा नहीं होगा। उनकी इस निंदा ने सही जगह चोट की। इसका असर अप्रत्याशित था।

केंद्र और राज्य सरकारों के नेतृत्व ने श्रीधरन और डी.एम.आर.सी. पर जवाबी हमला किया। यह सब 'मेटास इंफ्रा' के समझौते पर हस्ताक्षर करने के बस डेढ़ महीने बाद हुआ। संबंधित सरकारी अधिकारियों ने श्रीधरन द्वारा अपने इस विस्फोट के लिए माफी न माँगने पर कानूनी काररवाई की धमकी दी।

मेटास इंफ्रा के खिलाफ श्रीधरन के आरोप बहुत कठोर थे। उनके द्वारा योजनाबद्ध अलाइनमेंट को फिर से आरेखित करने के लिए डी.एम.आर.सी. पर दबाव बनाने के लिए प्रयुक्त की गई युक्तियों और परंपरागत विवेकशीलता के विरुद्ध मेट्रो फुटप्रिंट में कुछ क्षेत्र शामिल करने के उनके प्रयासों ने उनके वास्तविक इरादों की पोल खोल दी, जहाँ उनके भू-संपत्ति संबंधी व्यापारिक हित निहित थे। मेटास द्वारा सरकारी अनुदानों को बिना किसी स्पष्टीकरण के अस्वीकृत करना जाँच के दायरे में आ गया। श्रीधरन ने यह कहते हुए योजना आयोग को पत्र लिखा कि इस

परियोजना के लिए 300 एकड़ सरकारी भूमि के स्थानांतरण का प्रस्ताव भ्रष्टाचार के एक अन्य कांड की तैयारी थी। विवाद के बढ़ने और आगे-पीछे, दोनों के श्रीधरन के फैसले का समर्थन और विरोध करने पर रामलिंगम राजू के 'सत्यम' समूह द्वारा किए गए वित्तीय घोटालों की बड़ी खबर से देश का सामना सच्चाई से हुआ। सत्यम समूह का, जो खुद के लिए गैर-कानूनी लाभ प्राप्त करने के लिए हजारों करोड़ रुपए का फर्जीवाड़ा कर रहा था, असली चेहरा देश के सामने आ गया। हैदराबाद परियोजना लेने में मेटास के असली उद्देश्य क्या हो सकते थे, यह समझने के लिए देश को और ज्यादा कुछ जानने की जरूरत नहीं थी। सरकार ने 2009 में मेटास के साथ समझौते को रद्द करके श्रीधरन की निंदा को वापस लिया। वर्तमान में यह परियोजना एल. ऐंड टी. के साथ हुए समझौते के आधार पर, पहले से कहीं अधिक मूल्य पर आगे बढ़ रही है। यह चिंता, कि अधिक कीमत के कारण टैरिफ भी दिल्ली मेट्रो के मुकाबले ज्यादा होगा, बनी हुई है।

श्रीधरन की कड़ी भर्त्सना को अस्वीकार करते हुए केंद्र सरकार ने अंततः पी.पी. पी. प्रतिमान के पक्ष में एक नीति बनाई। केंद्रीय शहरी विकास मंत्री कमलनाथ ने 2013 में सरकार की नीति की घोषणा करते हुए यह स्पष्ट किया कि देश में सभी नई मेट्रो परियोजनाएँ पी.पी.पी. प्रतिमान अपनाएँगी। उन्होंने कहा कि दुनिया भर की 18 प्रतिशत मेट्रो इस मॉडल पर बनाई और चलाई जा रही हैं तथा भारत में भी इस पर समुचित बल दिया जाएगा।

❑

18

सपने की सुपुर्दगी

डी.एम.आर.सी. से विदा लेते हुए श्रीधरन ने कहा, 'पचास वर्ष के लंबे कॅरियर की संतोषप्रद समाप्ति।' 1954 में बॉम्बे बंदरगाह पर अपनी पहली नौकरी से लेकर अब तक उन्होंने सैंतालीस वर्ष का आधिकारिक जीवन जीया था, जिसमें से चौदह वर्ष उन्होंने डी.एम.आर.सी. के प्रबंध निदेशक के रूप में काम किया। दिल्ली मेट्रो के पहले और दूसरे चरण को सफलतापूर्वक देश को समर्पित करके 31 दिसंबर, 2011 को वे सेवानिवृत्त हो गए। उन्होंने देश की राजधानी को एक विश्व स्तरीय मेट्रो प्रणाली दी, एक नई कार्य संस्कृति अपनाई थी और संगठन को एक जीवंत उद्यम बनाया था। अब वे समर्थ हाथों में बागडोर सौंपकर स्वयं संगठन से विदा हो रहे थे।

श्रीधरन की सेवानिवृत्ति के समय दिल्ली मेट्रो प्रतिदिन 22 लाख यात्रियों का परिवहन कर रही थी। दूसरे शब्दों में, मेट्रो ने सड़क के कम-से-कम एक लाख वाहनों को प्रतिस्थापित किया था, जिससे हर वर्ष (2011 के आँकड़ों के अनुसार) करीब एक लाख टन ईंधन की बचत हुई। कीमती पेट्रो डॉलर बचाने के अलावा मेट्रो ने बढ़ते वायु प्रदूषण पर भी अंकुश लगाया, जिस मामले में दिल्ली खतरनाक स्तर पर पहुँच चुकी थी। अध्ययनों ने प्रकट किया कि मेट्रो आने से हर वर्ष वायु प्रदूषण में करीब 27 लाख टन की कमी आई और सड़क दुर्घटना दर भी प्रतिवर्ष कम-से-कम 500 शहरवासी कम हुई थी। हर बार किसी यात्री के मेट्रो का विकल्प चुनने पर वह एक ही सवारी से अट्ठाईस मिनट बचा लेता है। वापसी की यात्रा में कम-से-कम छप्पन मिनट बचते थे। अगर हम समय की बचत से मिले निवल लाभ को कार्य घंटों में बदलें तो बचत 20 लाख घंटों की होती है। दूसरे शब्दों में,

हर दिन 2.5 लाख घंटों का अतिरिक्त मानव श्रम। दिल्ली अपने लोगों को मिल रहे इस अतिरिक्त समय से अपने लिए एक बेहतर भविष्य का निर्माण कर सकती है।

दिल्ली में शहरी यातायात संस्कृति के रूपांतरण में मेट्रो की भूमिका अभूतपूर्व रही है। मीडिया ने मेट्रो के कर्मचारियों और यात्रियों के संभ्रांत व्यवहार को देखा और उसे उभारा, जो इस अंचल के शहरों में अधिकांश सार्वजनिक स्थलों से बिल्कुल उलटा था, जहाँ सड़क पर हिंसा और साथ चल रहे लोगों पर आपराधिक आक्रमण आम बात थी। दिल्ली के मुख्य रेलवे स्टेशनों के चारों ओर फैली गंदगी का नजारा मेट्रो में कहीं भी देखने को नहीं मिलता। यह जानना दिलचस्प है कि रेलवे और मेट्रो लाइनों का फासला सिर्फ दस मिनट का है। दोनों का प्रयोग एक ही शहर के लोगों द्वारा किया जाता है। भारतीय रेलवे के स्टेशनों पर थूक से सनी दीवारें या प्लेटफॉर्म पर लगे कचरे के ढेर देखकर होनेवाली घृणा का दूर-दूर तक मेट्रो से कोई नाता नहीं है। यह एक आत्मविश्वासी, अपना सम्मान करनेवाली और उच्च स्तर की सेवा का एक बहुत अच्छा उदाहरण है, जो अपने पोषकों को सभ्य और सुसंस्कृत बनने को प्रेरित करती है।

दिल्ली मेट्रो की वित्तीय स्थिति शुरू से ही बहुत मजबूत थी। जल्द ही यह दुनिया में प्रचालित करीब 200 मेट्रो में से लाभ कमा रही केवल पाँच मेट्रो में से एक बन गई। अपनी सेवानिवृत्ति तक श्रीधरन ने यह सुनिश्चित कर लिया था कि मेट्रो जल्द-से-जल्द उतनी आय करने लगे कि फायदा नहीं तो कम-से-कम उसे घाटा भी न हो और इस प्रकार लाभ कमाने के लिए भी तैयार हो जाए। मेट्रो का निर्माण सुरंगों और स्तंभों पर बनाए गए मचानों से हुआ है। सुरंगों को कम करने से बजटीय दबावों को कम करने, निवेशों को प्रोत्साहित करने और लाभ कमाने में मदद मिली, दैनिक राजस्व का बीस प्रतिशत सहायक सुविधाओं के विकास में लगाया गया, जिससे आय में बढ़ोतरी हुई। कौशल से समझौता किए बिना अंतरराष्ट्रीय मानदंडों के अनुरूप श्रमशक्ति के लिए कर्मचारियों की संख्या को सीमित करने से भी डी.एम.आर.सी. की अच्छी परफॉर्मेंस मिली।

भारत के सभी बड़े शहरों में मेट्रो की माँग उठने के पीछे मुख्य प्रेरणा दिल्ली मेट्रो की सफलता रही है। दिल्ली के बाद आठ और शहरों ने मेट्रो पर काम शुरू किया है। बंगलौर, चेन्नई, मुंबई, हैदराबाद, जयपुर, कोच्चि और कोलकाता (दूसरी बार) ने अपनी मेट्रो शुरू की हैं। इसके अलावा पुणे, लखनऊ, अहमदाबाद और कानपुर ने भी मेट्रो पर योजना-निर्माण का काम शुरू कर दिया है। अब तक शुरू हुईं सभी मेट्रो की योजना बनाने और उनके निर्माण-कार्य के समन्वयन में

डी.एम.आर.सी. ने मदद की है। इसने आगे रहते हुए इन परियोजनाओं का नेतृत्व किया—सर्वेक्षण चरण से लेकर योजना-निर्माण से पहले के अध्ययन और विस्तृत परियोजना रिपोर्ट्स की तैयारी तक। उन्होंने परियोजना टीमों को परामर्श दिया, जिसकी शुरुआत विभिन्न सरकारी अधिकारियों से अनुमोदन प्राप्त करने की जटिल प्रक्रिया के बारे में संक्षिप्त रूप से बताने से की गई। कुछ परियोजनाओं के लिए डी.एम.आर.सी. तदर्थ परामर्शदाता और कुछ के लिए प्राथमिक परामर्शदाता रहा। श्रीधरन का कहना था कि मेट्रो क्रांति, जिसने देश में जन-यातायात प्रणाली को अत्यंत सफल बनाया था, के अग्रदूत और उत्प्रेरक होने के कारण अतिरिक्त जिम्मेदारियाँ लेने के पीछे डी.एम.आर.सी. की प्रेरणा सिर्फ देश की सेवा करने की थी।

श्रीधरन ने डी.एम.आर.सी. की मुक्त कंठ से प्रशंसा की थी। 'ऑल इंडिया मैनेजमेंट एसोसिएशन' द्वारा 'प्रबंधन उत्कृष्टता पुरस्कार' दिए जाने के अवसर पर उन्होंने कहा, "डी.एम.आर.सी. एक सरकारी उद्यम है। वह सरकार द्वारा निर्धारित सभी प्रक्रियाओं और मानदंडों का सख्ती से पालन करता है। इसलिए यह किसी भी अन्य सरकारी संगठन की तरह ही है। यह नियंत्रक एवं महालेखा परीक्षक, सतर्कता आयोग, संसदीय समिति और विधायी समिति के पर्यवेक्षण के अंतर्गत आता है।" डी.एम.आर.सी. का सभी प्रतिबंधों के बावजूद सफलता प्राप्त करना बहुत से लोगों के लिए अचंभे की बात है। हमने पहला चरण निर्धारित समय से दो वर्ष पहले पूरा कर लिया था। दूसरा चरण छह महीने पहले पूरा हो गया था। हम यह काम बजट और समय, दोनों की सीमाओं के अंदर कैसे पूरा कर सके, यह अकादमिक अध्ययनों का विषय होना चाहिए। आई.आई.एम., अहमदाबाद ने ऑक्सफोर्ड यूनिवर्सिटी के साथ मिलकर डी.एम.आर.सी. पर अध्ययन किया था। डी.एम.आर.सी. की खूबियों और उपलब्धियों का विश्लेषण करने और उनका रहस्योद्घाटन करने के लिए अन्य संगठनों के प्रबंधनों का हमेशा स्वागत किया जाता था।

आई.आई.एम., अहमदाबाद ने कुछ खास बातों का पता लगाया। इनमें से पहली संगठनात्मक मूल्य और कार्य संस्कृति रही, जिसमें हमने समयबद्धता पर विशेष जोर दिया था। मुख्य रूप से डी.एम.आर.सी. की जिम्मेदारी समय पर ट्रेनों को चलाना और यात्रियों को सुविधाजनक माहौल देना था। अगर ऐसे संगठन के श्रमिक और कर्मचारी निजी स्तर पर समय का पालन नहीं करते तो सामूहिक रूप से हमारा मानना है कि हमारे द्वारा संचालित की जा रही ट्रेनों में हमारा यह रवैया प्रतिबिंबित होता। आलस्य या ढिलाई का वैश्विक मानक 3 मिनट था, जबकि

डी.एम.आर.सी. 60 सेकंड की देरी को भी ट्रेन के देर से आने के रूप में रिकॉर्ड करना सही मानता था। एक और नैतिक मूल्य, जिसे यहाँ सँजोया गया, वह थी ईमानदारी। जहाँ तक डी.एम.आर.सी. का संबंध था, वहाँ केवल ईमानदार होना ही पर्याप्त नहीं था, बल्कि कर्मचारियों के रोजमर्रा के कामकाज में भी उनके उच्च आदर्श और पारदर्शिता का परिलक्षित होना आवश्यक था। डी.एम.आर.सी. द्वारा हाथ में लिये गए समग्र कार्य पर सरसरी नजर डालने पर यह स्पष्ट हो जाता है कि इसने करोड़ों रुपए का लेन-देन किया था। सिर्फ तीसरे चरण में ही 42,000 करोड़ रुपए लगे थे, लेकिन डी.एम.आर.सी. पर भ्रष्टाचार का एक भी आरोप नहीं लगा, न ही वह कभी संदेह के घेरे में आया। राष्ट्रमंडल खेलों से जुड़े लगभग सभी लोगों और संगठनों पर बड़े पैमाने पर भ्रष्टाचार करने के आरोप लगे थे, लेकिन डी.एम.आर.सी. का कभी किसी ने जिक्र तक नहीं किया था। इसका एकमात्र कारण हमारी उन आदर्शों का सख्ती से पालन करने की नीति रही, जिन्हें हमने जीवनपर्यंत निभाया।

डी.एम.आर.सी. का दूसरा गुण उसकी बेदाग तकनीकी विशेषज्ञता रही। पहले चरण की समाप्ति तक उसने अविश्वसनीय रूप से उच्च स्तर का कौशल प्राप्त कर लिया था। शुरुआत में प्रौद्योगिकी और विशेषज्ञों के लिए निगम को दुनिया के अन्य देशों पर निर्भर रहना पड़ता था। डी.एम.आर.सी. का एक और गुण उसकी गजब की सामाजिक प्रतिबद्धता थी। संगठन द्वारा खर्च किया गया पैसा उसका या सरकार का नहीं था, बल्कि उसे करदाताओं से एकत्र किया गया था और उसका फायदा कुछ विशेष तबके के लोगों तक ही नहीं, बल्कि हर व्यक्ति तक पहुँचना चाहिए, यह डी.एम.आर.सी. का दृढ संकल्प था, जिसने सीमित संसाधनों के रहते भी अपनी क्षमताओं से बढ़कर ऊँचाइयों को छुआ। यह टीम अपनी विफलताओं से सबक सीखती थी और अपनी गलतियों को कभी न दोहराने का संकल्प किया था। डी.एम.आर.सी. का एक और लक्ष्य, जिस पर काफी ध्यान केंद्रित किया गया था, निर्माण-कार्य को इस तरह से करना था कि आम जनता को कम-से-कम असुविधा हो। इस समुदाय की सुरक्षा सुनिश्चित करने का काफी पर्याप्त खयाल रखा गया था। बैरिकेड और सुरक्षा चेतावनियाँ लगाई गई थीं। इस बात का ध्यान रखा गया था कि धूल-मिट्टी से प्राकृतिक खूबसूरती खराब न हो और दिनभर के काम के बाद हर रात सड़कों को धोया जाता था। पर्यावरण की क्षतिपूर्ति के लिए पेड़ लगाए गए थे। यह सब किसी की माँग पर नहीं किया गया था, बल्कि ऐसा स्वेच्छा से, सामाजिक प्रतिबद्धता के प्रति गहरे विश्वास के चलते किया गया था।"

उनकी सेवानिवृत्ति का समय आने से काफी पहले ही श्रीधरन को उनका

आश्रय मिल गया था। एक-एक करके उन्होंने अपनी व्यापक शक्तियों को स्थानांतरित करना शुरू कर दिया था। वे आवश्यकता से ज्यादा समय तक उन्हें अपने पास बनाए रखने में विश्वास नहीं करते। महाभारत के युधिष्ठिर की तरह, जिन्होंने अपनी महान् अंतिम यात्रा पर जाने के लिए अपनी सभी भौतिक वस्तुओं का त्याग कर दिया था, श्रीधरन ने बेहिचक अपनी उन सभी शक्तियों को हस्तांतरित कर दिया था, जिन्हें उन्होंने एक दशक से भी ज्यादा समय तक उपयोग किया था। पत्र और अन्य कार्यालयी चीजें उनके उत्तराधिकारी मंगू सिंह के नाम से आने लगी थीं।

स्वयं डी.एम.आर.सी. से चले जाने के बाद भी एक जीवंत और विलक्षण संगठन के रूप में डी.एम.आर.सी. के लगातार सफलता पाने का श्रीधरन को पूरा विश्वास था। किसी भी संगठन की आत्मा माने जानेवाले व्यक्ति के लिए संगठन के भविष्य के प्रति शंकाग्रस्त होना स्वाभाविक था। राष्ट्रीय मीडिया के एक धड़े ने डी.एम.आर.सी. की स्थिति विशाल सॉफ्टवेयर कंपनी 'एप्पल' की असहाय स्थिति से की, जहाँ स्टीव जॉब्स की मृत्यु के बाद अधिकारियों के लिए खुद ही सब समझना पड़ा था। डी.एम.आर.सी. का निर्माण होने में चौदह वर्ष लगे थे। इसने स्वयं के द्वारा शुरू किए गए हर कार्य को सफलतापूर्वक अंजाम तक पहुँचाकर, नकारात्मक आलोचना से जरा भी विचलित न होकर और स्वयं को लगातार मिलनेवाली प्रशंसा से प्रभावित न होकर बहुत उपलब्धियाँ हासिल की थीं। इस संगठन में अत्यंत उच्च कोटि का पेशेवर रवैया और अनुशासन था, जिससे देश की शीर्षस्थ निजी कंपनियाँ भी ईर्ष्या करती थीं। सार्वजनिक क्षेत्र का और कोई भी संगठन ऐसे पेशेवर इतिहास का दावा नहीं कर सकता। संगठन की आंतरिक शक्ति और इसकी कार्य-संस्कृति समय की कसौटी पर खरी उतरी थी। संगठन का कोई भी गुण किसी बाध्यता का नतीजा नहीं था, बल्कि इसके कर्मचारी स्वयं ही श्रीधरन द्वारा संगठन के लिए चुने गए रास्ते पर आगे बढ़ते जाते थे। श्रीधरन ने अपने द्वारा संगठन में लाए गए इन मूल्यों के स्थायित्व में पूरा विश्वास जताया और सिखाया था। जहाँ तक डी.एम.आर. सी. की इस विरासत के जारी रहने के बारे में दुनिया की शंकाओं का सवाल है, श्रीधरन ने एक साक्षात्कार में कहा था कि जमशेदजी टाटा ने विशाल टाटा उद्यम की नींव रखते समय जिन मुख्य नैतिक मूल्यों की परिकल्पना की थी, वे उनके बाद भी लंबे समय तक बने रहे। डी.एम.आर.सी. में भी ऐसा ही होगा।

जैसाकि सरकारी सेवा से सेवानिवृत्त होनेवाले हाई-प्रोफाइल नौकरशाहों के साथ आमतौर पर होता है, श्रीधरन को भी अनेक आकर्षक प्रस्ताव मिले। बड़ी संख्या में कंपनियाँ उनके पास आईं, जो अनेक देशी-विदेशी कॉरपोरेट दिग्गज

कंपनियों का प्रतिनिधित्व करती थीं। उन्हें सिर्फ श्रीधरन की सहमति चाहिए थी। उनमें से एक ने तो उन्हें अपना मनपसंद पदनाम खुद ही रखने को कहते हुए 20 लाख प्रतिमाह का वेतन प्रस्तावित किया। श्रीधरन की दिलचस्पी कहीं भी, कोई भी पद लेने की नहीं थी। उन्होंने अपने कॅरियर में उत्तरोत्तर प्रगति की थी और अब कॅरियर खत्म करने का समय आ रहा था। उनकी एकमात्र इच्छा अपनी कॅरियर यात्रा को पूरे सम्मान के साथ सिर उठाकर विराम देने की थी। वे उनहत्तर पार कर चुके थे। अब फिर से उस गाँव को लौटने का समय आ गया था, जहाँ उनका जन्म हुआ था। श्रीधरन उन फंदों को अच्छी तरह जानते-समझते थे, जो इन आकर्षक प्रस्तावों के पीछे बिछे थे। लाभकारी संगठनों में उनकी कोई दिलचस्पी नहीं थी; वे उनकी कार्य-संस्कृति से परिचित नहीं थे और वे खुद को निजी कॉरपोरेट माहौल में रखना चाहते थे। श्रीधरन ने अपने विचार बिल्कुल स्पष्ट कर दिए थे, लेकिन उनके दिल्ली छोड़ देने के बाद तक भी प्रस्ताव आते ही रहे। जो लोग लगातार उन्हें लुभाने की कोशिश करते रहे, शायद उनका मानना था कि कभी-न-कभी वे अपने विचार बदल लेंगे। वे पहले भी दूसरे नौकरशाहों को इस तरह से मनाने में सफल रहे होंगे। लेकिन जल्द ही वे समझ गए कि श्रीधरन उन लोगों से अलग हैं। ईमानदारी की बात तो यह है कि क्या हमने देश में रणनीतिक महत्त्व के उद्योगों, जैसे इलेक्ट्रॉनिक्स और कम्युनिकेशंस, पेट्रोलियम आदि के नौकरशाहों को नहीं देखा है, जो इन्हीं उद्योगों के निजी कॉरपोरेशंस में शेयरधारक बनने से भी गुरेज नहीं करते ? किसी भी निजी कंपनी के लिए बाजार में अपनी छवि चमकाने के लिए एक ऐसे व्यक्ति के प्रोफाइल का फायदा उठाने की कोशिश करना स्वाभाविक ही था, जिसका शानदार पेशेवर ट्रैक रिकॉर्ड रहा हो और जिसने अपनी निजी और पेशेवर जिंदगी में अत्यंत ईमानदारी तथा उच्च मूल्यों का परिचय दिया हो।

हालाँकि श्रीधरन ने डी.एम.आर.सी. से सेवानिवृत्ति के बाद संभवत: केरल में डी.एम.आर.सी. की परियोजनाओं का नेतृत्व करने के लिए केरल लौटने के अपने इरादे की साफ घोषणा कर दी थी, लेकिन कुछ लोगों ने इस खबर को सकारात्मक तरीके से नहीं लिया। डी.एम.आर.सी. और दिल्ली को पीछे छोड़ने से श्रीधरन का जीवन धीमा नहीं पड़ा। केरल के दबाव समूहों ने इस बात पर जोर दिया कि वे उनकी मेट्रो परियोजना में मुख्य परामर्शदाता का पद ले लें और इसके पूरे होने पर नजर रखें। इससे पहले के.एम.आर.एल. इस परियोजना को खुद ही पूरा करना चाहता था। लेकिन काम को त्वरित गति से पूरा करने की जरूरत पड़ने पर राज्य सरकार के पास श्रीधरन को परियोजना में लाने के सिवाय कोई उपाय

नहीं था। श्रीधरन ने उन्हें बता दिया कि सिर्फ उनकी उपस्थिति का अर्थ यह नहीं है कि इस प्रक्रिया को तेज करने के लिए एक नई टीम और संगठन बनाने हेतु आवश्यक मूल काम आसान हो जाएगा। अगर डी.एम.आर.सी. को कोच्चि के लिए नई मेट्रो तैयार करने की जिम्मेदारी दी जाती है, तो इससे काफी समय और पैसा बच जाएगा। स्वयं श्रीधरन ने इसे शुरू से बनाया था। निगम की क्षमताओं का सदुपयोग कोच्चि में किया जा सकता था। उसके अधिकारी उनकी हर बात मानेंगे। राज्य सरकार के यह सुझाव मानने पर ही श्रीधरन ने यह पद स्वीकारा और केरल में बस गए। कार्यकारी पद के मुकाबले परामर्शदाता की जिम्मेदारियाँ अपेक्षाकृत कम होती हैं, लेकिन श्रीधरन की उपस्थिति के.एम.आर.एल. के लिए प्रेरणास्रोत का कार्य करेगी और उन्हें राहत देगी। श्रीधरन की कार्यशैली विस्तृत रूप से ध्यान दिए जाने की गारंटी देती थी।

नई जिम्मेदारी लेने के कारण श्रीधरन पोन्नानी, कोच्चि, कोझीकोड और तिरुअनंतपुरम के बीच नियमित आते-जाते रहते हैं। राज्य से बाहर की यात्राओं में भी कमी नहीं आई है। हाल ही में वे कोच्चि मेट्रो के तीसरे कर्षण को अंतिम रूप देने के लिए दुबई में थे।

श्रीधरन कोच्चि कार्यालय की चारदीवारी में बैठकर काम नहीं कर सकते थे। सुविधा के लिए पोन्नानी स्थित उनके घर में भी एक कार्यालय बनाया गया है। श्रीधरन हमेशा यात्रा करते रहते हैं और शायद उनके सक्रिय जीवन ने ही इस उम्र की सामान्य समस्याओं को उनसे दूर बनाए रखा है। अब उनका इरादा कोच्चि मेट्रो और कोझीकोड तथा तिरुअनंतपुरम में मोनो रेल परियोजनाओं के बाद आराम करने का है।

अन्य इंफ्रास्ट्रक्चर परियोजनाओं पर भी उनके अपने विचार अद्वितीय हैं। वे कहते हैं कि तरुअनंतपुरम से मैंगलोर तक की एक हाई स्पीड रेलवे प्रणाली द्रुत विकास के लिए केरल को पूरा अवसर देगी। लेकिन बाधाओं के काले बादल पहले ही क्षितिज पर छा चुके हैं। ऐसी लाइन के लिए आधुनिकतम जियो-सेटैलाइट्स का उपयोग करते हुए सर्वेक्षण शुरू हो चुके हैं, लेकिन अभी वे पूरे नहीं हुए हैं। लोगों के बड़े स्तर पर विस्थापन और राज्य पर इसके पारिस्थितिकीय प्रभाव को लेकर काफी शंकाएँ हैं और इस सबने इस योजना के लिए शुरू में ही रुकावटें पैदा कर दी हैं। श्रीधरन लोगों के लिए एक सुविधाजनक यातायात प्रणाली की सख्त जरूरत पर और उनके राज्य के लोगों के डर तथा गलतफहमी को दूर करने के लिए प्रभावशाली हस्तक्षेप पर लगातार बल देते रहे हैं। एक हाई स्पीड ट्रैक के लिए

एक विस्तृत परियोजना रिपोर्ट विकसित करने के लिए सर्वेक्षण और अन्य प्रयास डी.एम.आर.सी. के नेतृत्व में अभी भी चल रहे हैं। इस परियोजना का नेतृत्व भी श्रीधरन ही कर रहे हैं।

हाई स्पीड ट्रैक बनाने के लिए लोगों को बड़े स्तर पर विस्थापित करने की कोई आवश्यकता नहीं थी। इसके लिए बहुत सीमित जमीन की जरूरत है। लाइन सभी आबादीवाले क्षेत्रों से साफ निकल जाएगी। वास्तव में केवल स्टेशनों के लिए भूतल से ऊपर थोड़ी जमीन की आवश्यकता है। ट्रेन के ट्रैक पूरी तरह से भूतल से ऊपर समतल हिस्से में या भूमिगत सुरंगों से गुजर सकते हैं। जो भू-स्वामी अपनी भू-संपदा के ऊपर या नीचे निर्माण कार्य की अनुमति देंगे, वे काम खत्म होते ही अपनी इच्छानुसार भूमि का उपयोग कर सकते हैं। ऐसी जानकारी लोगों तक कभी नहीं पहुँची, इसलिए उनके द्वारा प्रतिरोध किया गया। इंफ्रास्ट्रक्चर कार्यक्रमों के बारे में उन्हें और ज्यादा जानकारी देने के लिए नुक्कड़ नाटकों जैसी गतिविधियाँ होनी चाहिए, ताकि उन्हें तथ्यों से अवगत करवाया जा सके। उनमें मुद्रित सामग्री भी बाँटी जा सकती है। यह सरकार और उसके अधिकारियों का कर्तव्य है कि वे लोगों के पास जाकर उन्हें उनके कल्याण और सुरक्षा का बार-बार आश्वासन दें—श्रीधरन का कहना था।

ऐसे ट्रैक का मुख्य उद्‍देश्य सड़क के ट्रैफिक में कमी लाना है। इसके लिए रेलवे इंफ्रास्ट्रक्चर के विस्तार के अलावा कोई विकल्प नहीं है। इस बात की पूरी संभावना है कि यह देश का पहला हाई स्पीड ट्रैक बन जाए, जैसाकि गुजरात जैसे राज्यों ने अभी इसके बारे में सिर्फ सोचना शुरू किया है। अगर हम तैयार हैं तो पैसे की कोई कमी नहीं है। जापान इस परियोजना पर पैसा लगाने को तैयार है। उसकी शर्तें बहुत साधारण हैं। हमें उनकी प्रौद्योगिकी और मशीनरी को अपनाना होगा। मुझे इसमें कुछ गलत नजर नहीं आता, क्योंकि उनके पास इस उद्योग की सर्वश्रेष्ठ और आधुनिकतम प्रौद्योगिकी है, श्रीधरन का कहना था।

वार्षिक रेलवे बजटों में लगातार नजरअंदाज किए जाने संबंधी केरल की लंबे समय की पीड़ा की बात करें तो श्रीधरन का इस मामले में अलग दृष्टिकोण है। उनका मानना है कि केरल में दायित्वपूर्ण पदों पर बैठे लोग कभी भी वह माँगते ही नहीं, जो उन्हें चाहिए। इस राज्य को नए रेलवे जोन या वर्कशॉप्स नहीं चाहिए। राज्य का प्रशासन अपनी माँगों में स्पष्टता लाने में असफल रहा है। इसी कारण राज्य की वास्तविक आवश्यकताओं को कभी संबोधित नहीं किया जाता। राज्य को ज्यादा ट्रैक्स और ट्रेन चाहिए। सघन आबादीवाले इस राज्य की मुख्य

आवश्यकताएँ लाइनों का विद्युतीकरण, ट्रैक्स की डबलिंग और सिग्नल प्रणालियों का आधुनिकीकरण है। राज्य के अंदर और बाहर दूसरे राज्यों के मुख्य शहरों को जोड़नेवाली ज्यादा ट्रेनें चलनी चाहिए।

अब तक केरल स्थित वर्कशॉप्स का इष्टतम उपयोग नहीं हो सका है। श्रीधरन कहते हैं कि हमें देखना चाहिए कि शोरानूर जैसे स्थानों पर कितनी खुली जगह का उपयोग नहीं हो पा रहा है। अंतत: वे कहते हैं कि पहले से उपलब्ध संसाधनों का उपयोग करनेवाली कोई परियोजना यहाँ नहीं है।

❑

19

पुरस्कार और सम्मान

विकिपीडिया पर दुनिया के शीर्ष सिविल इंजीनियर्स की सूची है। चार भारतीयों ने इस सूची में जगह पाई है, जिसमें भारतीय सिविल इंजीनियरिंग के जनक मोक्षगुंडम विश्वेश्वरैया (1860-1920) भी शामिल हैं। इसी सूची का एक और नाम ई. श्रीधरन है। इसमें कुछ बेहद प्रसिद्ध नाम हैं, जो हमें उन गरिमामयी संगत के बारे में बताते हैं, जो श्रीधरन को यहाँ मिली है। यहाँ गुस्ताव आइफिल (1832-1923) हैं, जिन्होंने आइफिल टावर बनाया; एलेक्जेंडर बिन्नी (1839-1923) हैं, जिन्होंने टेम्स नदी के पार ब्लैकवॉल टनल और ग्रीनविच फुट टनल बनाई; सिडनी हार्बर ब्रिज और पोर्ट जैक्सन आर्च ब्रिज के निर्माता जॉन ब्रेडफील्ड (1867-1947) भी यहाँ हैं और दुबई में बुर्ज खलीफा टावर का निर्माण करनेवाले अमेरिकी स्ट्रक्चरल इंजीनियर विलियम एफ. बेकर (जन्म 1953) भी 150 महान् लोगों की इस सूची में शामिल हैं। विशाल बाँधों, सिंचाई परियोजनाओं और बाढ़ नियंत्रण प्रणालियों के निर्माता सर एम. विश्वेश्वरैया ने वृंदावन गार्डंस, मैसूर संदल साबुन फैक्टरी और आयरन एंड स्टील वर्क्स कंपनी को भी विकसित किया था। देश ने 1954 में 'भारत रत्न' देकर उन्हें सम्मानित किया और उनके जन्मदिवस 15 सितंबर को 'राष्ट्रीय इंजीनियरिंग दिवस' बनाया। उनके द्वारा डिजाइन की गई विशाल सिंचाई परियोजनाओं की सहायता से देश कृषि और उद्योग क्षेत्र में लंबी छलाँग लगा सका। सार्वजनिक यातायात के क्षेत्र में श्रीधरन का प्रभाव अतुलनीय है, वे भारत में रेल परिवहन का नया युग लाने वाले अग्रदूत बने। उनकी उपलब्धियों के सम्मान में भारत और विदेशों, दोनों से ही उन्हें लगातार अनेक पुरस्कार मिलते रहे। देश ने 'पद्मश्री' और 'पद्म भूषण' से उन्हें सम्मानित किया। श्रीधरन की महान्

प्रतिभा की प्रशंसा करते हुए केंद्रीय मंत्री पल्लम राजू ने कहा था कि अगर देश के प्रति उनके विशाल योगदान को देखा जाए तो वे देश के राष्ट्रपति बनने योग्य हैं। श्रीधरन के लिए 'भारत रत्न' की माँग कई वर्षों से उठ रही है।

अब तक उन्हें साठ से ज्यादा पुरस्कार मिल चुके हैं। उनके पास डॉक्टरेट की पंद्रह मानद उपाधियाँ भी हैं। जब श्रीधरन को पुरस्कार मिलना रोजमर्रा की बात हो गई तो उनके सचिव गोविंदन ने उत्सुकतावश उनकी सूची बनानी शुरू की। उनका रिकॉर्ड रखना गोविंदन का नियमित कार्य बन गया है। पुरस्कारों का यह नियमित सिलसिला दस के गुणकों में आगे बढ़ता रहा है, जैसे 40, 50, 60, 70 और आगे भी। एक बार श्रीधरन को ऐसे पाँच पुरस्कार याद आए, जोकि गोविंदन की सूची में नहीं थे। पोन्नानी स्थित श्रीधरन के घर में बना कार्यालय पुरस्कारों से भरा पड़ा है; वे उनकी अलमारियों, मेजों और दीवारों पर सजे हैं। उनमें से कुछ तो अभी खोले तक नहीं गए हैं। उनके बंगलौर स्थित अपार्टमेंट में कुछ और पुरस्कार भी रखे हैं।

श्रीधरन को पहला पुरस्कार भारतीय रेलवे विभाग से 1963 में मिला था। आधी सदी बाद उनके पुरस्कारों की संख्या भी आधी सदी यानी पचास का आँकड़ा पार कर चुकी थी। पहला पुरस्कार उन्हें पंबन पुल के पुनर्निर्माण कार्य को निर्धारित समय से आधे में कर देने पर उनके प्रयासों की सराहना के रूप में दिया गया था। तब उन्हें रेलमंत्री द्वारा 1,000 रुपए उपहारस्वरूप दिए गए थे। 2001 में दिल्ली मेट्रो की पहली लाइन का पहला चरण उद्घाटन के लिए तैयार होने पर उन्हें 'पद्मश्री' मिला। तब तक मीडिया उन्हें 'मेट्रो मैन' के रूप में विभूषित कर चुका था। 2008 में दिल्ली मेट्रो के पहले चरण के आखिरी विस्तार का काम पूरा होने पर देश ने उन्हें 'पद्मविभूषण' से सम्मानित किया। लगभग उसी समय फ्रांस की सरकार ने उन्हें 'शेवेलियर डे ला लीजन द ऑनर' से सम्मानित किया और 'टाइम' पत्रिका ने उन्हें 'एशियाई हीरो' कहा। 2013 के अंत में श्रीधरन के साथ सबसे लंबे और गर्मजोशीपूर्ण संबंधवाले जापान ने उन्हें अपना सबसे बड़ा नागरिक सम्मान 'द ऑर्डर ऑफ द राइजिंग सन' दिया। श्रीधरन को आई.आई.टी. दिल्ली, कुरुक्षेत्र यूनिवर्सिटी, कोटा स्थित राजस्थान टेक्निकल यूनिवर्सिटी, दिल्ली स्थित गुरु गोविंदसिंह इंद्रप्रस्थ यूनिवर्सिटी, भोपाल स्थित राजीव गांधी प्रौद्योगिकी विश्वविद्यालय, कोचीन यूनिवर्सिटी ऑफ साइंस ऐंड टेक्नोलॉजी, बेलगाम स्थित विश्वेश्वरैया टेक्नोलॉजिकल यूनिवर्सिटी, उदयपुर की सिंघानिया यूनिवर्सिटी, कोलकाता की जादवपुर यूनिवर्सिटी, नोएडा की महामाया टेक्निकल यूनिवर्सिटी

और काकीनाड़ा की जवाहरलाल नेहरू टेक्निकल यूनिवर्सिटी से अनेक मानद डॉक्टरेट उपाधियाँ मिली हैं।

श्रीधरन को पुरस्कारों से कोई विशेष लगाव नहीं है। लेकिन शुरू से ही उन्हें लगता था कि उन्हें स्वीकार अवश्य किया जाना चाहिए। इन पुरस्कारों के साथ मिलनेवाली पुरस्कार राशि को उनकी माँ की याद में बने चैरिटी ट्रस्ट में जमा करवा दिया जाता था। पिछले दस वर्षों में इन पुरस्कारों से मिली राशि से ट्रस्ट के खाते में 50 लाख रुपए से ज्यादा जमा हो गए। हर वर्ष इस कोष से 5 लाख रुपए गरीब और जरूरतमंदों को दिए जाते हैं। अप्रैल 2013 में बहरीन में भारतीय अभियंताओं के संगठन ने श्रीधरन को खूब धनराशि से सम्मानित किया। श्रीधरन पुरस्कार लेने अपनी पत्नी के साथ बहरीन गए। पुरस्कार स्वीकार करने पर श्रोताओं को संबोधित करते हुए श्रीधरन ने पहली बार यह बताया कि वे पुरस्कार राशि का उपयोग कैसे करते हैं। उन्होंने चैरिटी ट्रस्ट के उद्देश्यों और गतिविधियों के बारे में विस्तार से बताया। उन्होंने उन परिवर्तनों के बारे में बताया, जो ट्रस्ट के कारण करुकपुथुर के जनजातीय समुदायों के जीवन में आए थे। श्रीधरन के अपना भाषण समाप्त करने पर श्रोताओं में से एक मलयाली इंजीनियर श्रीधरन के पास आए। उन्होंने अपना परिचय उस समुदाय के प्रतिनिधि के रूप में दिया, जिसकी श्रीधरन मदद कर रहे थे। उन्होंने श्रीधरन से कहा कि वे भी ट्रस्ट के नेतृत्व में हो रही शैक्षिक और चिकित्सकीय गतिविधयों का हिस्सा बनना चाहते हैं। श्रीधरन ने उनके प्रस्ताव को स्वीकार कर लिया और उन्हें बताया कि उनके द्वारा दान दिया गया पैसा सीधे ट्रस्ट को जाएगा और उसका सदुपयोग होगा।

श्रीधरन ने अपने अधीन चल रहे ट्रस्ट और उसकी गतिविधियों के बारे में एक सार्वजनिक मंच पर शायद सिर्फ इसलिए बताया था, क्योंकि वे एक विदेशी मुल्क बहरीन में थे, जहाँ इंजीनियर बिरादरी उन्हें सम्मानित करने के लिए जमा हुई थी। इससे पहले उन्होंने देशभर में दिए गए अपने अनगिनत भाषणों और साक्षात्कारों में भी कभी ट्रस्ट का जिक्र तक नहीं किया था। वे चैरिटी के मामले में उदार होने में विश्वास करते थे। उनका इस बात में भी विश्वास था कि उनकी न्यायपूर्ण कमाई का एक हिस्सा समाज के गरीब और वंचित तबके का है।

श्रीधरन याद करते हैं कि कैसे उन्होंने उन्हें कोंकण परियोजना पूरी होने पर सराहनास्वरूप मिले 25,000 रुपए अलग रख दिए थे। चूँकि चैरिटी का उद्देश्य मुख्यतः गरीबों का पोषण था, इसलिए वे उसे अपनी माताजी के नाम से शुरू करना चाहते थे। आखिर वही थीं, जिन्होंने परिवार की गरीबी के समय उसे झेला

था। स्वयं अभावों में जीने के समय भी उनके मन में बहुत दया-करुणा थी। सर मोक्षगुंडम् विश्वेश्वरैया के नाम पर दी गई 25,000 रुपए की पुरस्कार राशि उस ट्रस्ट में जमा करवाई गई पहली राशि थी, जिसके श्रीधरन मैनेजिंग ट्रस्टी हैं। उनके दो बेटे इस ट्रस्ट के सदस्य हैं और वे भी अपनी आय का एक हिस्सा इस ट्रस्ट को देते हैं। पुरस्कार राशि के अलावा श्रीधरन अपनी आय का भी एक बड़ा हिस्सा ट्रस्ट को देते हैं। डी.एम.आर.सी. में उनके आखिरी चार वर्षों का पूरा वेतन ट्रस्ट को दान किया जा चुका है। उन्होंने उसमें से एक भी रुपए का निजी उपयोग नहीं किया। श्रीधरन ने बताया कि बहुत ज्यादा लोग इस चैरिटी संगठन के बारे में नहीं जानते थे। वे वर्षों तक ट्रस्ट को अपनी आय का 10-15 प्रतिशत देते रहे, जिसे बाद में बढ़ाकर पहले 30-35 प्रतिशत और फिर 100 प्रतिशत कर दिया गया।

श्रीधरन के करुकपुथुर स्थित घर के पास स्थित आदिवासी बस्ती उनकी चैरिटी संबंधी गतिविधियों से नियमित रूप से लाभान्वित होती है। इस पैसे को अधिकतर इस क्षेत्र में सार्वजनिक स्वास्थ्य और अन्य मूलभूत सुविधाओं पर खर्च किया जाता है। साथ ही इनका उपयोग वहाँ के निवासियों के घरों के निर्माण और मरम्मत के लिए भी किया जाता है। ट्रस्ट के पैसे का उपयोग शैक्षिक और चिकित्सकीय आवश्यकताओं के लिए और आस-पास के बच्चों की स्कूल की वरदी और पढ़ाई-लिखाई के सामान के लिए भी किया जाता है। पिछले कुछ वर्षों से अनेक छात्रों की पढ़ाई की जिम्मेदारी पूरी तरह से ट्रस्ट ने ले रखी है।

नीचे श्रीधरन को मिले पुरस्कारों और सम्मानों की सूची दी जा रही है—

पुरस्कार

- 'टाइम' पत्रिका का 'एशियाई हीरो'
- फ्रांस सरकार का 'शेवेलियर डे ला लीजन द ऑनियर' (2005)
- जापानी प्रधानमंत्री से 'द ऑर्डर ऑफ द राइजिंग सन' गोल्ड एंड सिल्वर स्टार
- एस.आर. जिंदल पुरस्कार
- वाई.बी. चव्हाण पुरस्कार
- ओम प्रकाश भसीन अवार्ड फॉर साइंस एंड टेक्नोलॉजी (2002)
- सी.एन.एन.-आई.बी.एन. का 'इंडियन ऑफ द ईयर' (2007)
- 'दिल्ली रत्न' (सिटी ऑफ एक्सीलेंस) (2005)

- नेशनल स्टेट्समैन फॉर क्वॉलिटी क्विम्बो अवार्ड (2007)
- डॉ. पिन्नामेनेनी और सीता देवी ट्रस्ट द्वारा 'एक्सीलेंस अवार्ड' (2007)
- इकोनॉमिक टाइम्स द्वारा 'कॉरपोरेट एक्सीलेंस अवार्ड' (2008)
- इंस्टीट्यूट ऑफ कंपनी सेक्रेटरीज ऑफ इंडिया द्वारा 'लाइफटाइम अचीवमेंट अवार्ड' (2008)
- जन प्रशासन में उत्कृष्टता के लिए राष्ट्रपति का 'लाल बहादुर शास्त्री नेशनल अवार्ड' (2008)
- इकोनॉमिक टाइम्स द्वारा 'पॉलिसी चेंज एजेंट फॉर द ईयर' (2008)
- जापान इंटरनेशनल कॉर्पोशन (जे.आई.सी.ए.) अवार्ड
- आई.आई.एम. जे.आर.डी. टाटा अवार्ड फॉर एक्सीलेंस इन कॉरपोरेट लीडरशिप (2010)
- मानवता की उत्कृष्ट सेवा के लिए लुधियाना एन.एस.के. ट्रस्ट का 'पॉल मित्तल नेशनल अवार्ड' (2010)
- अमेरिकन बायोग्राफिकल इंस्टीट्यूट अवार्ड
- मुंबई कंस्ट्रक्शन वर्ल्ड द्वारा 'मैन ऑफ द ईयर' (2010)
- औद्योगिक और सामाजिक शांति के लिए 'सर जहाँगीर गांधी अवार्ड' (2010)
- मार्थोमाइट सीरियन चर्च ऑफ मालाबार मेरिट अवार्ड (2010)
- एस्सार स्टील द्वारा 'उत्कृष्टता पुरस्कार' (2011)
- इकोनॉमिक टाइम्स द्वारा 'एमिनेंट इंजीनियर अवार्ड' (2012)
- प्रतिभा के लिए 'ए.पी. असलम पुरस्कार' (2012)
- स्टेट बैंक ऑफ ट्रावनकोर, तिरुअनंतपुरम् द्वारा 'प्रतिभा सम्मान' (2012)
- मुंबई की षड्मुखानंद सभा द्वारा 'डायमंड अवार्ड' (2012)
- ए.आई.एम.ए. मैनेजिंग इंडिया अवार्ड (2012)
- रोटरी क्लब ऑफ मद्रास द्वारा 'फॉर द सेक ऑफ ऑनर अवार्ड' (2012)
- इंडियन रेलवे सर्विस ऑफ इंजीनियर्स ऑफिसर्स एसोसिएशन अवार्ड
- हैदराबाद सेंटर फॉर ऑर्गेनाइजेशनल डिवेलपमेंट द्वारा 'वी. कृष्णमूर्ति पुरस्कार'
- फोर्ब्स इंडिया लीडरशिप अवार्ड (2012)
- सी.एन.बी.सी. टी.वी. 18 द्वारा 'द इंडिया बिजनेस लीडर अवार्ड' (2012)

- श्री चिथीरा थिरूनल अवार्ड
- सत्य साईं ट्रस्ट द्वारा 'उत्कृष्टता पुरस्कार'
- रोटरी क्लब ऑफ कलकत्ता द्वारा 'मैन ऑफ द ईयर अवार्ड' (2012)
- रोटरी क्लब ऑफ कालीकट द्वारा पुरस्कार
- नई दिल्ली ग्लोबल ग्रीन अवार्ड
- रामाश्रमम पुरस्कार
- बहरीन केरलीय समाजम सी.ई.टी., बहरीन द्वारा 'लाइफटाइम अचीवमेंट अवार्ड'
- मलयाला मनोरमा द्वारा 'न्यूजमेकर अवार्ड' (2012)
- अमृता टेलीविजन अवार्ड फॉर एक्सीलेंस इन ट्रांसपोर्टेशन इंडस्ट्री (2013)
- विश्वविद्यालय अनुदान आयोग द्वारा 'विक्रम साराभाई लाइफटाइम अचीवमेंट अवार्ड. (2013)
- एस.बी. जोशी मेमोरियल अवार्ड (1995)
- पर्सन ऑफ द ईयर, इंडियन विजन चैनल
- ब्रह्म शाह अवार्ड, दिल्ली (2013)
- रोटरी क्लब ऑफ एरनाकुलम द्वारा 'फॉर द सेक ऑफ ऑनर अवार्ड'
- लोकमान्य तिलक अवार्ड (2013)
- जनाब तंगल कुंजू मुसलायर अवार्ड, टी.के.एम. कॉलेज ऑफ इंजीनियरिंग, कोल्लम
- जर्मन मलयाली अवार्ड
- जीफाइल्स पत्रिका का 'लाइफटाइम अचीवमेंट अवार्ड' (2013)
- साउथ इंडियन बैंक अवार्ड (2014)
- के.ई.एफ. टेक्नोक्रेट ऑफ द ईयर अवार्ड, दोहा, कतर (2014)

मानद डॉक्टरेट

- आई.आई.टी. दिल्ली (2005)
- कुरुक्षेत्र विश्वविद्यालय (2006)
- डॉक्टर ऑफ लेटर्स, राजस्थान टेक्निकल यूनिवर्सिटी, कोटा (2009)
- डॉक्टर ऑफ फिलोसफी, गुरु गोविंदसिंह इंद्रप्रस्थ यूनिवर्सिटी, दिल्ली (2010)

- डॉक्टर ऑफ साइंस, राजीव गांधी प्रौद्योगिकी विश्वविद्यालय, भोपाल (2010)
- डॉक्टर ऑफ लेटर्स, कोचीन यूनिवर्सिटी ऑफ साइंस एंड टेक्नोलॉजी
- डॉक्टर ऑफ साइंस, विश्वेश्वरैया टेक्नोलॉजिकल यूनिवर्सिटी, बेलगाम (2011)
- डॉक्टर ऑफ साइंस, सिंघानिया यूनिवर्सिटी, उदयपुर
- डॉक्टर ऑफ लिटरेचर, जादवपुर यूनिवर्सिटी, कोलकाता
- डॉक्टर ऑफ फिलोसफी, महामाया टेक्निकल यूनिवर्सिटी, नोएडा
- नेशनल इंस्टीट्यूट ऑफ टेक्नोलॉजी, राउरकेला।

❑

20

गरिमामय जीवन

इडप्पल कस्बे से पोन्नानी जानेवाली सड़क पर कुछ मिनट चलने और फिर एक पगडंडी की तरफ बाए मुड़ जाने पर आप एक विशाल अहाते के सामने पहुँच जाएँगे। बड़े से दरवाजे के पीछे अपने आप में विक्टोरियन भव्यता को समेटे एक सुंदर सा घर है। बरामदे के सामने की खुली जगह पर लोहे का एक पुराना लैंपपोस्ट है। दोनों ओर रखे फूलों के गमले और मूर्तियाँ बीच के पैदल पथ की शोभा बढ़ाते हैं। टाइलदार छतवाले इस बड़े घर में बीते जमाने का आकर्षण और सौष्ठव है। घर के चारों तरफ लगी बाड़ के बीच बने प्रवेशद्वार पर एक नाम पट्टिका लगी है, जिस पर 'पेरूमबयिल' लिखा है। जब मैंने श्रीधरन से पोन्नानी स्थित उनके घर आकर मिलने की अनुमति चाही तो वे इस बात को लेकर चिंतित थे कि मुझे कोच्चि से काफी दूरी तय करनी पड़ेगी, लेकिन उसी समय उन्होंने मुझे मिलने का समय दे दिया। दिए गए समय पर पहुँचने के लिए मैं सुबह बहुत जल्दी रवाना हो गया। वहाँ पहुँचने के लिए मुझे किसी से रास्ता नहीं पूछना पड़ा। श्रीधरन ने मुझे जो दिशा-निर्देश दिए थे, वे बिल्कुल ठीक थे। जैसे ही मैंने अहाते में प्रवेश करने के लिए दरवाजा खोला, श्रीधरन ने मुसकराते हुए शीशे का दरवाजा खोला और खुद ही बाहर आ गए। मैंने उसी गर्मजोशी को महसूस किया, जिसे मैंने कोच्चि स्थित डी.एम.आर.सी. कार्यालय में उनसे हुई मुलाकातों के दौरान पहले भी कई बार महसूस किया था। उनके माथे पर चंदन का लंबा टीका था, जो मैंने उनके कार्यालय में होने के दौरान कभी नहीं देखा था। उन्होंने एक पारंपरिक घर के स्वामी के लिए पूरी तरह उपयुक्त सफेद धोती और शर्ट पहनी हुई थी। दिल्ली में डी.एम.आर.सी. से उनकी सेवानिवृत्ति के बाद से ही श्रीधरन अपनी पत्नी राधा के साथ इस घर में रह रहे हैं।

यह घर राधा को अपने परिवार से विरासत में मिला है। इस प्लॉट के एक कोने में उनके भाई की महालक्ष्मी गैस एजेंसी चलती है। जहाँ से वाहनों और अपना काम कर रहे श्रमिकों का लगातार शोर आता रहता है। बाहर चल रही गतिविधियों से अप्रभावित घर का भीतरी हिस्सा बड़े सलीके से सजाया गया है। आगंतुकों के कमरे की अलमारियाँ श्रीधरन को नियमित रूप से मिले पुरस्कारों और अन्य यादगार चीजों से भरी पड़ी हैं। दीवारें उन्हें राजनीति और उद्योग क्षेत्रों के प्रसिद्ध लोगों से मिले सम्मानों की तसवीरों से सजी हुई हैं। प्रवेशद्वार के बाईं ओर उनका कार्यालय-कक्ष है। इस कमरे में भी उन्हें मिले पुरस्कार और उपहार भरे हैं। कमरे के बीच में एक छोटी मेज है, जिस पर भगवान् गुरुवयूरप्पन की एक पुरानी श्वेत-श्याम तसवीर रखी है, वहीं एक लकड़ी की कुरसी भी है। डी.एम.आर.सी. के मुख्य परामर्शदाता के रूप में श्रीधरन इस कार्यालय से कोच्चि मेट्रो परियोजनाओं की दैनिक गतिविधियों और मोनो रेल की योजना बनाने का काम सँभालते हैं। डी.एम.आर.सी. अधिकारी गोविंदन भी कार्यालय में थे, वे श्रीधरन के सचिव के रूप में कार्यालय का कामकाज देख रहे हैं। प्रतिदिन सुबह घड़ी के नौ बजाने से पहले इस कार्यालय में गतिविधियाँ शुरू हो जाती हैं।

एक सदी से भी पहले शहर में नए बसे एक विदेशी ने यह घर बनाया था। घर के चारों ओर का अहाता कम-से-कम तीन एकड़ का था। राधा के पिता डॉ. अचुथन ने पचहत्तर वर्ष पहले उस विदेशी से यह घर खरीदा था। डी.एम.आर.सी. से सेवानिवृत्ति के बाद श्रीधरन को इस घर में अप्रत्याशित तरीके से रहने आना पड़ा। उस समय राधा की वयोवृद्ध माताजी इस घर में अकेली रहती थीं और श्रीधरन ने बंगलौर में स्थायी रूप से बसने की अपनी पहले की योजना को एक तरफ रखने का फैसला किया और पोन्नानी आ गए। चूँकि यह घर राधा का था, इसलिए उनकी माताजी की मृत्यु के बाद परिस्थितिवश उन्हें वहीं रहना पड़ा। करुकपुथुर में श्रीधरन का पैतृक घर खाली ही रहा। श्रीधरन की बहन अपनी मृत्यु होने तक वहीं रहीं। वह घर पोन्नानी से केवल एक घंटे की दूरी पर है। घर की देखभाल के लिए कुछ नौकर-चाकर वहाँ रहते थे। हफ्ते में एक बार श्रीधरन वहाँ जाते हैं और घर के चारों ओर टहलते हैं, आस-पास रहनेवालों से मिलते-जुलते हैं और पोन्नानी लौटने से पहले वहाँ चल रही चैरिटी संबंधी गतिविधियों को देखते-जाँचते हैं। उनकी प्राथमिकता हमेशा अपने पैतृक घर में रहने की रहेगी, लेकिन इस समय पोन्नानी से बाहर जाने की उनकी कोई योजना नहीं है और घर के चारों ओर हमेशा बनी रहनेवाली जीवंतता घर में रहना सुखद बनाती है।

श्रीधरन कहीं भी हों, दसियों सालों से चली आ रही उनकी दिनचर्या में कोई परिवर्तन नहीं आता। पोन्नानी में जीवन शांत है और यहाँ पहले जैसा कार्यालयीन दायित्वों का बोझ उन पर नहीं है। यही कारण है कि उनकी निजी दिनचर्या को विस्तार मिला है और वह पहले से ज्यादा व्यापक हो गई है। श्रीधरन रोज सुबह 4 बजे उठ जाते हैं। निवृत्त होने के बाद वे आधे घंटे प्राणायाम करते हैं। फिर आधे घंटे भागवत पढ़ते हैं। बारहवीं कक्षा तक पढ़ी संस्कृत भागवत और भगवद्गीता को समझने में अपर्याप्त लगने के कारण अब वे उच्च स्तर की संस्कृत सीख रहे हैं। गोविंदन ने पूरे सम्मान के साथ इस बात की पुष्टि की कि श्रीधरन सर इन दिनों संस्कृत सीख रहे हैं। सुबह सवा पाँच बजे श्रीधरन आधे घंटे के लिए ध्यान लगाते हैं। चाय पीने के बाद वे पत्नी के साथ टेलीविजन पर भूमानंद तीर्थ के आध्यात्मिक प्रवचन सुनते हैं। फिर वे राधा के साथ पैंतालीस मिनट की सैर करते हैं। सुबह-शाम, दोनों वक्त वे अपने अहाते में ही सैर करते हैं। घर की तीन एकड़ जमीन पर सैर के लिए रास्ता बना हुआ है।

श्रीधरन ने नाश्ता करने की जगह से, जहाँ हम चाय-नाश्ता कर रहे थे, यह रास्ता मुझे दिखाया। इस पर बनी फूलों की क्यारियाँ और हरियाली बहुत अच्छी स्थिति में थी। सैर के बाद श्रीधरन नहाते हैं। इसके बाद वे दिनभर की खबरें देखने के बाद अपने दफ्तर का रुख करते हैं। घर रहने पर उनका हमेशा इस बात पर जोर रहता है कि पत्नी राधा उनके साथ नाश्ता करें। जहाँ तक उन्हें याद है, उन्होंने हमेशा शाकाहार ही लिया है।

राधा नाश्ते की मेज पर सबके लिए कुछ ही मिनट पहले तैयार की गई आलू की सब्जी और चटनी लेकर आईं। इसके साथ वे चाय और मिठाइयाँ भी लाई थीं, जिसे चखने का उन्होंने मुझसे बड़े ही प्यार से आग्रह किया। उनके द्वारा प्लेट में आम की फाँकें रखने पर श्रीधरन ने बताया कि इन्हें उनके अहाते में उगाया गया था।

शाम को काम खत्म करने के बाद वे फिर से गीता और भागवत का पाठ करते हैं। टी.वी. पर खबरें देखने के बाद रात का भोजन होता है, जो 10 बजे तक चलता है। फिर श्रीधरन सोने चले जाते हैं और वर्षों से वे इसी समय सोते रहे हैं। सेवानिवृत्ति के बाद का उनका शिड्यूल इन्हें आध्यात्मिकता के लिए अधिक समय देता है, लेकिन अफसोस की बात यह है कि अब भी उन्हें इस काम के लिए इतना वक्त नहीं मिलता। जितना उन्होंने सोचा था कि डी.एम.आर.सी. छोड़ने पर उन्हें मिलेगा। उन पर बहुत से नए दायित्व हैं, जिन्होंने उनका पीछा यहाँ भी नहीं छोड़ा है। उनका आध्यात्मिक अध्ययन अधिकांशत: गीता और भागवत पढ़ने से जुड़ा है,

पर वे इन दोनों का और भी गहन अध्ययन करना चाहते हैं। श्रीधरन के लिए इन्हें पढ़ना कभी भी महज एक बौद्धिक कसरत नहीं रहा, बल्कि खुद अपने जीवन में उतारने के लिए इनसे ज्ञान प्राप्त करना रहा है। उनका पुस्तकालय वैदिक साहित्य और उपनिषदों से भरा पड़ा है। पिछले कुछ समय से वे जहाँ भी जाते हैं, अपने साथ कठोपनिषद् पर एक पुस्तक ले जाते हैं, जोकि मूल संस्कृत 'कठोपनिषद्' का पंडित गोपालन नायर द्वारा शब्दश: अनुवाद है। हाल ही में एक बैठक में श्रीधरन ने कहा कि इस पुस्तक को पढ़ने के लिए उन्हें बड़ी मुश्किल से समय मिल पाया। मेट्रो सहित तीन मुख्य परियोजनाओं के दायित्व के चलते वे हफ्ते में कम-से-कम तीन बार कोच्चि-यात्रा करते हैं। वे सड़क यात्राएँ भी खूब करते हैं और हर महीने कम-से-कम केरल से बाहर तीन जगहों पर जाते हैं। कहने की आवश्यकता नहीं, उन्हें पढ़ने का समय मुश्किल से ही मिल पाता है।

बहुत साल पहले श्रीधरन ने बंगलौर में बसने का फैसला लिया था। उनके दो बच्चे उनकी बेटी शांति और सबसे छोटा बेटा कृष्ण दास अपने परिवारों के साथ वहीं रहते थे। शांति 'डीन्स एकेडमी' नामक एक प्रतिष्ठित स्कूल में प्रधानाध्यापिका हैं। उनके पति एक प्रबंधन स्नातक और उद्यमी हैं। वे इ-रिटेल फर्म, Bigbasket.com के सी.ई.ओ. और सह-संस्थापक हैं। आई.आई.टी. मद्रास से स्नातक कृष्ण दास इस समय बंगलौर में एक स्वीडिश कंपनी में काम करते हैं। श्रीधरन के सबसे बड़े बेटे रमेश चेन्नई में रहते हैं। मुंबई से एम.बी.ए. करने के बाद वे टाटा कंसल्टेंसी सर्विसेज में उपाध्यक्ष पद पर चेन्नई चले गए। उनके तीसरे बेटे डॉ. अच्युत मेनन लंदन में रहते हैं। तिरुअनंतपुरम के सरकारी मेडिकल कॉलेज से मेडिकल की पढ़ाई के बाद उन्होंने मुंबई के सियोन मेडिकल कॉलेज से स्नातकोत्तर किया, जहाँ से वे उन्नत अध्ययन के लिए लंदन चले गए और डबल एफ.आर.सी.एस. के बाद अब एक कंसल्टेंट सर्जन हैं।

श्रीधरन ने अपने बेटे कृष्ण दास के घर के पास एक अपार्टमेंट खरीदा था। उन्होंने इसे तब खरीदा था, जब वे डी.एम.आर.सी. से सेवानिवृत्त होनेवाले थे। बंगलौर का मौसम ठीक था और रेलवे अस्पताल भी अपार्टमेंट के काफी पास था। यह एक महत्त्वपूर्ण बात थी, क्योंकि 2010 में गंभीर दिल का दौरा पड़ने के बाद उन्होंने अपनी मासिक चिकित्सकीय जाँचों में कभी कोताही नहीं बरती। उन्हें यह दौरा तब पड़ा, जब वे कोलकाता की सुबह की फ्लाइट पकड़ने के लिए दिल्ली हवाई अड्डे पर थे। उन्हें छाती में असहनीय पीड़ा हुई। उन्हें तुरंत ही अपोलो अस्पताल ले जाया गया। डॉ. एस.के. गुप्ता के नेतृत्व में चिकित्सकों के एक विशेषज्ञ पैनल ने

उनका उपचार किया। उन्हें सुझाए गए समय-समय पर करवाए जानेवाले चेकअप वे हमेशा नियमित रूप से करवाते हैं। उन्होंने सेवानिवृत्ति के बाद आरामदायक और सुकून भरे जीवन के लिए बंगलौर को चुना था। वे तो घर का कुछ सामान तक वहाँ ले गए थे। वे वहीं से कोच्चि मेट्रो का काम भी देख सकते थे। लेकिन तभी पोन्नानी में परिस्थितियाँ बदल गईं और श्रीधरन एवं राधा को उनकी माताजी के देखभाल के लिए वहाँ जाना पड़ा। वे वहीं रहने लगे।

अभी हमारी बातचीत चल ही रही थी कि राधा पुरानी तसवीरों का एक एलबम उठा लाईं। एलबम में लगी बड़ी और श्वेत-श्याम तसवीरें श्रीधरन के रेलवे में कार्यकाल के दौरान की थीं। जैसे ही उन्होंने उसे खोला, श्रीधरन भी अपनी पुरानी यादों को ताजा करने के लिए उत्सुक हो गए। एक के बाद एक शादी की अनेक तसवीरें थीं और सेपिया में उनके बच्चों के बचपन की भी खूब तसवीरें थीं। राधा उन लोगों के बार-बार होनेवाले स्थानांतरणों के कारण अलग-अलग शहरों में बिताए समय की तसवीरों को पहचान पा रही थीं। उन्होंने कोलकाता में श्रीधरन के सहकर्मी रहे कुछ लोगों के नाम याद दिलाने में भी श्रीधरन की मदद की।

श्रीधरन केरल में अपने जन्मस्थान पर लौटने की मानसिक रूप से तैयारी कर रहे थे। अपनी जन्मभूमि पर फिर से लौटने की उत्तेजना से ज्यादा वे अपने गाँव की शुद्ध हवा में साँस लेते हुए शांत और सुकून भरी जिंदगी बिताने का इंतजार कर रहे थे। अपने अधिकांश आधिकारिक जीवन वे राज्य से बाहर ही रहे थे और धीरे-धीरे वे केरल की प्राकृतिक छटा की तरफ लौटाने को व्याकुल हो रहे थे। इस समय वे उन्यासी वर्ष से ज्यादा के हो चुके हैं। वे बाइस वर्ष की उम्र से काम कर रहे थे। बॉम्बे पोर्ट से शुरू हुई उनकी यात्रा उन्हें कॅरियर की बुलंदियों तक पहुँचाते हुए डी.एम.आर.सी. तक ले गई थी। अब इस लंबी और समृद्ध यात्रा को विराम देने का समय आ गया था और केरल का यह सुदूरस्थ गाँव, जहाँ यादें और खून के रिश्ते उनसे फिर से जुड़ने को तत्पर थे, विश्राम करने की बिल्कुल सही जगह थी। अब तक उनके जीवन की कई उपलब्धियाँ रही थीं और उन्हें खूब वाह-वाही मिली थी। वहीं जीवन में कुछ नुकसान भी हुए थे। इस कर्मबद्ध जीवन में यह सब होना स्वाभाविक है। लेकिन ऐसी भी बहुत सी चीजें थीं, जिन्हें किया जाना अभी बाकी था। आरामदेह जीवन, पीछे छूटे समय को कुछ हद तक फिर से पाने का समय था। हम कुछ पाते हैं, तो कुछ खोते भी हैं। डी.एम.आर.सी. के कार्यालय से आखिरी बार बाहर निकलने के कुछ ही घंटे पहले दिए अपने साक्षात्कार में श्रीधरन ने कहा था, ''मैं उस संगठन की छाँव को खो दूँगा, जिसे मैंने पोषित किया है। मैं

ऐसे अनेक सज्जन सहकर्मियों को खोने जा रहा हूँ, जो मेरी बात को आदेश के तौर पर लेते थे। समय आ गया है कि मैं अपने गाँव के शांति भरे माहौल में लौट जाऊँ। मैं आध्यात्मिक गतिविधियों पर ज्यादा समय व्यतीत करूँगा। भागवत पढ़ूँगा, भगवद्‌गीता पढ़ूँगा और सुबह-शाम सैर पर जाऊँगा।''

अनेक बार दुनिया भर के अनेक देशों का दौरा कर चुके श्रीधरन की पसंदीदा जगह कौन सी है ? उत्सुकता के चलते उनसे यह प्रश्न पूछा गया। क्या यह लंदन हो सकता है, जहाँ पहली मेट्रो रेल बनाई गई ? चीन, जहाँ सबसे लंबी मेट्रो का काम जोर-शोर से चल रहा है या फिर दुबई, जहाँ अत्यंत महँगी और आरामदायक मेट्रो है ? या वह जगह टोक्यो है, जिसकी नवाचार और सौंदर्य की विरासत ने दिल्ली मेट्रो की नींव रखी ? धनी शहर सिंगापुर के बारे में क्या खयाल है, जिसके उद्यम के अनेक पहलू दिल्ली में श्रीधरन की बेजोड़ रचना में देखने को मिलते हैं ? श्रीधरन को ज्यादा सोचना नहीं पड़ा। मैंने दक्षिण अफ्रीका और दक्षिण अमेरिका को छोड़कर अधिकतर देशों की यात्रा की हैं। सच तो यह है कि अधिकतर देशों में भारत जैसा सौंदर्य और समृद्धि नहीं है। देश के अंदर केरल जैसी और कोई जगह नहीं है। वे ऐसा कहने के लिए नहीं कह रहे थे। अपने करीब पाँच दशकों के कॅरियर में वे केरल में बहुत कम ही रहे थे। उन्होंने रेलवे विभाग के सभी संभागों में काम किया था। उनके दायित्व उन्हें देश में विभिन्न स्थानों और देश के बाहर भी ले जाते रहे। श्रीधरन के विचार बिल्कुल स्पष्ट है, केरल स्वयं ईश्वर का देश है। उन्हें केरल में बसे दो वर्ष बीत चुके थे। अपने स्कूली वर्षों के बाद उन्होंने राज्य में इतना वक्त कभी नहीं बिताया था। ''सुनिए, दुनिया में और किसी भी स्थान पर यहाँ से ज्यादा शुद्ध हवा, पानी और मौसम नहीं है ! यहाँ के लोग भी दुर्लभ हैं। देश के अन्य स्थानों पर स्टेशनों और ट्रेनों को देखिए। इस राज्य में आपको साफ-सफाई और समय पर चलती ट्रेनें मिलेंगी। हमारी शिकायतों को एक तरफ रखते हुए, राजस्व और यात्री संस्कृति के लिहाज से केरल हमेशा से ही आगे रहा है।'' श्रीधरन ने कहा।

श्रीधरन सही मायनों में जननेता होने के कारण पूर्व मुख्यमंत्री ई.के. नयनार को पसंद करते थे। लेकिन उन्हें नयनार इसलिए भी अच्छे लगते हैं, क्योंकि उनसे मिलने पर उन्हें हमेशा अलग ही घनिष्ठता महसूस होती थी। नयनार का सादगीपूर्ण व्यवहार और एक वयोवृद्ध की तरह लोगों से मिलने-जुलने का तरीका उन्हें श्रीधरन का पसंदीदा नेता बनाता था। उन्होंने श्रीधरन के साथ बहुत ज्यादा समय नहीं बिताया, लेकिन वे जब भी मिले, श्रीधरन को हमेशा यही भाव आए।

श्रीधरन द्वारा राज्य और उसके लोगों को लाभान्वित करनेवाली परियोजनाओं

की चर्चा करने पर नयनार ने हमेशा उनकी बात को गौर से सुना था और उन पर विषयानुकूल गंभीरता के साथ विचार किया था। अगर वे किसी परियोजना की व्यवहार्यता को लेकर आश्वस्त होते, तो निर्णय भी जल्दी से लिये जाते। एक बार मन बना लेने पर वे उस पर फिर से विचार नहीं करते। यह श्रीधरन ने कोंकण परियोजना में रहने के दौरान स्वयं देखा था। शासकीय आदेश यह था कि केरल सहित परियोजना में शामिल सभी राज्यों का समर्थन और सामंजस्य सुनिश्चित किया जाए। हालाँकि इसमें समस्याएँ थीं। पहली पूरी तरह से राजनीतिक थी। केंद्र और राज्यों को, जोकि राजनीतिक रूप से एक-दूसरे के विरोध में थे, साथ लाना भी बहुत मुश्किल था। इस परियोजना के लिए जिन चार राज्यों से बात की गई थी, उनमें से केरल ही ऐसा था, जिसमें से कोंकण लाइन को नहीं गुजरना था। लेकिन इसमें कोई संदेह नहीं था कि इस लाइन के सबसे बड़े लाभार्थी केरल के लोग होंगे। अगर यह राज्य चाहता तो वित्तीय और भौतिक मदद के लिए मना करते हुए इस परियोजना में कोई योगदान नहीं देता। वह इस तथ्य को रेखांकित करते हुए ऐसा कर सकता था कि उनके राज्य में तो लाइन बनने ही नहीं वाली थी। इस तर्क का जवाब देना मुश्किल होता। इन तथ्यों को जानने के बाद जॉर्ज फर्नांडिस ने श्रीधरन को केरल में अपने दूत के रूप में भेजा। श्रीधरन आज भी कहते हैं कि अगर नयनार नहीं होते तो पहली ही बैठक में केरल से सहयोग की गारंटी इतनी सुगमता और आश्वासन के साथ नहीं मिल सकती थी।

वे स्वर्गीय माधव राव सिंधिया को भी बहुत पसंद करते थे। सिंधिया कैबिनेट स्तर के मंत्री नहीं थे। वे सीमित शक्तियोंवाले एक राज्यमंत्री थे, फिर भी उन्होंने पूरे समर्पण और इच्छाशक्ति के साथ अनेक सुधार किए, जोकि एक कुशल और मँजे हुए प्रशासक के अनुरूप था। उन्होंने ही टिकट रिजर्वेशन प्रणाली की अवधारणा बनाई थी। सिंधिया ने ट्रेनों और स्टेशनों पर यात्रियों को गुणवत्तापूर्ण भोजन दिए जाने पर जोर दिया था। उन्होंने वर्कशॉप्स का आधुनिकीकरण किया था। अगर उनके समय में ये सब सुधार नहीं किए जाते तो भारतीय रेलवे विभाग की स्थिति निस्संदेह शोचनीय बनी रहती।

राधा ने दोपहर का खाना हमारे साथ खाया। उन्होंने उस बातचीत में भाग लिया, जो श्रीधरन के कोच्चि मेट्रो परियोजना स्वीकार करने के साथ ही शुरू उनकी यात्रा, राज्य के योजना बोर्ड सदस्य के रूप में उनकी गतिविधियों, बच्चों और रिश्तेदारों के साथ बिताए सुखद लम्हों से शुरू हुई थी तथा घर के चारों तरफ लगे फूलों के बगीचे तथा पेड़-पौधों जैसी आनंददायक छोटी-मोटी बातों पर खत्म

हुई। श्रीधरन ने अपनी आस्थाओं, बचपन से चली आ रही जीवनशैली और अपने बच्चों के साथ अपने आत्मीय रिश्तों पर लंबी बातचीत की।

एक बार फिर राधा ने हमें मिठाइयाँ परोसीं। चाय के खाली कप लौटाते समय अचानक श्रीधरन ने कहा, ''जीने के लिए हमें उतना ही चाहिए, जितना हमारे पास है। हमारे पास जरूरत से ज्यादा ही है। मैंने तो डी.एम.आर.सी. में अपने अंतिम चार साल वेतन तक नहीं लिया। ऐसा मैंने अपनी माँ की याद में मानवीय परियोजनाओं के प्रति विश्वास के चलते किया। रेलवे से मिलनेवाली पेंशन पर्याप्त है।'' उन्होंने अपनी बात खत्म करके राधा की तरफ देखा, जैसे इस बात से उनकी सहमति सुनिश्चित करना चाहते हों! ''वास्तव में इन्हें लगता है कि हमें इतना ही चाहिए'', राधा ने शांतिपूर्वक कहा, जिस पर श्रीधरन गर्मजोशी के साथ मुसकरा दिए। उनकी आँखें चमक उठीं और मुख के चारों ओर झुर्रियाँ उभर आईं।

❑❑❑